论犯罪既遂标准

李程林◎著

中国社会科学出版社

图书在版编目（CIP）数据

论犯罪既遂标准／李程林著 . —北京：中国社会科学出版社，2021.5
ISBN 978-7-5203-8349-3

Ⅰ.①论… Ⅱ.①李… Ⅲ.①故意（法律）—犯罪学—研究—中国
Ⅳ.①D924.114

中国版本图书馆 CIP 数据核字（2021）第 076140 号

出 版 人	赵剑英
责任编辑	梁剑琴
责任校对	王 龙
责任印制	郝美娜

出 版	中国社会科学出版社
社 址	北京鼓楼西大街甲 158 号
邮 编	100720
网 址	http：//www.csspw.cn
发 行 部	010-84083685
门 市 部	010-84029450
经 销	新华书店及其他书店

印 刷	北京君升印刷有限公司
装 订	廊坊市广阳区广增装订厂
版 次	2021 年 5 月第 1 版
印 次	2021 年 5 月第 1 次印刷

开 本	710×1000 1/16
印 张	14
插 页	2
字 数	228 千字
定 价	88.00 元

凡购买中国社会科学出版社图书，如有质量问题请与本社营销中心联系调换
电话：010-84083683

前　言

关于犯罪既遂标准这一刑法理论问题，大陆法系已基本达成共识，即构成要件说，而我国刑法学界对此问题却仍然存有较大争议，犯罪目的实现说、结果说、法益损害说、构成要件齐备说等众多观点各执一词，用"混乱"一词概括我国既遂标准的理论研究现状，当不为过。此外，在我国处于通说地位的全部犯罪构成要件齐备说，其实来源于大陆法系的构成要件说，可通说在我国刑法学界却受到种种诘难，这与大陆法系已达成共识的状况形成了较大反差。我国刑法学界争论不断、通说遭到普遍质疑，这都严重影响了我国司法实践部门准确认定具体犯罪的既遂标准。如果长此以往这一问题在刑法学界无法得到有效解决，任其处于纷争状态，将不仅有碍我国刑法理论自身的发展完善，更有损我国刑事司法的公正性，所以有必要对此问题进行系统而深入的研究，确立一个较为合理的犯罪既遂标准，这无论对于我国刑法理论还是司法实践都是大有裨益的。

本书共分为三章。第一章主要评析我国刑法学界关于既遂标准的各种观点，介绍大陆法系的犯罪既遂标准，并最终提倡以实质构成要件说作为既遂标准。

第一节主要围绕我国关于犯罪既遂标准的各种理论观点进行了介绍和评析。本书认为，犯罪目的实现说、结果说、法益损害说和构成要件齐备说是目前我国刑法学界的主要理论主张，各主张虽然都有存在的合理性，但同时也都有其不可克服的缺陷，都不能较好地确定犯罪既遂与未遂的区分标准。

第二节主要介绍大陆法系关于既遂标准的理论共识即构成要件说，以及该说传到我国后发生的变异。本书认为，其一，大陆法系的构成要件说是以行为符合了构成要件作为犯罪既遂与未遂的区分标准，其中的"构成要件"一词是定位于大陆法系三阶层的犯罪论体系，构成要件只是犯罪论体系中的第一个阶层，判断行为符合构成要件之后，还要经过违法性和有责性判断，因而行为符合构成要件不意味着犯罪的成立，所以大陆法系犯罪既遂的标准是符合第一个阶层的构成要件，而非符合整个犯罪论体系。这不同于我国的通说（全部犯罪构成要件齐备说），其是指行为人所实施的犯罪行为已经齐备了刑法分则所规定的某种犯罪的全部构成要件，也即通说是定位于四要件的犯罪构成体系，是整个犯罪构成要件的齐备，而整个犯罪构成要件的齐备意味着犯罪成立，所以我国既遂标准是既遂形态的整个犯罪构成。其二，大陆法系构成要件说的理论前提是构成要件既遂模式论，即刑法分则所规定的构成要件是基本的构成要件，基本的构成要件是关于单独既遂犯的构成要件；由刑法总则对基本构成要件进行修正而形成的构成要件是修正的构成要件，修正的构成要件是关于未遂犯、共犯的构成要件。其三，我国通说及其理论前提都来源于大陆法系的构成要件说，但与大陆法系已基本达成共识的状况相比，我国刑法学界却对通说存有普遍质疑，产生这种反差的原因可以从前提理论和该学说本身两方面进行考察。犯罪既遂模式论与犯罪成立模式论是关于我国犯罪构成模式的两种不同理论，相较而言，犯罪既遂模式论更具有合理性，所以通说的前提理论是适用于我国的。我国通说之所以产生诸多缺陷，其根源并不在于前提理论不合理，而在于我国刑法学界对大陆法系构成要件说的内涵产生了误解，而这种误解又根源于对大陆法系三阶层犯罪论体系中构成要件的误解。我国刑法理论从中华人民共和国成立之初就一直将大陆法系的构成要件误解为犯罪成立意义上的犯罪构成，后来随着大陆法系三阶层犯罪论的引入，更加剧了构成要件与犯罪构成两个用语的混乱。所以我国刑法理论长期以来都是将构成要件与犯罪构成混用的，如此一来就很容易理解，在将大陆法系关于既遂标准的构成要件说引入我国时，也是将构成要件这一用语理解为犯罪构成的，由此导致大陆法系的构成要件说引入我国后发生了变异，此时作为我国通说的全部犯罪构成要件齐备说已经不再是大陆法系原本意义上的构成要件说。经过变异的我国通说将犯罪既遂的标准认定为行为符合了（既遂）犯罪构成，而我国的（既遂）犯罪构成是犯罪成立条件的总和，是犯罪成立意义上的，这就将犯罪既遂的标准等同于既遂形态下的犯罪构成，所以我国通说在刑法学界受到普遍质疑，在司法实践中出现适用的不合理，也就成了一种必然。

　　第三节是提倡以实质构成要件说作为我国犯罪既遂的标准，并提出行为既遂概念。本书认为，其一，我们可以在澄清误解的基础上，还原大陆法系构成要件说的本来面目，并予以选择性借鉴，进而提倡实质构成要件说。实质构成要件是结果无价值论立场上的违法类型，即应将构成要件从法益侵害的角度进行实质解释，那么作为既遂标准的实质构成要件说就是指行为符合了经过法益侵害实质解释后的构成要件，也就是说事实性行为完成或结果发生并且对法益造成了现实侵害或危险的就标志着犯罪既遂。其二，实质构成要件说首先应是行为既遂的标准，即行为符合了实质构成要件就标志着行为既遂，否则是行为未遂。在此基础上，只有当这里的行为符合了其他犯罪成立条件时，才最终成为犯罪既遂的标准。行为既遂概念中的"行为"是指一般意义上的法益侵害行为，其特点是只强调构成要件行为对法益的侵害性或危险性，因此这里的行为就不仅仅指符合犯罪成立条件的犯罪行为，还包括不符合犯罪成立条件的一般性法益侵害行为。提出行为既遂概念，主要是为了揭示犯罪既遂的实质，进而将犯罪构成要件要素中标志犯罪既遂的要素与标志犯罪成立的要素区分开来，防止两者发生混淆而影响犯罪既遂标准的认定。一方面，犯罪既遂的实质是行为既遂。就一般意义上的法益侵害行为而言，行为既遂和行为未遂是对行为侵害法益的发展进程状态的描述，两者区分的实质是构成要件行为是否最终完成了对法益的现实侵害或危险，所以在犯罪构成要件要素中，标志犯罪既遂的要素应是行为既遂意义上具有法益侵害性质的客观构成要件要素。另一方面，行为既遂不等同于犯罪既遂。行为既遂是构成要件行为最终实现了对法益的现实侵害或危险，但这里的行为是具有法益侵害性的一般意义上的行为，只有在行为既遂的基础上同时具备其他犯罪成立条件时（比如不属于违法阻却事由、达到罪量要求、具有有责性等）才能构成犯罪，否则就仅仅是一般性侵害法益的非罪行为。所以即使达到了行为既遂，但由于其他犯罪成立条件的限制，并不是所有已现实侵害法益的行为都构成犯罪，而这些具有出罪或入罪功能的条件就是标志犯罪成立的要素，用以区分罪与非罪，而不是用以区分犯罪既遂与未遂。

　　第二章主要讨论犯罪既遂的类型，进而分类型讨论应如何以实质构成要件说认定其犯罪既遂。

　　第一节主要对与犯罪既遂类型相关的各种概念进行了界定，以防止发生歧义，在此基础上将犯罪既遂分为实质结果犯与实质行为犯两种类型。本书认为，其一，结果犯、行为犯、侵害犯、危险犯等概念应如何理解，在刑法理论上并没有得到统一，学者们往往基于自己的立场需要进行界定，这就导致虽然共用同一概念但却在实质内涵上大相径庭，所以有必要先行确定各种概念的内涵，在此基础上才能明确犯罪既遂的类型。结果犯与行为犯是犯罪既遂的标准，即结果犯或行为犯是以法定结果的发生或以法定行为的完成作为既遂标志的犯罪；它们是依据构成要件中是否有结果要素进行的划分，是事实层面的形式概念；形式概念的结果犯不包括非物质性结果，即构成要件中不仅要求行为，还要求物质性结果的是结果犯，除此之外都是行为犯。形式犯与实质犯是依据是否对法益具有侵害或危险进行的划分，是价值层面的实质概念。形式犯只是具有侵害法益的可能性，并不会对法益造成现实的侵害结果或危险结果；而实质犯却会对法益造成现实的侵害结果或危险结果。其中对法益造成现实侵害结果的就是侵害犯；虽然没有侵害法益，但对法益造成了现实危险结果的就是危险犯。危险犯又分为具体危险犯与抽象危险犯，两者在危险程度上没有差异，都要达到接近实害犯的程度，区别仅在于判断危险的方法不同，即具体危险犯的危险需要在司法上具体认定和考察，而抽象危险犯的危险则直接由立法推定，不需要在司法上具体判断，但又允许反证行为不具有侵害法益的危险而出罪。其二，结果犯与行为犯、侵害犯与危险犯是两对性质不同的概念，是分别基于不同标准对犯罪进行的划分。前者是依据构成要件中是否有结果要素进行的划分，是事实层面的形式概念；而后者是依据对法益造成了侵害结果还是危险结果进行的划分，是价值层面的实质概念。既然是基于不同标准划分出的性质不同的两对概念，也就由此决定了两者间存在着交叉竞合的关系。此外，这种交叉竞合关系不仅仅适用于大陆法系三阶层的犯罪论体系，在我国所谓的"事实与价值一次性综合评价"的四要件犯罪论体系下，如果承认事实与价值的区分，进而将事实层面的结果犯、行为犯与价值层面的侵害犯、危险犯进行交叉竞合，这对于克服我国整体式思维习惯的弊端，改变我国刑法学界重事实轻价值的现象，进而推动我国刑法理论的发展，将会大有裨益。其三，虽然在价值层面的实质意义上，侵害犯与危险犯确实是以行为对法益造成了实害结果或者足以造成实害结果的危险状态作为既遂标志的犯罪，但其并不适宜作为犯罪既遂的类型。因为一方面，侵害犯与危险犯是指行为对法益的侵犯样态，是价值层面的实质概念，其只有通过事实层面的客观实体才能征表其存在。而一旦脱离了客观实体，侵害犯与危险犯就只是一种抽象的主观认知，要通过人的理性思维才能把握，较为抽象，也没有明确的标准。如果将侵害犯与危险犯这种抽象的价值本身作为犯罪既遂类型，那么必定会造成既遂认定的主观随意性，在司法实践中也不具有可操作性。另一方面，犯罪既遂是具有法定性和规范性的，但是侵害犯与危险犯是基于法益保护目的来理解犯罪既遂，只是一种理论学说，并没有进行法律条文的限定，使得司法机关的裁判仅仅是依据理论学说而无法律依据，这是违反罪刑法定原则的，不可避免会造成司法权的滥用和国民人权被侵犯。所以，侵害犯与危险犯不适宜以独立的存在作为犯罪既遂的类型，但其具有实质解释功能，应该通过对结果犯与行为犯的实质解释来征表其存在。也就是说在以结果犯与行为犯为本体的基础上，由侵害犯与危险犯对其进行实质解释，以经过实质解释后的结果犯和行为犯作为既遂的类型。如此一来，犯罪既遂就可划分为实质结果犯与实质行为犯两种类型，前者是对形式意义的结果犯经过了侵害犯或危险犯的实质解释，具体包括结果犯与侵害犯的竞合、结果犯与具体危险犯的竞合、结果犯与抽象危险犯的竞合；后者则是对形式意义的行为犯经过了侵害犯或危险犯的实质解释，具体包括行为犯与侵害犯的竞合、行为犯与具体危险犯的竞合、行为犯与抽象危险犯的竞合。

第二节主要讨论应如何以实质构成要件说认定实质结果犯的既遂。本书认为，其一，对于结果犯与侵害犯竞合的实质结果犯，应借助行为对法益造成的现实侵害来实质解释事实性的物质性结果，此种物质性结果的发生就意味着法益遭受到了现实侵害，所以实质解释后确定的物质性结果发生就是该罪的既遂标准。其二，对于结果犯与具体危险犯竞合的实质结果犯，应借助行为对法益造成的接近实害犯程度的现实危险来实质解释事实性的物质性结果，此种物质性结果的发生就意味着法益遭受了足以造成实害结果的现实危险，所以实质解释后确定的物质性结果发生就是该类罪的既遂标准。当然具体危险犯的危险需要司法机关结合案件情况作具体的认定和考察。其三，对于结果犯与抽象危险犯竞合的实质结果犯，应借助行为对法益造成的接近实害犯程度的现实危险来实质解释事实性的物质性结果，此种物质性结果的发生就意味着法益遭受到了足以造成实害结果的现实危险，所以实质解释后确定的物质性结果发生就是该类罪的既遂标准。当然抽象危险犯的危险是由立法直接推定的，不需要在司法上作具体判断，但允许反证行为不具有侵害法益的危险而出罪。

第三节主要讨论应如何以实质构成要件说认定实质行为犯的既遂。本书认为，其一，对于行为犯与侵害犯竞合的实质行为犯，应借助行为对法益造成的现实侵害来实质解释事实性的行为完成，此种行为完成就意味着法益遭受到了现实侵害，所以实质解释后确定的行为完成就是该类罪的既遂标准。其二，对于行为犯与具体危险犯竞合的实质行为犯，应借助行为对法益造成的接近实害犯程度的现实危险来实质解释事实性的行为完成，此种行为完成就意味着法益遭到了足以造成实害结果的现实危险，所以实质解释后确定的行为完成就是该类罪的既遂标准。当然具体危险犯的危险需要司法机关结合案件情况作具体的认定和考察。其三，对于行为犯与抽象危险犯竞合的实质行为犯，应借助行为对法益造成的接近实害犯程度的现实危险来实质解释事实性的行为完成，此种行为完成就意味着法益遭到了足以造成实害结果的现实危险，所以实质解释后确定的行为完成就是该类罪的既遂标准。当然抽象危险犯的危险是由立法直接推定的，不需要在司法上作具体判断，但允许反证行为不具有侵害法益的危险而出罪。

第三章讨论犯罪既遂认定上的疑难问题，主要讨论了应如何以实质构成要件说认定危险犯和数额犯的既遂。

第一节主要讨论危险犯的既遂认定问题。本书认为，其一，关于概念界定，危险犯是犯罪既遂的标准，即危险犯是以足以造成实害结果的危险状态发生作为既遂标志的犯罪；危险犯是实质概念，即危险犯与侵害犯相对应，是依据行为对保护法益造成了实害还是危险进行的划分，是价值层面的实质概念；危险犯的危险是作为结果的危险，即只有行为对法益造成了现实的危险状态才属于危险犯，这种危险状态已经超出行为自身，具有了外在于行为的结果性质。此外，特别需要说明的是，主张危险犯是以足以造成实害结果的危险状态发生作为既遂标志的犯罪，意指区分既遂与未遂的危险状态要达到接近实害犯的程度，是一种高度的危险状态。我们通常说"发生危险状态的是犯罪既遂，未发生危险状态的是犯罪未遂"，而所谓"未发生危险状态"并不是指没有发生任何侵害法益的危险，而是指没有发生既遂犯所要求的高度危险，这就意味着未遂犯也具有侵害法益的危险，犯罪既遂与未遂的区分实质上是危险程度的差异。所以并非像学界质疑的，若将危险犯界定为犯罪既遂的标准，就会将没有侵害法益危险的行为认定为犯罪未完成形态，这其实是一种误解。所以在此澄清以下两点：第一点，区分既遂与未遂的危险状态要达到接近实害犯的程度，是一种高度的危险状态；第二点，未遂犯也同样存在危险状态，只是没有达到既遂所要求的接近实害犯的危险程度而已，这种危险也是处罚未遂犯的主要依据，所以无论如何不可能将没有任何侵害法益危险的行为认定为未遂犯，这不符合未遂犯的处罚根据，更违背刑法的法益保护目的。其二，关于危险犯的既遂标准，通说观点具有合理性，即危险犯应以足以造成实害结果的危险状态发生作为既遂的标志，未发生此种危险状态的是犯罪的未完成形态。但仍需完善之处是：虽然在价值层面的实质意义上，危险犯确实是以足以造成实害结果的危险状态发生作为既遂的标志，但"足以造成实害结果的危险状态"这种价值本身并不是一种独立的存在，其需要借助一定实体才能表现出来，而这里的实体就是结果犯要求的"物质性结果发生"或者行为犯要求的"事实性行为完成"，也就是说要由"物质性结果发生"或者"事实性行为完成"来表征"足以造成实害结果的危险状态发生"。所以危险犯的既遂标准在实质意义上是"足以造成实害结果的危险状态发生"，但其要借助形式意义上的"物质性结果发生"或"事实性行为完成"表征出来。

第二节主要讨论数额犯的既遂认定问题。本书认为，对于数额犯，应以实质构成要件说作为其既遂标准，即以行为符合了经过法益侵害实质解释后的构成要件作为数额犯既遂的标志，换言之，事实性行为完成或结果发生并且对法益造成了现实侵害或危险的就标志着数额犯既遂，否则为未遂。而法定数额则是行为既遂或行为未遂基础上的犯罪成立条件，达到数额要求的就成立犯罪，未达到的就不成立犯罪。具体来说，对数额犯既遂的认定：若行为符合了数额犯的实质构成要件，就标志着行为既遂；在此基础上达到了法定数额要求的则成立犯罪（既遂），而未达到法定数额要求的则不成立犯罪。对数额犯未遂的认定：若行为尚未符合数额犯的实质构成要件，则意味着行为未遂；在此基础上达到了定量要求（即不属于《刑法》第 13 条但书规定）的成立犯罪（未遂），而未达到定量要求的不成立犯罪。

目　　录

导　　论

第一节　选题背景及意义

虽然现代世界各国刑法都对犯罪既遂和犯罪未完成形态作了区分，但是关于犯罪既遂的概念、犯罪既遂区别于未遂的标准等问题，却没有在刑事立法中予以明确规定，而对上述问题的讨论都是围绕刑法规定的犯罪未遂概念展开的。我国的刑事立法也是如此，刑法总则对未完成形态犯罪的概念及其处罚原则都作了明文规定，但对犯罪既遂却没有任何规定，似乎这是一个不言自明的问题。由于缺乏明确的法律依据，从而导致刑法理论界对犯罪既遂产生了诸多争议，其中争议最为激烈的当属犯罪既遂的标准问题。我国《刑法》总则第 23 条规定了犯罪未遂的概念，从"未得逞"的法律术语可间接推出犯罪既遂就是"得逞"，也就是说犯罪是否得逞是犯罪既遂与未遂的区分标志。可问题是，"得逞"或"未得逞"并不是一个含义相当明确的概念，其不仅主观色彩浓厚，而且是一个较为生活口语化的词汇，不太符合法律术语的严谨性特点。这就引发了刑法学界围绕着犯罪既遂标准问题提出了众多的学术主张，犯罪目的实现说、结果说、法益损害说、构成要件齐备说等众多观点各执一词，最终，其中的全部犯罪构成要件齐备说成为我国刑法理论的通说。可好景不长，近年来通说不断遭到刑法理论界的质疑和诘难，学者指责其不仅存在自身理论上的缺陷，比如通说前提理论的合理性问题、处理犯罪既遂与犯罪构成的关系问题等；而且也无法有效解决刑法分则具体罪名的既遂标准认定，比如按照通说观点也无法确定盗窃罪的既遂标准应采取失控说、控制说还是失控加控制说。如此一来，通说的地位每况愈下，而与此同时，除了其他旧有学说不断修正完善，新的理论学说也在不断涌现，可以说，从目前我国刑法学界就犯罪既遂标准的理论研究现状来看，是较为混乱的，至今没有在这极为重要的刑法理论问题上达成应有的共识。

犯罪既遂标准是一个世界性的刑法理论问题，对这一问题的研究当然需要适当借鉴其他国家（尤其是大陆法系国家及地区）的刑法理论研究成果。与我国刑法学界的混乱状况相比，形成较大反差的是，大陆法系已经就既遂标准这一问题达成了共识，普遍认为应以行为符合了构成要件作为既遂的标准，此即为构成要件说。可问题是，在我国处于通说地位的全部犯罪构成要件齐备说原本就是来源于大陆法系的构成要件说，可为何通说在我国却遭受如此的诘难？是因为构成要件说本身就不合理，还是因为其植根于大陆法系刑法理论但并不适合我国，抑或是有别的什么原因？只有从根源上弄清楚造成这种反差待遇的原因，才能明白通说不合理的原因，从而对待国外相关刑法理论的态度才更为理性，有助于结合我国刑事立法的特点对其理论研究成果进行选择性的借鉴。

犯罪既遂标准这一问题不仅仅是刑法总则的研究范畴，刑法总则问题的研究最终要能够有益于指导刑法分则的具体罪名。可是，我国刑法分则中却有相当多的罪名在既遂标准上存有争议，可以说研究分则的具体罪名时几乎无法避免对其既遂标准的探讨。例如，关于如何理解盗窃罪的既遂标准就产生了接触说、取得说、转移说、失控说、控制说、失控加控制说等多种观点，其中失控说和控制说的争论尤为激烈；关于放火罪的既遂标准也有独立燃烧说、丧失效用说、重要部分燃烧说和毁弃说等多种观点，其中独立燃烧说为多数学者主张，也有学者主张重要部分燃烧说；关于强奸罪的既遂标准有接触说、结合说、泄欲说等多种观点，对于强奸妇女的行为，大多数学者主张结合说，而对于奸淫幼女的行为，则在接触说和结合说之间存有争论；等等。此外，对于具体罪名的既遂标准即使确定了采取某种学说，但由于司法实践中具体情况的不同，真正确定其既遂标准也并非易事。例如，即使根据失控说来认定盗窃罪既遂，但如何判断财物的管理人是否失控，还需要结合具体的案件情况分析，比如盗窃行为发生的场所、被盗财物的体积和大小等。由此可见，如何在刑法总则的理论研究中找到一个逻辑自洽的犯罪既遂标准，同时还能够有效指导刑法分则具体罪名既遂标准的准确认定，从而防止出现总则的学说理论与分则具体罪名的认定相脱节的现象，就成为一个亟待解决的问题。

此外，尤为值得注意的是，不同于大陆法系国家"立法定性、司法定量"的立法模式，我国采取了"立法既定性又定量"的立法模式，不仅有《刑法》总则第13条但书的原则性规定，而且刑法分则对很多犯罪从数额、情节等方面作了定量规定，由此形成了具有我国刑法特色的数额犯、情节犯，而这些定量要素的存在更加剧了我国刑法学界关于犯罪既遂标准的理论纷争。这些定量要素对于既遂标准的认定是否有影响，如果有影响那又怎样来确定这些数额犯、情节犯的既遂标准，这都是需要进一步深入研究的。

我国刑法学界的纷争、通说观点自身的缺陷，都严重影响了我国司法部门在实践中对犯罪既遂问题的认定。而犯罪是成立既遂还是未遂，并不仅仅是一个定罪的问题，还是一个量刑的问题，其对被告人的合法权益有着较大的影响。如果各地的司法机关在犯罪既遂标准这一问题上分歧颇大，把握标准不能得到统一，将不利于保障公民的基本人权，也严重有损我国刑事司法的公正性和权威性。刑事司法实践迫切需要刑法理论的有益指导，因而既遂标准的理论研究亟待早日解决。

总而言之，犯罪既遂标准是一个极为重要的刑法理论问题，如果长此以往这一问题在我国刑法学界无法得到有效解决，任其处于纷争状态，这不仅有碍我国刑法理论自身的发展完善，更有损我国刑事司法的公正性，所以很有必要对这一问题进行系统和深入的研究，确立一个较为合理的犯罪既遂标准，这无论对于我国刑法理论还是司法实践都是大有裨益的。

第二节　文献综述

有关犯罪既遂的研究著述并不少见，下面本书对国内外研究现状进行文献梳理，主要从犯罪既遂标准的理论学说、犯罪既遂的类型、犯罪既遂标准认定的疑难问题三个方面展开。

第一部分是，关于犯罪既遂标准的理论学说。

关于犯罪既遂标准的理论学说主要在我国大陆刑法学界和大陆法系国家及地区刑法学界展开，下面分别予以梳理。

我国大陆刑法学界有关既遂标准的各种理论观点，主要有以下几种：

其一，犯罪目的实现说。该说是以行为人犯罪目的是否实现作为认定犯罪既遂与否的标准：行为人通过犯罪行为达到了犯罪目的，则犯罪既遂；未达到犯罪目的，则犯罪未遂。该说有不同的表述方式，概括起来有以下两类：第一类是直接表述为犯罪目的的实现，即以犯罪目的实现与否区分犯罪既遂与未遂。[①] 第二类是结合犯罪结果的发生来表述犯罪目的的实现，即以行为人的犯罪目的所追求的犯罪结果是否发生区分既遂与未遂。[②]

其二，结果说。该说是以犯罪结果是否发生作为认定犯罪既遂与否的标准：犯罪行为发生了犯罪结果，则犯罪既遂；未发生犯罪结果，则犯罪未遂。由于对犯罪结果在理解上着眼点的不同，形成了以下两种不同的观点：第一种观点是人或物的存在状态改变说。该观点着眼点在于犯罪结果的客观事实性状态，以犯罪行为对人或物存在状态的改变这种结果作为既遂标准，包括物质性与非物质性结果。[③] 第二种观点是法定的犯罪结果发生说。该观点着眼于犯罪结果的法定性，以危害行为造成法律规定的犯罪结果作为既遂的标准，包括物质性与非物质性结果。[④]

其三，法益损害说。该说是以犯罪行为是否对刑法所保护的法益造成了侵害或危险作为犯罪既遂与否的标准：若对法益造成了侵害或危险，则犯罪既遂；若未造成侵害或危险，则犯罪未遂。根据认定犯罪既遂是只能对法益造成侵害，还是也包括造成危险，主要分为以下两种观点：第一种观点是法益侵害说，该观点认为犯罪既遂的标准是犯罪行为对刑法所保护的法益造成了侵害。[⑤] 第二种观点是法益侵害或危险说，该观点认为犯罪

---

① 参见胡家贵、陈瑞兰《关于犯罪形态的几个问题》，《政法论坛》1997 年第 6 期；侯国云《对传统犯罪既遂定义的异议》，《法律科学》1997 年第 3 期；李居全《关于犯罪既遂与未遂的探讨》，《法商研究》1997 年第 1 期。

② 参见陈彦海、张伯仁《犯罪既遂定义浅探》，《西北政法学院学报》1988 年第 4 期；刘之雄《论犯罪既遂与未遂的区分标准》，《法学评论》1989 年第 3 期。

③ 参见徐德华《再论犯罪既遂标准——以对犯罪结果的重新解读为切入点》，《学术探索》2008 年第 8 期。

④ 参见翁伟民《犯罪既遂标准刍议》，《广西社会主义学院学报》2001 年第 3 期；肖渭明《论刑法中危害结果的概念》，《比较法研究》1995 年第 4 期。

⑤ 参见张明楷《刑法的基本立场》，中国法制出版社 2002 年版，第 223 页；冯亚东、胡东飞《犯罪既遂标准新论——以刑法目的为视角的剖析》，《法学》2002 年第 9 期。

既遂的标准是犯罪行为对刑法所保护的法益造成了侵害或者危险。①

其四，构成要件齐备说。该说是以行为是否齐备了犯罪构成要件作为认定犯罪既遂与否的标准：齐备了犯罪构成要件，则犯罪既遂；未齐备犯罪构成要件，则犯罪未遂。我国大陆学者所赞同的构成要件齐备说经历了从通说到不断修正的过程，虽然共同主张构成要件齐备说，但其实质内容却大不相同，归纳起来主要有以下三类：

第一类是通说的全部犯罪构成要件齐备说。通说认为犯罪既遂是指行为人所实施的犯罪行为已经齐备了刑法分则所规定的某种犯罪的全部构成要件。同时将犯罪既遂分为四种类型，分别适用不同的犯罪既遂标准：结果犯以行为人实施的危害行为造成了法定危害结果作为犯罪既遂标准；行为犯以危害行为的完成作为犯罪既遂标准；危险犯以行为人实施的危害行为造成了某种危险状态作为既遂标准；举动犯以行为人一着手犯罪的实行行为即告犯罪的完成。②

第二类是类似于法益损害说的构成要件齐备说。该说主张修正传统的构成要件齐备说而倡导犯罪构成客观要件要素齐备说，即既遂标准在于犯罪行为已经符合了该罪的全部客观构成要件要素。同时论者又对既遂标准进行了细化，将基本犯的既遂形态划分为行为犯和结果犯，结果犯又划分为危险犯和实害犯。行为犯与结果犯的划分是根据客观要件中是否包含了结果要素，而这里的结果要素指的是刑法所保护的法益；危险犯与实害犯的划分是根据犯罪行为对保护法益的侵犯样态，凡是以实际的损害为构成要件要素的，属于实害犯；凡是以损害的危险为构成要件要素的，属于危险犯。③

第三类是实质解释的构成要件齐备说。该说是将形式意义上的构成要件通过法益损害进行实质解释，从而将实质解释后的构成要件作为犯罪既

---

① 参见彭文华《犯罪既遂原理》，中国政法大学出版社 2013 年版，第 191 页；刘之雄《犯罪既遂论》，中国人民公安大学出版社 2003 年版，第 88 页。

② 参见高铭暄、马克昌主编《刑法学》（第五版），北京大学出版社、高等教育出版社 2011 年版，第 147—148 页；王作富主编《刑法》（第四版），中国人民大学出版社 2009 年版，第 118—119 页；赵秉志主编《刑法新教程》（第四版），中国人民大学出版社 2012 年版，第 156—157 页；刘宪权《中国刑法学讲演录》，人民出版社 2011 年版，第 319、322—324 页。

③ 参见王志祥《犯罪既遂新论》，北京师范大学出版社 2010 年版，第 122、186 页。

遂的标准。这类学说又有三种不同的观点：第一种观点认为，我国四要件的犯罪构成体系既要承担犯罪观念形象的判断，又要承担实质的违法性判断。因此，危害行为充足犯罪观念形象的判断与侵害法益的判断是同时进行的。论者将犯罪分为以下三类：结果犯是指危害行为造成物质性结果充足犯罪观念形象并对法益造成现实侵害而既遂的行为类型；行为犯是指实施危害行为充足犯罪观念形象并对法益造成现实侵害而既遂的行为类型；危险犯是指通过造成危险状态充足犯罪观念形象并对法益造成侵害危险而既遂的行为类型。① 第二种观点认为，犯罪既遂标准具有法定性和解释性，法定性是指犯罪既遂标准不能脱离立法的规定来论述，必须结合刑法的规定推断，解释性是指犯罪既遂的标准必须通过刑法保护的法益来进行解释。论者将犯罪既遂分为三种类型：实害犯是以发生侵害法益的结果作为犯罪既遂标志的犯罪；危险犯是以发生侵害法益的危险结果作为犯罪既遂标志的犯罪；行为犯是以行为的完成并且对法益造成了侵害或者危险作为既遂标志的犯罪。② 第三种观点认为，犯罪既遂形态应依层次进行划分，第一层次以行为是否改变行为客体为标准，划分为行为犯和结果犯，第二层次分别对行为犯和结果犯做进一步划分。以是否要求对犯罪客体造成现实的侵害，将行为犯划分为纯正的行为犯和不纯正的行为犯：前者是指仅要求实施危害行为，且无须对犯罪客体造成现实侵害，即可成立既遂的犯罪；后者是指除了要实施危害行为，还须对犯罪客体造成现实侵害，才可成立既遂的犯罪。以行为结果的出现与犯罪客体受侵害的关系，将结果犯划分为实害犯和危险犯：前者是指行为对行为客体造成物质性结果并且对犯罪客体造成现实侵害作为既遂标准的犯罪；后者是指行为对行为客体造成物质性结果并且对犯罪客体造成现实侵害危险作为既遂标准的犯罪。③

大陆法系国家及地区刑法学界有关既遂标准的各种理论观点，主要有

---

① 参见李林《危险犯与风险社会刑事法治》，西南财经大学出版社 2012 年版，第 16、24—26 页。

② 参见徐光华《犯罪既遂问题研究》，中国人民公安大学出版社 2009 年版，第 118—122、164、185—197、214—218 页。

③ 参见李洁《犯罪既遂形态研究》，吉林大学出版社 1999 年版，第 55—61、159—175、282 页。

以下几种。

德国刑法学界关于犯罪既遂的标准，主要有以下观点：其一，犯罪既遂是指符合了构成要件、违法、有责的行为；① 其二，犯罪既遂是指符合了基本刑法的法定构成要件；② 其三，犯罪既遂是指满足了所有的构成要件要素；③ 其四，犯罪既遂是指满足了客观方面的不法构成要件。④

日本刑法学界关于犯罪既遂的标准，主要有以下观点：其一，犯罪既遂是指符合了构成要件、违法、有责的行为；⑤ 其二，犯罪既遂是指充足了构成要件；⑥ 其三，犯罪既遂是指实现了基本犯罪构成要件；⑦ 其四，犯罪既遂是指发生了结果；⑧ 其五，犯罪既遂是指完成了犯罪；⑨ 其六，犯罪既遂是指刑法分则的犯罪类型。⑩

---

① 参见［德］弗兰茨·冯·李斯特《德国刑法教科书》，徐久生译，法律出版社 2000 年版，第 329 页。

② 参见［德］恩施特·贝林《构成要件理论》，王安异译，中国人民公安大学出版社 2006 年版，第 169 页。

③ 参见［德］汉斯·海因里希·耶赛克、托马斯·魏根特《德国刑法教科书（总论）》，徐久生译，中国法制出版社 2001 年版，第 618 页。

④ 参见［德］约翰内斯·韦赛尔斯《德国刑法总论》，李昌珂译，法律出版社 2008 年版，第 348 页。

⑤ 参见［日］泷川幸辰《犯罪论序说》，王泰译，法律出版社 2005 年版，第 119 页。

⑥ 参见［日］小野清一郎《犯罪构成要件理论》，王泰译，中国人民公安大学出版社 2004 年版，第 142 页；［日］西原春夫：《刑法总论》，转引自张明楷《未遂犯论》，中国法律出版社、日本国成文堂 1997 年版，第 134 页。

⑦ 参见［日］大塚仁《刑法概说（总论）》，冯军译，中国人民大学出版社 2003 年版，第 213 页；［日］野村稔《刑法总论》，全理其、何力译，法律出版社 2001 年版，第 322 页；［日］大谷实《刑法讲义总论》（新版第 2 版），黎宏译，中国人民大学出版社 2008 年版，第 103 页。

⑧ 参见［日］曾根威彦《刑法学基础》，黎宏译，法律出版社 2005 年版，第 126 页；［日］藤木英雄《刑法讲义总论》，转引自张明楷《未遂犯论》，中国法律出版社、日本国成文堂 1997 年版，第 134 页；［日］中义胜《讲述刑法总论》，转引自张明楷《未遂犯论》，中国法律出版社、日本国成文堂 1997 年版，第 134 页。

⑨ 参见［日］香川达夫《刑法讲义（总论）》，转引自张明楷《未遂犯论》，中国法律出版社、日本国成文堂 1997 年版，第 133 页；［日］团藤重光《刑法纲要总论》，转引自张明楷《未遂犯论》，中国法律出版社、日本国成文堂 1997 年版，第 134 页。

⑩ 参见［日］西田典之《日本刑法总论》，刘明祥、王昭武译，中国人民大学出版社 2007 年版，第 241 页。

　　意大利刑法学界关于犯罪既遂的标准，一般认为是行为符合了刑法分则规定的某种犯罪的基本构成要件。①

　　我国台湾刑法学界关于犯罪既遂的标准，主要有以下观点：其一，犯罪既遂是指充足了构成要件；② 其二，犯罪既遂是指实现了不法构成要件；③ 其三，犯罪既遂是指完成了犯罪构成要件；④ 其四，犯罪既遂是指发生了结果。⑤

　　值得说明的是，关于犯罪既遂标准，大陆法系刑法学界在表面上似乎有多种不同的观点，但其只是学者们从不同角度表述方式的不同，实质上并无区别，都是以行为符合构成要件为既遂标准的。例如有学者认为，犯罪既遂是符合构成要件的违法有责的行为本身，但也认为犯罪既遂是指满足了所有构成要件要素；⑥ 也有学者认为，犯罪既遂是指实现了基本犯罪构成要件，但也认为没有既遂是指没有达到犯罪的完成；⑦ 还有学者认为没有既遂是指没有完成犯罪，但又将没有完成犯罪解释为没有充足基本的构成要件；⑧ 等等。由此可见，不同的刑法学者往往从不同角度来表述行为对构成要件的符合，即使是同一刑法学者也可以同时从不同角度进行表述，所以在大陆法系刑法理论中，基本一致认同以行为符合构成要件的构成要件说作为犯罪既遂标准。

　　第二部分是，关于犯罪既遂的类型。

---

　　① 参见陈忠林《意大利刑法纲要》，中国人民大学出版社 1999 年版，第 199 页；［意］杜里奥·帕多瓦尼《意大利刑法学原理》，陈忠林译评，中国人民大学出版社 2004 年版，第 261 页。

　　② 参见陈子平《刑法总论》（2008 年增修版），中国人民大学出版社 2009 年版，第 261 页。

　　③ 参见黄荣坚《基础刑法学（下）》（第三版），中国人民大学出版社 2009 年版，第 374 页。

　　④ 参见韩忠谟《刑法原理》，北京大学出版社 2009 年版，第 230—233 页。

　　⑤ 参见柯耀程《刑法的思与辩》，中国人民大学出版社 2008 年版，第 164—165 页。

　　⑥ 参见［德］弗兰茨·冯·李斯特《德国刑法教科书》，徐久生译，法律出版社 2000 年版，第 330 页。

　　⑦ 参见［日］大塚仁《刑法概说（总论）》，转引自张明楷《未遂犯论》，中国法律出版社、日本国成文堂 1997 年版，第 133 页。

　　⑧ 参见［日］团藤重光《刑法纲要总论》，转引自张明楷《未遂犯论》，中国法律出版社、日本国成文堂 1997 年版，第 134 页。

　　为了更为具体地阐述犯罪既遂的认定标准，学者们对犯罪既遂的类型进行了划分，但因划分根据不同而分歧颇大，呈现众多不同的既遂类型，大体可分为以下三大类观点。

　　第一类观点是将犯罪分为基本犯和派生犯，并分别划定既遂类型。比如有学者将基本罪的既遂类型分为结果犯、行为犯、危险犯和情节犯；将派生罪的既遂类型分为结果加重犯、其他类别的加重犯、派生的减轻犯。① 还有学者将基本犯的既遂类型分为两类，一类是基本类型的既遂形态，包括行为犯和结果犯，另一类是基于定量因素的既遂形态，包括数额犯、情节犯和目的犯；将派生犯的既遂类型分为加重犯（包括结果加重犯、数额加重犯等各类型加重犯）和减轻犯。②

　　第二类观点是依层次划分犯罪，进而划定既遂类型。比如有学者以行为是否改变行为客体为标准，将犯罪划分为行为犯和结果犯，这是第一层次的划分；然后分别对行为犯和结果犯进行第二层次的划分，以是否要求对犯罪客体造成现实的侵害，将行为犯划分为纯正的行为犯和不纯正的行为犯，以行为结果的出现与犯罪客体受侵害的关系，将结果犯划分为实害犯和危险犯。③

　　第三类观点是一次性直接划分既遂类型，不过划分的种类有显著差异。比如有学者将犯罪既遂划分为行为犯和结果犯两种类型；④ 也有学者将犯罪既遂划分为结果犯与危险犯两种类型；⑤ 又有学者将犯罪既遂划分为实害结果犯与危险结果犯两种类型；⑥ 另有学者将犯罪既遂划分为实害

---

　　① 参见金泽刚《犯罪既遂的理论与实践》，人民法院出版社 2001 年版，第 74、148 页。

　　② 参见王志祥《犯罪既遂新论》，北京师范大学出版社 2010 年版，第 136、241、320—324 页。

　　③ 参见李洁《犯罪既遂形态研究》，吉林大学出版社 1999 年版，第 55—61 页；舒洪水《危险犯研究》，法律出版社 2009 年版，第 198 页。

　　④ 参见温建辉《论犯罪既遂的标准》，《广西社会科学》2012 年第 1 期；王纪松《论类型化的犯罪既遂标准》，《中国刑事法杂志》2006 年第 1 期；杨红文《结果犯研究》，《广西民族大学学报》2006 年第 5 期；蒋兰香《对犯罪既遂形态逻辑关系的梳理》，《河北法学》2006 年第 12 期；郑飞《行为犯论》，吉林人民出版社 2004 年版，第 85 页。

　　⑤ 参见彭文华《犯罪既遂原理》，中国政法大学出版社 2013 年版，第 253—254 页。

　　⑥ 参见刘之雄《犯罪既遂论》，中国人民公安大学出版社 2003 年版，第 112 页。

犯、危险犯和行为犯三种类型；① 还有学者将犯罪既遂划分为结果犯、行为犯和危险犯三种类型；② 还有学者将犯罪既遂划分为结果犯、行为犯、危险犯和举动犯四种类型；③ 还有学者将犯罪既遂划分为结果犯、结果加重犯、举动犯、行为犯和危险犯五种类型。④

此外，上述众多不同的既遂类型只是形式上或名称上的差异，仔细探究会发现，对于结果犯、行为犯、实害犯、危险犯等概念应如何理解，在刑法理论上并没有得到统一，学者们往往会基于自己的立场需要进行界定，这就导致虽然从形式上看划分的既遂类型相同，也共用同一个概念，但却在实质内涵上大相径庭，而这又进一步加剧了刑法学界对既遂类型观点的繁杂。

第三部分是，关于犯罪既遂标准认定的疑难问题。

关于犯罪既遂标准认定的疑难问题，笔者重点围绕危险犯和数额犯进行论述，下面分别对与此相关的学术研究现状进行梳理。

关于危险犯的既遂标准认定，学界主要就危险犯概念的界定及其既遂标准展开讨论。

其一，关于危险犯概念的界定。无论在我国刑法学界还是大陆法系刑法学界，关于危险犯概念的争论一直聚讼不休，分歧颇大。由于学者们界定危险犯概念的立足点是不一样的，导致对话的双方不是处在同一个层面上，这样只能是在自己所处的层面上自说自话，不利于抓住观点分歧之所在。所以应该先缕清概念界定的立足点，然后在各个不同的立足点上比较分歧观点，这样才能抓住问题的关键。笔者认为关于危险犯的概念主要有以下三个层面的分歧：第一，危险犯是犯罪成立的标准还

---

① 参见徐光华《犯罪既遂问题研究》，中国人民公安大学出版社 2009 年版，第 161—163 页。

② 参见何秉松主编《刑法教科书》，中国法制出版社 1997 年版，第 355—357 页；史卫忠《行为犯研究》，中国方正出版社 2002 年版，第 172 页；李林《危险犯与风险社会刑事法治》，西南财经大学出版社 2012 年版，第 22—26 页。

③ 参见高铭暄、马克昌主编《刑法学》（第五版），北京大学出版社、高等教育出版社 2011 年版，第 147—148 页；王作富主编《刑法》（第四版），中国人民大学出版社 2009 年版，第 118—119 页；赵秉志主编《刑法新教程》（第四版），中国人民大学出版社 2012 年版，第 156—157 页；刘宪权《中国刑法学讲演录》，人民出版社 2011 年版，第 319、322—324 页。

④ 参见马克昌主编《犯罪通论》，武汉大学出版社 1999 年版，第 495 页。

是犯罪既遂的标准；第二，危险犯是形式概念还是实质概念，抑或是事实判断还是价值判断；第三，危险犯的危险是作为结果的危险还是行为属性的危险。

1. 危险犯是犯罪成立的标准，还是犯罪既遂的标准。犯罪成立标准说认为，危险犯是以危险的发生作为犯罪成立的标志，未发生危险的则犯罪不成立。此种观点主要在我国大陆刑法学界得到部分学者的支持。① 犯罪既遂标准说认为，危险犯是以足以造成实害结果的危险状态发生作为犯罪既遂的标志，未发生此种危险状态的则是犯罪未遂。无论在大陆法系刑法学界还是我国刑法学界，此种观点均是通说。②

2. 危险犯是形式概念，还是实质概念。无论是大陆法系刑法学界还是我国刑法学界，通说认为危险犯是与侵害犯相对应的概念，是依据行为对保护法益造成了实害还是危险而进行的划分，因而是价值层面的实质概念。但也有不同的观点认为，危险犯不仅指价值层面的实质概念，其首先更应是事实层面的形式概念，或者危险犯就是指事实层面的形式概念。③

3. 危险犯的危险是作为结果的危险，还是行为属性的危险。第一种观点认为，只有行为对法益造成了现实的危险状态才属于危险犯，也就是说危险犯的危险是作为结果的危险，即行为所造成的对法益的威胁状态，

---

① 参见张明楷《危险犯初探》，载马俊驹主编《清华法律评论》（总第一辑），清华大学出版社1998年版，第131页；刘明祥《论危险犯的既遂、未遂与中止》，《中国法学》2005年第6期；黎宏《论放火罪中的危险》，载何鹏、李洁主编《危险犯与危险概念》，吉林大学出版社2006年版，第135页；黎宏《论未遂犯的成立要件》，《云南大学学报》（法学版）2004年第2期；苏彩霞《危险犯及其相关概念之辨析——兼评刑法分则第116条与第119条第1款之关系》，《法学评论》2001年第3期；苏彩霞、齐文远《我国危险犯理论通说质疑》，《环球法律评论》2006年第3期；刘之雄《刑罚根据完整化上的犯罪分类——侵害犯、危险犯、结果犯、行为犯的关系论纲》，《中国法学》2005年第5期。

② 参见［日］野村稔《刑法总论》，全理其、何力译，法律出版社2001年版，第322—323页；陈朴生、洪福增《刑法总则》，台湾五南图书出版公司1982年版，第160页；高铭暄主编《新编中国刑法学》（上册），中国人民大学出版社1998年版，第208页；马克昌主编《犯罪通论》，武汉大学出版社1999年版，第500页；赵秉志主编《刑法新教程》（第四版），中国人民大学出版社2012年版，第157页；姜伟《犯罪形态通论》，法律出版社1994年版，第117页；鲜铁可《新刑法中的危险犯》，中国检察出版社1998年版，第27—28页。

③ 参见李林《危险犯与风险社会刑事法治》，西南财经大学出版社2012年版，第16、26页；郑飞《行为犯论》，吉林人民出版社2004年版，第79—91页。

这种威胁状态已经超出行为自身，具有了外在于行为的结果性质。① 第二种观点认为，只有行为具有使法益遭受侵害的可能性才属于危险犯，也就是说危险犯的危险是行为属性的危险。② 第三种观点认为，只要对法益造成了侵害的危险都可认定为危险犯，不应限制危险的性质，也就是说危险犯的危险既可以是作为结果的危险，也可以是行为属性的危险。③

　　其二，关于危险犯的既遂标准。无论在大陆法系刑法学界还是我国刑法学界，通说认为危险犯以足以造成实害结果的危险状态发生作为犯罪既遂的标志，未发生此种危险状态的则是犯罪的未完成形态。④ 但是，也有不少我国大陆刑法学者对通说的观点提出质疑，主张危险犯应以实害结果的发生作为犯罪既遂的标志，未发生实害结果的则是犯罪的未完成形态；如果立法对其犯罪的既遂形态与未完成形态分别设立了独立的法定刑，则不再适用刑法总则的处罚规定，此时危险犯和与之相对应的实害犯只是同

　　① ［日］前田雅英：《刑法的基础——总论》，转引自张明楷《危险犯初探》，载马俊驹主编《清华法律评论》（总第一辑），清华大学出版社 1998 年版，第 120 页；［日］山口厚《危险犯的研究》，转引自鲜铁可《新刑法中的危险犯》，中国检察出版社 1998 年版，第 44 页；林山田《刑法通论》（上册），北京大学出版社 2012 年版，第 127、156 页；鲜铁可《新刑法中的危险犯》，中国检察出版社 1998 年版，第 6—7 页；苏彩霞、齐文远《我国危险犯理论通说质疑》，《环球法律评论》2006 年第 3 期；王志祥《危险犯研究》，中国人民公安大学出版社 2004 年版，第 11、189 页。

　　② 参见 ［日］山口厚《危险犯的研究》，转引自张明楷《危险犯初探》，载马俊驹主编《清华法律评论》（总第一辑），清华大学出版社 1998 年版，第 120 页；［日］松生建《论危险犯的危险》，转引自鲜铁可《新刑法中的危险犯》，中国检察出版社 1998 年版，第 44 页；张明楷《危险犯初探》，载马俊驹主编《清华法律评论》（总第一辑），清华大学出版社 1998 年版，第 120—121 页。

　　③ 参见 ［日］松生建《论危险犯的危险》，转引自鲜铁可《新刑法中的危险犯》，中国检察出版社 1998 年版，第 44 页；［日］木村龟二主编《刑法学词典》，顾肖荣、郑树周译校，上海翻译出版公司 1991 年版，第 158 页；杨春洗、高铭暄、马克昌、余叔通主编《刑事法学大辞书》，南京大学出版社 1990 年版，第 513 页。

　　④ 参见 ［日］野村稔《刑法总论》，全理其、何力译，法律出版社 2001 年版，第 322—323 页；陈朴生、洪福增《刑法总则》，台湾五南图书公司 1982 年版，第 160 页；燕人、东山《澳门刑法总则概论》，澳门基金会 1997 年版，第 65—66、69 页；高铭暄主编《新编中国刑法学》（上册），中国人民大学出版社 1998 年版，第 208 页；马克昌主编《犯罪通论》，武汉大学出版社 1999 年版，第 500 页；赵秉志主编《刑法新教程》（第四版），中国人民大学出版社 2012 年版，第 157 页；姜伟《犯罪形态通论》，法律出版社 1994 年版，第 117 页；鲜铁可《新刑法中的危险犯》，中国检察出版社 1998 年版，第 27—28 页。

一罪名的未完成形态和既遂形态而已。①

　　关于数额犯的既遂标准认定，主要在我国大陆刑法学界展开讨论。因为不同于大陆法系国家及地区"立法定性、司法定量"的立法模式，我国大陆采取了"立法既定性又定量"的立法模式，不仅有《刑法》总则第13条但书的原则性规定，还有《刑法》分则对很多犯罪从数额、情节等方面作了定量规定，由此形成了具有我国刑法特色的数额犯、情节犯。

　　在我国刑法学界，数额犯是否存在犯罪未遂形态、如何区分数额犯的既遂与未遂，对于这些问题一直聚讼不休，存在众多不同的观点。在笔者看来，这些观点看似纷繁复杂、分歧颇大，其实主要根源于两种截然不同的前提理论，在同一种前提理论之下，不同观点之间只是其内部的差异而已。所以笔者首先根据前提理论的不同，将这些观点分为两大类，然后再根据是否承认数额犯存在未遂形态作进一步划分。

　　第一类观点的前提理论是犯罪成立模式论。主要包括三种不同的观点：第一种观点是否定说，认为数额犯不存在未遂形态。该说将法定数额理解为实际结果数额，认为法定数额是犯罪的成立要件，达到法定数额要求的就构成犯罪，未达到的就不构成犯罪，然后进一步判断犯罪形态，只有既遂形态而无未遂形态。② 第二种观点是肯定说，认为数额犯存在未遂形态。该说将法定数额理解为行为指向数额或者意图侵犯数额，认为法定数额是犯罪的成立要件，达到法定数额要求的就构成犯罪，未达到的就不

---

　　① 参见苏彩霞、齐文远《我国危险犯理论通说质疑》，《环球法律评论》2006年第3期；苏彩霞《危险犯及其相关概念之辨析——兼评刑法分则第116条与第119条第1款之关系》，《法学评论》2001年第3期；冯亚东、胡东飞《犯罪既遂标准新论——以刑法目的为视角的剖析》，《法学》2002年第9期；黎宏《论放火罪中的危险》，载何鹏、李洁主编《危险犯与危险概念》，吉林大学出版社2006年版，第139—146页；陈航《对"危险犯属于犯罪既遂形态"之理论通说的质疑》，《河北法学》1999年第2期；张明楷《刑法的基本立场》，中国法制出版社2002年版，第223页；张明楷《危险犯初探》，载马俊驹主编《清华法律评论》（总第一辑），清华大学出版社1998年版，第132页；张明楷《刑法学》（第四版），法律出版社2011年版，第321—322、606—607页。

　　② 参见张军主编《破坏金融管理秩序罪》，中国人民公安大学出版社1999年版，第587页；唐世月《数额犯论》，法律出版社2005年版，第117—119页；张少会《结果犯类别探析》，《河北法学》2009年第12期；陈洪兵《从我国犯罪概念的定量性探析犯罪未遂问题——兼谈知识产权犯罪未遂形态》，《贵州警官职业学院学报》2002年第3期。

构成犯罪，然后进一步判断犯罪形态，既有既遂形态也有未遂形态。① 第三种观点是折中说，认为数额犯是否存在未遂形态需要具体分析。该说将某些数额犯的法定数额理解为实际结果数额，认为其不存在未遂形态，而将某些数额犯的法定数额理解为行为指向数额或意图侵犯数额，认为其存在未遂形态。②

第二类观点的前提理论是犯罪既遂模式论。主要包括两种不同的观点：第一种观点是肯定说，认为数额犯存在未遂形态。该说认为法定数额是犯罪既遂的标志，达到法定数额要求的是犯罪既遂，未达到的是犯罪未遂。③ 第二种观点也是肯定说，认为数额犯存在未遂形态。该说认为虽然法定数额是犯罪既遂的标志，达到法定数额要求的是犯罪既遂，但是未达到法定数额要求的行为，在情节显著轻微危害不大的情况下不构成犯罪，只有情节严重的才构成犯罪未遂。④

第三节　内容与结构

本书共分三章论述犯罪既遂标准问题。

第一章主要评析我国刑法学界关于既遂标准的各种观点，介绍大陆法系的犯罪既遂标准，并最终提倡以实质构成要件说作为既遂标准。

第一节主要围绕我国关于犯罪既遂标准的各种理论观点进行了介绍和评析。笔者认为，犯罪目的实现说、结果说、法益损害说和构成要件齐备说是目前我国刑法学界的主要理论主张，各主张虽然都有存在的合理性，但同时也都有其不可克服的缺陷，都不能较好地确定犯罪既遂与未遂的区

---

① 参见张明楷《刑法学》（第四版），法律出版社 2011 年版，第 647 页；张明楷《刑法第 140 条"销售金额"的展开》，载马俊驹主编《清华法律评论》（第二辑），清华大学出版社 1999 年版，第 182—184 页；彭文华《犯罪既遂原理》，中国政法大学出版社 2013 年版，第 347 页。

② 参见刘之雄《犯罪既遂论》，中国人民公安大学出版社 2003 年版，第 133 页。

③ 参见张勇《犯罪数额研究》，中国方正出版社 2004 年版，第 91—92 页；赵秉志《犯罪未遂的理论与实践》，中国人民大学出版社 1987 年版，第 285 页；陈兴良主编《刑事司法研究》（第三版），中国人民大学出版社 2008 年版，第 65 页。

④ 参见王志祥《犯罪既遂新论》，北京师范大学出版社 2010 年版，第 248、253—255、264—265 页；徐光华《犯罪既遂问题研究》，中国人民公安大学出版社 2009 年版，第 84—87 页；王昭振《数额犯中"数额"概念的展开》，《法学论坛》2006 年第 3 期。

分标准。

第二节主要介绍了大陆法系的构成要件说，以及该说传到我国后发生的变异。笔者认为，其一，大陆法系的构成要件说是以行为符合了构成要件作为犯罪既遂与未遂的区分标准，这里的"构成要件"一词是定位于大陆法系三阶层的犯罪论体系，构成要件只是犯罪论体系中的第一个阶层，而不是包括违法性和有责性在内的整个犯罪论体系。其二，大陆法系构成要件说的理论前提是构成要件既遂模式论，即刑法分则所规定的构成要件是关于单独既遂犯的基本构成要件，而由刑法总则对基本构成要件进行修正的构成要件，是关于未遂犯、共犯的构成要件。其三，我国通说（即全部犯罪构成要件齐备说）及其理论前提都来源于大陆法系的构成要件说，但与大陆法系已基本达成共识的状况相比，我国刑法学界却对通说存有普遍质疑，产生这种反差的原因可以从前提理论和该学说本身两方面进行考察。犯罪既遂模式论与犯罪成立模式论是关于我国犯罪构成模式的两种不同理论，相比较而言，犯罪既遂模式论更具有合理性，所以通说的前提理论是适用于我国的。我国通说之所以产生诸多缺陷，其根源并不在于前提理论不合理，而在于我国刑法学界对大陆法系构成要件说的内涵产生了误解。我国刑法理论从中华人民共和国成立之初就一直将大陆法系的构成要件误解为犯罪成立意义上的犯罪构成，将构成要件与犯罪构成这两个术语进行混用，所以在将大陆法系的构成要件说引入我国时，也是将构成要件这一用语理解为犯罪构成的，由此导致大陆法系的构成要件说引入我国后发生了变异。变异后的我国通说将犯罪既遂的标准认定为行为符合了（既遂）犯罪构成，而我国的（既遂）犯罪构成是犯罪成立条件的总和，是犯罪成立意义上的，这就将犯罪既遂的标准混同于既遂形态下的犯罪构成，所以我国通说在刑法学界受到普遍质疑，在司法实践中出现适用的不合理，也就成了一种必然。

第三节是提倡以实质构成要件说作为我国犯罪既遂的标准，并提出行为既遂概念。笔者认为，其一，我们可以在澄清误解的基础上，还原大陆法系构成要件说的本来面目，并予以选择性借鉴，进而提倡实质构成要件说。实质构成要件是结果无价值论立场上的违法类型，即应将构成要件从法益侵害的角度进行实质解释，那么作为既遂标准的实质构成要件说就是指行为符合了经过法益侵害实质解释后的构成要件，也就是说事实性行为完成或结果发生并且对法益造成了现实侵害或危险的就标志着犯罪既遂。其二，实质构成要件说首先应是行为既遂的标准，即行为符合了实质构成要件就标志着行为既遂，否则是行为未遂。在此基础上，只有当这里的行为符合了其他犯罪成立条件时，才最终成为犯罪既遂的标准。行为既遂概念中的"行为"是指一般意义上的法益侵害行为，其特点是只强调构成要件行为对法益的侵害性或危险性，因此这里的行为就不仅仅指符合犯罪成立条件的犯罪行为，还包括不符合犯罪成立条件的一般性法益侵害行为。

第二章主要讨论犯罪既遂的类型，进而分类型讨论应如何以实质构成要件说认定其犯罪既遂。

第一节主要对与犯罪既遂类型相关的各种概念进行了界定，以防止发生歧义，在此基础上将犯罪既遂分为实质结果犯与实质行为犯两种类型。笔者认为，其一，结果犯与行为犯是以法定结果的发生与法定行为的完成作为既遂标志的犯罪；它们是依据构成要件中是否有结果要素进行的划分，是事实层面的形式概念；形式概念的结果犯不包括非物质性结果。形式犯与实质犯是依据是否对法益具有侵害或危险进行的划分，是价值层面的实质概念。形式犯只是具有侵害法益的可能性，并不会对法益造成现实的侵害结果或危险结果；而实质犯却会对法益造成现实的侵害结果或危险结果。其中对法益造成现实侵害结果的就是侵害犯；虽然没有侵害法益，但对法益造成了现实危险结果的就是危险犯。危险犯又分为具体危险犯与抽象危险犯，两者在危险程度上没有差异，都要达到接近实害犯的程度，区别仅在于判断危险的方法不同，即具体危险犯的危险需要在司法上具体认定和考察，而抽象危险犯的危险则直接由立法推定，但又允许反证行为不具有侵害法益的危险而出罪。其二，结果犯与行为犯、侵害犯与危险犯是基于不同标准划分出的性质不同的两对概念，由此决定了两者间存在着交叉竞合的关系。这种交叉竞合关系不仅仅适用于大陆法系三阶层的犯罪论体系，还适用于我国"事实与价值一次性综合评价"的四要件犯罪论体系。其三，实质意义上的侵害犯与危险犯不适宜以独立的存在作为犯罪既遂的类型，但其具有实质解释功能，可以通过对结果犯与行为犯的实质解释来表征其存在；而形式意义的结果犯与行为犯也不宜独立作为犯罪既遂的类型，只有运用法益理论赋予其价值属性，才能真正成为犯罪既遂的类型。所以应以结果犯与行为犯为本体，由侵害犯与危险犯对其进行实质解释，以经过实质解释后的结果犯和行为犯作为既遂的类型。如此一来，犯罪既遂就可划分为实质结果犯与实质行为犯两种类型，前者是对形式意义的结果犯经过了侵害犯或危险犯的实质解释；后者则是对形式意义的行为犯经过了侵害犯或危险犯的实质解释。

第二节主要讨论应如何以实质构成要件说认定实质结果犯的既遂。笔者认为，其一，对于结果犯与侵害犯竞合的实质结果犯，应借助行为对法益造成的现实侵害来实质解释事实性的物质性结果，此种物质性结果的发生就意味着法益遭受到了现实侵害，所以实质解释后确定的物质性结果发生就是该类罪的既遂标准。其二，对于结果犯与危险犯竞合的实质结果犯，应借助行为对法益造成的接近实害犯程度的现实危险来实质解释事实性的物质性结果，此种物质性结果的发生就意味着法益遭受了足以造成实害结果的现实危险，所以实质解释后确定的物质性结果发生就是该类罪的既遂标准。

第三节主要讨论应如何以实质构成要件说认定实质行为犯的既遂。笔者认为，其一，对于行为犯与侵害犯竞合的实质行为犯，应借助行为对法益造成的现实侵害来实质解释事实性的行为完成，此种行为完成就意味着法益遭受到了现实侵害，所以实质解释后确定的行为完成就是该类罪的既遂标准。其二，对于行为犯与危险犯竞合的实质行为犯，应借助行为对法益造成的接近实害犯程度的现实危险来实质解释事实性的行为完成，此种行为完成就意味着法益遭受到了足以造成实害结果的现实危险，所以实质解释后确定的行为完成就是该类罪的既遂标准。

第三章讨论犯罪既遂认定上的疑难问题，主要讨论了应如何以实质构成要件说认定危险犯和数额犯的既遂。

第一节主要讨论危险犯的既遂认定问题。笔者认为，其一，危险犯是以足以造成实害结果的危险状态发生作为既遂标志的犯罪；危险犯与侵害犯相对应，是依据行为对保护法益造成了实害还是危险进行的划分，是价值层面的实质概念；危险犯的危险是作为结果的危险，是行为对法益造成的现实危险状态。其二，关于危险犯的既遂标准，通说观点具有合理性，即危险犯应以足以造成实害结果的危险状态发生作为既遂的标志，未发生此种危险状态的是犯罪的未完成形态。但仍需完善之处是：虽然在价值层面的实质意义上，危险犯确实是以足以造成实害结果的危险状态发生作为既遂的标志，但"足以造成实害结果的危险状态"这种价值本身并不是一种独立的存在，其需要借助一定实体才能表现出来，而这里的实体就是结果犯要求的"物质性结果发生"或者行为犯要求的"事实性行为完成"，也就是说要由"物质性结果发生"或者"事实性行为完成"来表征"足以造成实害结果的危险状态发生"。所以危险犯的既遂标准在实质意义上是"足以造成实害结果的危险状态发生"，但其要借助形式意义上的"物质性结果发生"或"事实性行为完成"表征出来。

第二节主要讨论数额犯的既遂认定问题。笔者认为，应以实质构成要件说作为数额犯的既遂标准，而法定数额则是行为既遂或行为未遂基础上的犯罪成立条件，达到数额要求的就成立犯罪，未达到的就不成立犯罪。具体来说，对数额犯既遂的认定：若行为符合了数额犯的实质构成要件，就标志着行为既遂；在此基础上达到了法定数额要求的则成立犯罪（既遂），而未达到法定数额要求的则不成立犯罪。对数额犯未遂的认定：若行为尚未符合数额犯的实质构成要件，则意味着行为未遂；在此基础上达到了定量要求（即不属于《刑法》第 13 条但书规定）的成立犯罪（未遂），而未达到定量要求的不成立犯罪。

第四节　研究方法

本书主要运用了以下的研究方法：

一是归纳、分析与推理的方法。刑法学本身就是一门理论性很强的法律学科，在看似简单的法条背后都有着深厚的刑法理论作支撑，而对于犯罪既遂标准的探讨更是离不开学术理论层面的研究。关于犯罪既遂问题，国内外刑法学界存在众多的理论观点，面对这些繁杂的学术主张，大体上笔者首先是运用归纳法，将各种观点按照某种标准进行归纳整理，并分门别类；其次运用分析法，仔细研究分析每一类观点的优势和弊端；最后运用推理演绎的方法推导出自己的观点。经过这样的一番过程，才能使得本书的论点建立在逻辑严密的基础上。

二是比较的方法。刑法学是一门世界性学科，只有运用比较的方法，才能拓展研究的视野，才能了解彼此的优劣利弊，进而取长补短，推动我国刑法理论的发展。在本书的论述过程中笔者就大量运用了比较法，例如在既遂标准的学术争论上，笔者详细介绍了大陆法系的不同国家及地区刑法学界的观点，并且深入研究了其通说（构成要件说）的内涵和理论前提，再与我国通说（全部犯罪构成要件齐备说）进行比较，从而发现了我国通说的弊端。再如在对结果犯与行为犯、侵害犯与危险犯的概念界定上，以及对危险犯既遂标准的认定上，笔者都有对大陆法系学者观点的介绍。

三是理论与实践相结合的方法。刑法学除了是一门理论性学科，也是一门实践性学科，因此对犯罪既遂标准问题的研究也应密切联系司法实践，使得理论研究成果能够在司法实践中发挥有效的指导作用。笔者在论述过程中就很注重联系相关的司法解释和司法案例。例如在对数额犯既遂标准的讨论上，就多次涉及盗窃罪、诈骗罪和生产、销售伪劣产品罪的相关司法解释规定，还涉及上海市某区人民法院审理的一起销售侵权复制品案。

第五节　理论创新

本书的理论创新之处可以归纳为以下六点。

1. 对大陆法系构成要件说的内涵进行了深入挖掘。

以往的学术观点在研究犯罪既遂标准时，都会总结到构成要件说是大陆法系公认的犯罪既遂标准，并且也都认为由于犯罪论体系的不同，大陆法系的构成要件说与我国通说的全部犯罪构成要件齐备说存有较大的不同，应明确两者之间的区别，但都没有对大陆法系构成要件说的实质内涵做进一步的深入挖掘。笔者认为虽然大陆法系公认行为符合了构成要件就是犯罪既遂，但由于在大陆法系刑法理论中构成要件本身就有行为类型、违法类型和违法有责类型三种不同的含义，因而构成要件容纳的要素是大不一样的。但是作为犯罪既遂标准的构成要件说并不是指只有行为符合了构成要件的全部要素，才是犯罪既遂区别于未遂的标志，有些构成要件要素并不具有区分标准的功能，如此一来大陆法系的构成要件说的内涵就需要具体分析。所以笔者认为很有必要对大陆法系的构成要件理论加以梳理，在此基础上再进一步明确对于不同类型的构成要件，作为犯罪既遂标准的构成要件说的真实内涵。

2. 我国既遂标准的通说（即全部犯罪构成要件齐备说）存有理论上的缺陷，笔者认为其根源并不是以往学者们批判的前提理论有误，而是我国学界在引入大陆法系构成要件说时，对其构成要件的含义产生了误解。

我国既遂标准的通说及其理论前提都来源于大陆法系的构成要件说，但与大陆法系刑法学界对此已基本达成共识的状况相比，我国刑法学界却对通说存有普遍质疑。学者们往往将这种反差的原因归结为，大陆法系构成要件说的理论前提（即构成要件既遂模式论）不适用于我国刑法理论，所以构成要件说本身在我国就不具有合理性。但是笔者认为，大陆法系的构成要件说引入我国后之所以会出现诸多不合理，其根源并不在于其理论前提不适应我国刑法理论，而在于我国刑法学界对此学说产生了误解。大陆法系的构成要件说是指行为符合了构成要件，这里的构成要件是指三阶层犯罪论体系的第一个阶层，而不是包括违法性和有责性在内的整个犯罪论体系。而我国刑法理论从中华人民共和国成立之初就一直将大陆法系的构成要件误解为犯罪成立意义上的犯罪构成，而且后来随着大陆法系三阶层犯罪论的引入，更加剧了构成要件与犯罪构成这两个用语的混乱。所以我国刑法理论长期以来都是将构成要件与犯罪构成混用的，如此一来就能很容易理解，在将大陆法系关于犯罪既遂标准的构成要件说引入我国时，也是将构成要件这一用语理解为犯罪构成的，由此导致大陆法系的构成要件说引入我国后发生了变异，此时作为我国通说的全部犯罪构成要件齐备说已经不再是大陆法系原本意义上的构成要件说。经过变异的我国通说将犯罪既遂的标准认定为行为符合了（既遂）犯罪构成，而我国的（既遂）犯罪构成是犯罪成立条件的总和，这就将犯罪既遂的标准等同于既遂形态下的犯罪构成。可是，既遂形态下的犯罪构成中，虽然客观要素具有区分既遂与未遂的功能，但也有很多要素是区分罪与非罪的，而非区分既遂与未遂形态的，比如罪量要素、罪过要素、责任能力要素等，如果不符合这些要素是根本不成立犯罪的，而非不成立犯罪既遂但成立犯罪未遂。所以将犯罪既遂标准认定为行为对（既遂）犯罪构成的符合，就造成了犯罪既遂标准与（既遂）犯罪构成的混同，因而我国通说在刑法学界受到普遍质疑，在司法实践中出现适用的不合理，那就成为一种必然。

3. 关于犯罪既遂标准，笔者提倡实质构成要件说。

笔者认为，我们完全可以在澄清误解的基础上，还原大陆法系构成要件说的本来面目，深入了解该学说的真正含义及其背后原理，结合我国的刑法理论和司法实践情况，有选择性地予以借鉴，因此笔者提倡实质构成要件说。所谓实质构成要件，是指结果无价值论立场上的违法类型，即应将构成要件从法益侵害的角度进行实质解释；那么作为既遂标准的实质构成要件说，就是指行为符合了经过法益侵害实质解释后的构成要件，也就是说事实性行为完成或结果发生并且对法益造成了现实侵害或危险的就标志着犯罪既遂，否则为犯罪未遂。

笔者提倡的实质构成要件说，其实是将形式构成要件通过法益侵害进行实质解释，从而将实质解释后的构成要件作为犯罪既遂的标准。这样经过事实判断和价值判断的相互结合与相互牵制，使得犯罪既遂的标准既符合法条本身，也符合法条背后的刑法保护目的，从而有效克服单层面判断的缺陷，这相较于我国以往的学术观点更为合理。一方面，从事实和价值的关系上看：首先，实质构成要件说从事实角度理解犯罪既遂，具有较强的直观性和较明确的标准，易于被人们理解和把握，在司法实践中具有较强的实用性，从而为实质的法益侵害提供了明确的判断标准；其次，实质构成要件说从法益保护的价值层面揭示犯罪既遂的实质标准，通过赋予其价值层面的意义，克服形式化理解犯罪既遂产生的内涵不确定。另一方面，从法条规定和刑法目的的关系上看：首先，实质构成要件说将犯罪既遂标准的认定严格限定在法律规定的范围内，坚持从刑法分则的规定中寻找既遂标准，体现了对法律的恪守、对罪刑法定原则的坚守，从而为理论上的既遂标准提供了法律依据；其次，实质构成要件说从法益保护的刑法目的中寻找犯罪既遂标准，通过法益保护揭示了犯罪既遂的实质内涵，而不是局限于法条本身，有利于我们真正了解犯罪既遂的实质，从而为法律上的既遂标准提供理论根据。

4. 笔者提倡行为既遂概念。

笔者提倡的实质构成要件说首先应是行为既遂的标准，即行为符合了实质构成要件就标志着行为既遂，否则是行为未遂。在此基础上，只有当这里的行为符合了其他犯罪成立条件时，才最终成为犯罪既遂的标准。行为既遂概念中的"行为"是指一般意义上的法益侵害行为，其特点是只强调构成要件行为对法益的侵害性或危险性，至于这种行为是否具有正当性、对法益侵害的违法性程度、行为人对此是否具有有责性等，一概不问。因此这里的行为就不仅仅指符合犯罪成立条件的犯罪行为，还包括不符合犯罪成立条件的一般性法益侵害行为。

笔者之所以提出行为既遂概念，主要是为了揭示犯罪既遂的实质，进而将犯罪构成要件要素中标志犯罪既遂的要素与标志犯罪成立的要素区分开来，防止两者发生混淆而影响犯罪既遂标准的认定。一方面，犯罪既遂的实质是行为既遂。就一般意义上的法益侵害行为而言，行为既遂和行为未遂是对行为侵害法益的发展进程状态的描述，两者区分的实质是构成要件行为是否最终完成了对法益的现实侵害或危险，所以在犯罪构成要件要素中，标志犯罪既遂的要素应是行为既遂意义上具有法益侵害性质的客观构成要件要素。另一方面，行为既遂不等同于犯罪既遂。行为既遂是构成要件行为最终实现了对法益的现实侵害或危险，但这里的行为是具有法益侵害性的一般意义上的行为，只有在行为既遂的基础上同时具备其他犯罪成立条件时（比如不属于违法阻却事由、达到罪量要求、具有有责性等）才能构成犯罪，否则就仅仅是一般性侵害法益的非罪行为。所以即使达到了行为既遂，但由于其他犯罪成立条件的限制，并不是所有已现实侵害法益的行为都构成犯罪，而这些具有出罪或入罪功能的条件就是标志犯罪成立的要素，用以区分罪与非罪，而不是用以区分犯罪既遂与未遂。只有将犯罪构成要件要素当中这两类不同性质与功能的要素区分开来，才能防止发生混淆，准确认定犯罪既遂的标准。这其中最常见的混淆就是，将罪量要素这一标志犯罪成立的要素作为犯罪既遂的标准，导致数额犯既遂标准的认定成为我国刑法理论的一个难点，笔者认为只有界分清楚了标志犯罪既遂的要素与标志犯罪成立的要素，才能有效解决这一问题。

所以就数额犯而言，笔者认为应以实质构成要件说作为其既遂标准，而法定数额则是行为既遂或行为未遂基础上的犯罪成立条件，达到数额要求的就成立犯罪，未达到的就不成立犯罪。具体来说，对数额犯既遂的认定：若行为符合了数额犯的实质构成要件，就标志着行为既遂；在此基础上达到了法定数额要求的则成立犯罪（既遂），而未达到法定数额要求的则不成立犯罪。对数额犯未遂的认定：若行为尚未符合数额犯的实质构成要件，则意味着行为未遂；在此基础上达到了定量要求（即不属于《刑法》第13条但书规定）的成立犯罪（未遂），而未达到定量要求的不成立犯罪。

5. 笔者提倡将犯罪既遂划分为实质结果犯与实质行为犯两种类型，进而分类型讨论其既遂标准的认定。

按照笔者的概念界定，结果犯与行为犯、侵害犯与危险犯是两对性质不同的概念，是分别基于不同标准对犯罪进行的划分。前者是依据构成要件中是否有结果要素进行的划分，是事实层面的形式概念；而后者是依据对法益造成了侵害结果还是危险结果进行的划分，是价值层面的实质概念。由于是基于不同标准划分出的性质不同的两对概念，由此决定了两者间存在着交叉竞合的关系。同时，由于实质意义上的侵害犯与危险犯不适宜以独立的存在作为犯罪既遂的类型，但其具有实质解释功能，可以通过对结果犯与行为犯的实质解释来征表其存在；而形式意义的结果犯与行为犯也不宜独立作为犯罪既遂的类型，只有运用法益理论赋予其价值属性，才能真正成为犯罪既遂的类型。所以笔者提倡在以结果犯与行为犯为本体的基础上，由侵害犯与危险犯对其进行实质解释，以经过实质解释后的结果犯和行为犯作为既遂的类型。如此一来，犯罪既遂就可划分为实质结果犯与实质行为犯两种类型，前者是对形式意义的结果犯经过了侵害犯或危险犯的实质解释，具体包括结果犯与侵害犯的竞合、结果犯与危险犯的竞合；后者则是对形式意义的行为犯经过了侵害犯或危险犯的实质解释，具体包括行为犯与侵害犯的竞合、行为犯与危险犯的竞合，然后分类型具体讨论应如何以实质构成要件说认定其犯罪既遂。

6. 关于危险犯的既遂标准，笔者认为虽然通说具有合理性，但仍有待完善之处。

关于危险犯的既遂标准，笔者虽然基本赞同通说的观点，认为危险犯应以足以造成实害结果的危险状态发生作为既遂的标志，未发生此种危险状态的是犯罪的未完成形态，但仍然认为有必要作以下补充说明。虽然在价值层面的实质意义上，侵害犯与危险犯确实是以行为对法益造成了实害结果或者足以造成实害结果的危险状态作为既遂标志的犯罪，但是笔者仍然认为其不适宜作为犯罪既遂的类型。因为其一，侵害犯与危险犯是指行为对法益的侵犯样态，是价值层面的实质概念，其只有通过事实层面的客观实体才能征表其存在。而一旦脱离了客观实体，侵害犯与危险犯就只是一种抽象的主观认知，要通过人的理性思维才能把握，较为抽象，也没有明确的标准。如果将侵害犯与危险犯这种抽象的价值本身作为犯罪既遂类型，那么必定会造成既遂认定的主观随意性，在司法实践中也不具有可操作性。其二，犯罪既遂是具有法定性和规范性的，但是侵害犯与危险犯是基于法益保护目的来理解犯罪既遂，只是一种理论学说，并没有进行法律条文的限定，使得司法机关的裁判仅仅是依据理论学说而无法律依据，这是违反罪刑法定原则的，不可避免会造成司法权的滥用和国民人权的侵犯。所以，侵害犯与危险犯不适宜以独立的存在作为犯罪既遂的类型，其具有实质解释功能，应该通过对结果犯与行为犯的实质解释来征表其存在。也就是说在以结果犯与行为犯为本体的基础上，由侵害犯与危险犯对其进行实质解释，以经过实质解释后的结果犯和行为犯作为既遂的类型。

具体到危险犯的既遂标准，虽然在价值层面的实质意义上，其确实是以足以造成实害结果的危险状态发生作为既遂的标志，但"足以造成实害结果的危险状态"这种价值本身并不是一种独立的存在，其需要借助一定实体才能表现出来，而这里的实体就是结果犯要求的"物质性结果发生"或者行为犯要求的"事实性行为完成"。也就是说要由"物质性结果发生"或者"事实性行为完成"来征表"足以造成实害结果的危险状态发生"。所以笔者认为，危险犯的既遂标准在实质意义上是"足以造成实害结果的危险状态发生"，但其要借助形式意义上的"物质性结果发生"或"事实性行为完成"征表出来。

第一章 犯罪既遂标准理论探讨

第一节 我国犯罪既遂标准的理论争论

一 犯罪目的实现说

（一）主要观点

该说是以行为人犯罪目的是否实现作为认定犯罪既遂与否的标准：行为人通过犯罪行为达到了犯罪目的，则犯罪既遂；未达到犯罪目的，则犯罪未遂。该说有不同的表述方式，概括起来有以下两类：

第一类是直接表述为犯罪目的的实现。比如有学者认为，可用犯罪目的实现与否区分犯罪既遂与未遂，犯罪既遂是行为人已经实现犯罪目的的犯罪形态，而犯罪未遂则是没有实现犯罪目的的犯罪形态；[①] 也有学者认为，犯罪既遂是"实施终了的犯罪行为，达到了行为人预期的目的"[②]；还有学者认为，犯罪既遂与未遂只能以犯罪实行行为的直接目的是否达到为划分标准。[③]

第二类是结合犯罪结果的发生来表述犯罪目的的实现。比如有学者认为，犯罪既遂是犯罪目的与行为引起之结果的重合状态，其是行为人实施终了的犯罪行为，引起了他所希望发生的危害结果；[④] 还有学者认为，犯罪是否得逞是指犯罪目的达到与否，而犯罪目的达到与否意指行为人实施

① 参见胡家贵、陈瑞兰《关于犯罪形态的几个问题》，《政法论坛》1997 年第 6 期。

② 侯国云：《对传统犯罪既遂定义的异议》，《法律科学》1997 年第 3 期。

③ 参见李居全《关于犯罪既遂与未遂的探讨》，《法商研究》1997 年第 1 期。

④ 参见陈彦海、张伯仁《犯罪既遂定义浅探》，《西北政法学院学报》1988 年第 4 期。

犯罪行为所追求的结果发生与否，因此行为人所追求的结果是否发生就是犯罪是否得逞的客观依据。①

（二）学界的异议

对于该种观点，学界普遍存有异议，归纳起来主要提出了以下责难：

第一，既遂标准的特点在于其统一性和抽象性，然而犯罪目的却具有个别性和具体性，这种截然不同的特性使得该说无法作为判断既遂的标准。犯罪目的是针对具体的人，不同的人会有不同的犯罪目的；而犯罪既遂标准是针对不特定一般人的犯罪行为，具有统一性。犯罪目的实现说会使犯罪既遂的认定呈现个人化的主观特色，同一种犯罪仅仅因为犯罪人的目的不同而出现不同的犯罪既遂标准，会导致既遂标准认定的差异与混乱。②

第二，司法证明困难，犯罪人易推脱罪责。因为犯罪目的具有强烈的主观色彩，行为人容易为自己实施的危害行为未达到其主观目的而找寻到借口，所以如果司法机关要证明行为人实施的危害行为达到了其主观目的，会存在很多困难。③

第三，该说并非站在立法者的角度而是行为人的角度来认定既遂标准，其选择的立足点不正确。一方面，立法者在设定既遂标准时，其主要考虑的应是社会危害性程度，是站在国家、社会的立场，基于法益保护的需要做出的；而行为人对犯罪既遂与否的评价是基于危害行为是否满足了自己的需要做出的。④ 而犯罪人的目的是否达到，与其行为给社会带来的危害大小，两者间并不成正比，也即行为人尽管未实现其犯罪目的，但有可能给社会造成了极大的危害，反之亦然。⑤ 另一方面，既然犯罪既遂是法律设定的停止形态，当然应从立法者的角度进行评价，立法者可以基于立法目的对客观行为过程进行取舍，而犯罪目的实现说使得犯罪既遂标准取决于行为人的主观目的，这使得立法者没有选择既遂标准的权利。⑥ 犯

---

① 参见刘之雄《论犯罪既遂与未遂的区分标准》，《法学评论》1989 年第 3 期。

② 参见王志祥《犯罪既遂新论》，北京师范大学出版社 2010 年版，第 94—95 页。

③ 参见金泽刚《犯罪既遂的理论与实践》，人民法院出版社 2001 年版，第 51 页。

④ 参见王志祥《犯罪既遂新论》，北京师范大学出版社 2010 年版，第 92—93 页。

⑤ 参见翁伟民《犯罪既遂标准刍议》，《广西社会主义学院学报》2001 年第 3 期。

⑥ 参见王志祥《犯罪既遂新论》，北京师范大学出版社 2010 年版，第 88—89 页。

罪既遂是一种立法规定，反映的是立法者角度上的犯罪完成，立法者总是基于法益保护目的来评价犯罪是否完成，而不可能站在犯罪人的立场去理解犯罪既遂。①

第四，对于某些犯罪，其所保护的法益是否损害与犯罪目的是否实现不具有一致性，如果以犯罪目的实现说来认定犯罪既遂会出现偏差。例如，在刑讯逼供罪中，实施刑讯逼供的犯罪目的是逼取口供，但以犯罪人是否取得口供为既遂标准是不合适的，因为刑讯逼供罪的保护法益是犯罪嫌疑人、被告人的人身权利，是否获取口供并不能反映刑讯逼供行为的法益侵害性；在强奸罪中，行为人的犯罪目的是获得性满足，但以该目的的实现作为既遂标准是不合适的，因为刑法禁止强奸罪的立法意图在于防止以性交为内容的违背妇女意志的性侵害，因此性器的奸入便意味着实际损害的发生，而非以行为人获得性满足为完成条件。②

（三）评析

1. 犯罪目的实现说最符合法条用语，这是其最重要的立论依据。从《刑法》条文第23条"未得逞""未遂"这样的法律用语来看，带有强烈的主观色彩，是从犯罪人的角度来确定犯罪既遂标准的，因而犯罪目的实现说最符合立法用语的字面含义，这也成为该说主张者重要的立论依据。比如其主张者指出，按照刑法规定，犯罪未遂区别于既遂的标志是"未得逞"，而"未得逞"的意思就是没有达到行为人预期的目的，所以将犯罪既遂定义为犯罪目的的实现，与刑法规定相协调，与刑事立法相一致。③ 但问题是，对法律条文进行文理解释虽然最符合罪刑法定原则的要求，也是应首先选择的一种解释方法，但其却不是具有最终决定权的解释方法。刑法的目的是保护法益，任何解释都要以保护法益为指导，目的解释是指根据刑法规范的法益保护目的，来解释刑法条文的真实含义，当不同的解释方法得出多种结论或者无法得出妥当结论时，就应以目的解释来做最终决定。④ 按照"未得逞"的字面含义从犯罪人的角度进行解释，是不符合既遂设定的刑法目的的，因为其与法益保护的立场相左。由此观

---

① 参见刘之雄《犯罪既遂论》，中国人民公安大学出版社2003年版，第83—84页。

② 参见刘之雄《犯罪既遂论》，中国人民公安大学出版社2003年版，第14—15页。

③ 参见侯国云《对传统犯罪既遂定义的异议》，《法律科学》1997年第3期。

④ 参见张明楷《刑法学》（第三版），法律出版社2007年版，第39页。

之，即使犯罪目的实现说有其存在的法律依据，但其最终未能通过刑法目的的检验，而不能成为犯罪既遂的标准。

2. 犯罪目的实现说遭到广泛批判的深层理论根源在于其是主观主义刑法理论的产物。目前学界对犯罪目的实现说已经进行了比较全面的责难，笔者已经在上文进行了归纳总结，这也是笔者所赞同的，因此没必要再加评述。撇开这些表层的不足，笔者更倾向于探究其深层的理论根源。在笔者看来，犯罪目的实现说是主观主义理论在刑法学中的又一个体现。犯罪目的实现说与结果说、法益损害说、构成要件说的最大不同在于，前者是主观主义刑法理论的产物，而后三种学说都是客观主义刑法理论的产物。从目前刑法理论界普遍支持客观主义理论的大环境看，犯罪目的实现说是与这种大环境格格不入的，这也就决定了该说必定面临学界大加诘难的命运。首先需要强调的是，不管是客观主义还是主观主义，在犯罪成立上都要求客观构成要件和主观构成要件同时具备，因此不能将它们等同于客观归罪和主观归罪，两者的区别只是客观要素与主观要素的侧重点不同。客观主义认为，刑事责任的基础是表现在外部的犯罪人的行为及其实害，只能将行为人现实实施的行为作为科刑的基础，客观行为及其实害具有根本意义；主观主义认为，刑事责任的基础是犯罪人的危险性格，只能将犯罪人的危险性格作为科刑的基础，外部行为没有任何意义，但是只有当犯罪人的内部危险性格表现为外部行为时才能够认识，所以客观行为只是行为人危险性格的征表，不具有基础意义。[①] 两者的对立在整个犯罪论领域都有体现，例如，在何为实行行为的解释上，客观主义认为实行行为是符合构成要件的具有法益危险性的行为，强调行为本身客观实在的危险性，主观主义认为实行行为是征表犯罪人危险性格的行为，强调只有能表现犯罪人危险性格的才是实行行为；在实行行为着手的认定上，客观主义认为开始实施具有现实危险性的行为才是着手，主观主义认为行为人犯罪意思被发现时才是着手，等等。同样，在犯罪既遂的认定上，客观主义认为犯罪行为对法益造成侵害或危险时是既遂，而主观主义认为行为人犯罪意思实现时是既遂，这正是犯罪目的实现说的观点。由此看出，在主观主义那里，客观行为完全由犯罪人的人身危险性或主观内心来决定，没有独

---

① 参见张明楷《刑法的基本立场》，中国法制出版社 2002 年版，第 56—60 页。

立的意义，只要某种行为是在行为人恶意之下实施的就是犯罪行为，即使该行为从客观上连侵害法益的危险性都没有也是犯罪行为。最极端的例子就是，同样是给他人吃白糖的行为，如果行为人有犯罪的意思就是犯罪未遂，若没有犯罪的意思就无罪，这就是典型主观主义的观点。主观主义的弊端是很明显的，虽然它也承认不能只根据主观恶意来定罪，还应有客观行为，但在它这里客观行为是依附于主观恶意的，其与主观归罪也就没有太大差别，由此导致刑罚范围的极大扩张，不利于保障国民自由。总之，犯罪目的实现说是主观主义刑法理论的产物，在坚守客观主义立场、限制刑罚权滥用的今天，不应采纳这种观点。

二　结果说

（一）主要观点

结果说是以犯罪结果是否发生作为认定犯罪既遂与否的标准：犯罪行为发生了犯罪结果，则犯罪既遂；未发生犯罪结果，则犯罪未遂。由于对犯罪结果在理解上着眼点的不同，形成了以下两种不同的观点：①

第一种观点是人或物的存在状态改变说。该观点着眼点在于犯罪结果的客观事实性状态，以犯罪行为对人或物存在状态的改变这种结果作为既遂标准，包括物质性与非物质性结果。比如有学者认为，犯罪结果是指犯罪行为对刑法所保护的人或物的存在状态的改变，这种犯罪结果的发生是既遂的标准。由于人或物的存在状态具有多样性，既有物质性和有形的，

---

①　犯罪结果的内涵广泛，可以从不同的角度进行理解：如果从行为人犯罪目的的角度理解，将犯罪结果解释为行为人所希望或所追求的结果，那么这种犯罪结果其实就是犯罪目的，笔者将其归入犯罪目的实现说；如果从法益损害的角度，将犯罪结果解释为犯罪行为对法益的侵害或危险，那么这种犯罪结果就是价值上或实质上的，笔者将其归入法益损害说；如果从行为造成某种状态改变的角度理解，将犯罪结果解释为物质性或非物质性结果，那么这种犯罪结果就是事实上或形式上的，这才是笔者所讨论的结果说。此外，还需强调的是，本书界定的结果说由于看待结果的着眼点不同而有两种观点，其实它们实质上是一样的，第一种观点从犯罪结果的事实状态上理解，第二种观点则从犯罪结果的法定性上理解，由于罪刑法定原则要求犯罪的认定应法定，所以事实状态的犯罪结果也就是法定的结果，这两种观点也就没有实质差别。

也有非物质性和无形的，无论哪种形式的状态改变都标志着犯罪既遂。①

第二种观点是法定的犯罪结果发生说。该观点着眼于犯罪结果的法定性，以危害行为造成法律规定的犯罪结果作为既遂的标准，包括物质性与非物质性结果。如有学者认为，应以法定犯罪结果的发生作为既遂的标准，但是法定犯罪结果并不一定明文规定在刑法中，尽管如此我们仍然可以从法理中或者从经验中获得对其内容的大致理解。② 还有学者认为，犯罪未遂就是指犯罪行为没有造成法定的危害结果，这里的危害结果包括物质性的和非物质性的。③

（二）学界的异议

对于该种观点，学界主要提出以下质疑：

第一，结果说之结果的含义较宽泛，导致犯罪既遂标准处于不确定状态。结果说之结果的含义有希望结果说、法定的危害结果说、追求的法定结果说、犯罪完成结果说等多种含义，难以具体确定。④ 由于犯罪结果一词在刑法中有不同的含义，造成犯罪结果说所指的结果是何种含义无法确定，以此作为犯罪既遂的标准是不适宜的，这样一来犯罪既遂毫无标准可言。⑤

第二，在刑法条文并没有就具体犯罪的犯罪结果做出明确规定的情况下，法定的犯罪结果从何而来就成为问题。法定的犯罪结果发生说主张"根据法律的规定"或"有关理论"确定作为犯罪构成要件的结果，但法律的规定在哪里，有关的理论又在哪里呢？该说没有予以充分论证，这样的论述缺乏足够的说服力。⑥ 既然是人们就经验和法理所作的理解，而非法律的明文规定，就不能妄称为"法定结果"。既然是人们的一种理解，而其主张者却并未具体说明这种理解所秉持的内在根据和实质标准，那么

---

① 参见徐德华《再论犯罪既遂标准——以对犯罪结果的重新解读为切入点》，《学术探索》2008 年第 8 期。

② 参见翁伟民《犯罪既遂标准刍议》，《广西社会主义学院学报》2001 年第 3 期。

③ 参见肖渭明《论刑法中危害结果的概念》，《比较法研究》1995 年第 4 期。

④ 参见彭文华《犯罪既遂原理》，中国政法大学出版社 2013 年版，第 44 页。

⑤ 参见徐光华《犯罪既遂问题研究》，中国人民公安大学出版社 2009 年版，第 33 页。

⑥ 参见金泽刚《犯罪既遂的理论与实践》，人民法院出版社 2001 年版，第 39 页。

这一主张就成了没有实质内容和根据的空论。①

第三，结果说不能解决行为犯和危险犯的既遂标准问题。在行为犯和危险犯中，虽然行为人的行为本身可能导致危害结果的发生，甚至已造成现实的危害结果，但法律条文并没有将此种危害结果作为犯罪构成的必备要件，也不以危害结果的发生作为犯罪既遂的标志。②

（三）评析

1. 对学界异议的评析

首先，笔者不赞同学界的第一点质疑。犯罪结果的内涵广泛，自然从不同的角度会有不同含义的理解，但是结果说的主张者都从某种特定的角度对结果含义进行了界定，对于他们来说，犯罪结果一词在其主张中都是特定的，而不可能是多角度、内涵广泛的概念。例如有的是从行为人犯罪目的的角度进行界定，将犯罪结果解释为行为人所希望的或所追求的结果；有的是从法益损害的角度进行界定，将犯罪结果解释为犯罪行为对法益的侵害或危险；有的是从行为造成某种状态改变这种客观实在角度进行界定，将犯罪结果解释为犯罪行为造成某种状态改变而产生的物质性或非物质性结果。所以不应只关注打着"犯罪结果"一词的标签，更应注重标签背后的内涵。

其次，笔者部分赞同学界的第二点质疑。这里的结果说是从客观实在的或事实性的角度理解犯罪结果，即犯罪行为对人或物存在状态的改变，这种改变包括了物质性和非物质性的结果。在该说看来法条中规定的结果就是这种客观的事实性的结果，即使法条中没有明确规定这种结果，但人们可以从法条中依据经验和常理推断出来。笔者认为，物质性的结果具有直观性、可描述性，因而法条中是可以明文规定的，即使出于立法简洁性的要求不做描述，但人们根据法律规定也不会产生歧义，比如故意杀人罪的他人死亡结果，所以笔者赞同物质性结果的法定性，而不赞同学界的质疑。但笔者并不赞同非物质性结果的法定性，因为非物质性结果的非直观性导致根本无法用法律语言进行描述，人们根据法律规定无法推断出是何种非物质性结果，而只能根据经验或常理推断，但如此这种推断就超出了

① 参见刘之雄《犯罪既遂论》，中国人民公安大学出版社 2003 年版，第 8 页。

② 参见马克昌主编《犯罪通论》，武汉大学出版社 1999 年版，第 494 页。

法律用语的含义，法律没有明文规定或不要求的非物质性结果要素，却依然做出要具备这样的要素，这是不符合罪刑法定原则要求的，所以笔者赞同学界的质疑。

最后，笔者部分赞同学界的第三点质疑。结果说的主张者将犯罪结果解释为犯罪行为对人或物存在状态的改变，就是为了防止将结果仅限定为物质性结果，其还包括非物质性结果。在该说看来，行为犯也是要求结果的，只不过不是物质性结果而是非物质性结果，这样该说也就将传统意义的行为犯包括进来，而不是如学界质疑的不能解决行为犯既遂问题。当然笔者只是站在该说的立场对学界质疑进行反驳，并不代表承认该说具有合理性，其实笔者认为该说对结果犯和行为犯既遂问题的解决形式化了，也不能很好地解决既遂问题。笔者赞同学界对该说解决危险犯既遂问题的质疑，危险犯是具有法益侵害危险性的行为，由于该说是从事实性的角度理解犯罪结果，而不考虑行为是否造成了法益侵害或危险，过于形式化了，这样会导致将没有法益侵害或危险的行为认定为犯罪既遂。

2. 结果说的合理性

一方面从犯罪结果的客观事实性状态来看，该说是从客观实在的或事实性的角度理解犯罪结果，具有较强的直观性，相较于实质性或价值性的抽象理论具有较明确的标准，易于被人们所把握和理解，也符合人们对犯罪既遂最自然、最朴素的认识，在司法实践中具有较强的实用性。正如学者指出的，结果说体现了人们的一种普遍的既遂观念，是对犯罪既遂的一种自然且直观的认识；① 犯罪结果具有很强的客观性，该说为司法实践中正确认定犯罪既遂形态提供了客观标准，而且该说在处理案件时简便易行，实用性强，容易被司法人员所接受。②

另一方面从犯罪结果的法定性来看，结果说将犯罪既遂标准的认定严格限定在法律规定的范围内，而不对其进行实质性解释，其实是形式解释法律条文，是为最大限度地维护罪刑法定原则做出的努力。虽然结果说强调法定的犯罪结果不意味着刑法中有明确规定，人们可以从经验中、法理中得到一致的理解，是突破罪刑法定原则的，这也是为了克服

---

① 参见刘之雄《犯罪既遂论》，中国人民公安大学出版社 2003 年版，第 6 页。

② 参见金泽刚《犯罪既遂的理论与实践》，人民法院出版社 2001 年版，第 38 页。

物质性结果局限性的无奈之举，但其自始至终都定位于法定的犯罪结果，可以说其将既遂标准定位于法律规定，严格坚持从刑法分则的规定中寻找既遂标准，体现了对法律的恪守、对罪刑法定原则的坚守，是值得肯定的。

3. 结果说的缺陷

虽然学界对结果说提出了质疑，但在笔者看来都有可商榷之处，上文已做了说明，在此提出笔者的看法。

第一，结果说将非物质性结果作为法定的结果，不具有合理性。如果从事实的角度来理解结果，无论是物质性结果还是非物质性结果，都属于客观事实。如果我们将犯罪结果作为一种事实来看待，而无形的、非物质性的存在也是事实的表现形式，那么当然也有作为犯罪结果的可能。① 但是无论在立法上还是司法上，都不宜于将非物质性结果作为法定结果。从立法上看，对于物质性结果，由于其具体性、有形性、易于测量的特点，因而便于用法律条文进行明确描述，而且即使出于立法简洁性的要求不做描述，但根据法律规定也不会发生歧义。但非物质性结果则完全不同，其抽象性、无形性、不易测量的特性，导致根本无法用法律条文进行描述，正是由于这一点法律条文往往只规定行为本身。比如侮辱罪、诽谤罪只规定侮辱行为、诽谤行为本身，而没有规定对人格和名誉的损害这种非物质性结果。如果法条只规定行为而不要求非物质性结果，但在认定犯罪时却主张可以通过经验或法理推断出非物质性结果，那就说明这种结果不是法定的结果，是违背罪刑法定原则的。从司法上看，一方面相对于物质性结果，要证明非物质性结果的存在是相当困难和复杂的，这势必增大司法成本和降低诉讼效率；另一方面非物质性结果往往与行为的完成同时发生，比如侮辱、诽谤行为完成也同时伴随着人格和名誉的损害，所以只要证明行为本身完成就意味着非物质性结果的发生，正是这两方面原因导致在司法上往往不注重非物质性结果的证明。总之，鉴于非物质性结果在立法上无法描述、在司法上不易证明，笔者不赞同结果说将其作为法定结果，而是主张只规定行为本身（行为犯），只有物质性结果才是法定结果（结果犯），下面的章节将会

---

① 参见李洁《犯罪既遂形态研究》，吉林大学出版社 1999 年版，第 116 页。

具体阐述。

第二，从犯罪结果的客观事实性状态来看，结果说只从客观事实上理解结果，而缺乏价值和实质的内涵，导致犯罪既遂标准的认定过于形式化。笔者认为这是结果说的一个重大缺陷，正因为如此对于某一犯罪虽然学界无异议地认为是以结果的发生作为既遂标准，但何为这里的结果却仍产生了各种争论。比如盗窃罪是以财物的丧失这种物质性结果发生作为既遂标准，但如何理解这种结果却产生了"失控说""控制说""失控加控制说"等多种观点。从事实和价值的关系来考虑，不存在脱离价值判断的、纯自然的事实，只有承担价值属性的事实才有其实质的内涵和存在的意义。所以只有通过赋予其价值层面的意义，揭示其实质内涵，才能真正确定犯罪既遂的标准。

第三，从犯罪结果的法定性来看，结果说将犯罪既遂标准的认定严格限定在法律规定的范围内，只是单纯地适用法律条文，没有通过揭示法条背后的立法目的来实质解释犯罪既遂标准。立法者在运用法律语言表述某一犯罪时，都是在法益保护目的指导下进行的，表述的都是损害法益的犯罪行为，所以每一则法条背后都有法益保护的刑法目的。正因为如此，我们在适用法律条文时，必须结合其具体保护的法益进行实质解释，而不应只是把法律条文看作空洞的、文理上的文字。虽然结果说能够最大限度地维护罪刑法定原则，但其对法律条文的解释过于形式化，没有通过法条设立的刑法目的来实质解释犯罪既遂，掩盖了犯罪既遂的实质内涵。

三 法益损害说

（一）主要观点

法益损害说是以犯罪行为是否对刑法所保护的法益造成了侵害或危险作为犯罪既遂与否的标准：若对法益造成了侵害或危险，则犯罪既遂；若未造成侵害或危险，则犯罪未遂。根据认定犯罪既遂是只能对法益造成侵害，还是也包括造成危险，主要分为以下两种观点。

第一种观点是法益侵害说。该观点认为犯罪既遂的标准是犯罪行为对刑法所保护的法益造成了侵害。比如有学者认为，未遂与既遂的区分标准是，犯罪行为是否造成了行为人希望发生的、由行为属性决定的法益实害结果；① 还有学者认为，既然刑法的目的是保护法益，那么犯罪既遂的标准就应是犯罪行为给刑法保护的法益造成了实害。②

第二种观点是法益侵害或危险说。该观点认为犯罪既遂的标准是犯罪行为对刑法所保护的法益造成了侵害或者危险。比如有学者认为，犯罪既遂是指已进行犯罪实行行为并内在、合乎规律地引起了终局实害结果或者足以导致该实害结果发生的危险状态而出现的犯罪停止形态；③ 还有学者认为，构成要件行为对合法权益造成了实害结果或者危险结果，进而充足了法定刑的适用条件，此种犯罪完成形态即为既遂。④

（二）学界的异议

对于该说，学界主要针对第一种观点（即法益侵害说）提出了质疑。

第一，按此观点会导致某些犯罪不存在或难以认定犯罪既遂形态。由于该观点只以发生实害结果作为犯罪既遂标准，排斥危险结果，这就意味着只要没有造成法益侵害都是犯罪未完成形态。但刑法中有些犯罪不宜以法益侵害作为既遂标准。比如颠覆国家政权罪，该罪的实害结果是国家政权被颠覆、社会主义制度被推翻，如果没有发生该结果，成立未遂犯，但如果发生该结果，行为人不可能会因此遭受刑罚处罚。这样该罪就不存在既遂犯了。⑤ 再比如危害公共安全罪中规定枪支弹药的犯罪，其行为完成并不会对公共安全造成现实的侵害，只有使用枪支弹药再去实施危害公共安全的行为才能发生侵害结果，但这已经超出了该罪的内容，因而该罪不存在既遂形态。⑥

第二，此种观点隐含着对刑法分则条文成立模式说的肯定，这是刑法分则既遂模式说的主张者所不能接受的。这种观点以发生实害结果作为既遂标准，那么刑法分则条文中只有规定实害结果的才是既遂形态，而其他

---

①　参见张明楷《刑法的基本立场》，中国法制出版社 2002 年版，第 223 页。

②　参见冯亚东、胡东飞《犯罪既遂标准新论——以刑法目的为视角的剖析》，《法学》2002 年第 9 期。

③　参见彭文华《犯罪既遂原理》，中国政法大学出版社 2013 年版，第 191 页。

④　参见刘之雄《犯罪既遂论》，中国人民公安大学出版社 2003 年版，第 88 页。

⑤　参见彭文华《犯罪既遂原理》，中国政法大学出版社 2013 年版，第 172—173 页。

⑥　参见李洁《犯罪既遂形态研究》，吉林大学出版社 1999 年版，第 10—11 页。

的都是犯罪未完成形态。如果刑法分则条文有未完成形态的规定，显然是对既遂模式说的否定。而既遂模式说主张者认为，我国刑法分则是以犯罪既遂为模式的，这一结论至少统一了刑法分则的犯罪模式类型，容易理解和操作，这一优点是不容否定的。①

（三）评析

1. 对学界异议的评析

首先，笔者赞同学界对法益侵害说的第一点质疑。刑法分则规定了大量的具体危险犯和抽象危险犯，如果按此观点，那么刑法分则就有相当比例的条文是未完成犯罪，就要根据法益侵害进一步认定它们的既遂形态。但是这些犯罪要么不可能发生实害结果（如颠覆国家政权罪），要么发生实害结果的情况已经超出了法条规制的危害程度，与法定刑不相适应，若此时仍然依照此法定刑量刑则会违反罪刑相适应原则（如枪支弹药类的危害公共安全犯罪）。此外，如果它们是未完成形态，那么在法定刑的适用上就不能直接适用刑法分则的法定刑，还要结合刑法总则对未完成犯罪的刑罚要求进行量定，这将复杂化了量刑的程序。

其次，笔者赞同学界对法益侵害说的第二点质疑。正如学界质疑的，这种观点承认刑法分则中存有未完成形态，隐含着对刑法分则条文成立模式说的肯定。我国刑法分则到底是以犯罪既遂为模式，还是以犯罪成立为模式，学界存在很大争议（下文将做具体阐述）。对于法益侵害说的这一点质疑，也是跟学者们在刑法分则立法模式上的立场有关。由于笔者主张刑法分则是以犯罪既遂为模式，自然不赞同以犯罪成立模式说为立场的法益侵害说。

2. 法益损害说的合理性②

一方面，法益损害说从法益保护的价值层面揭示了犯罪既遂的实质标准，能够克服形式化理解犯罪既遂产生的内涵不确定。虽然像结果说那样从客观事实性的角度理解犯罪既遂，具有较强的直观性和实用性，易于被人们把握和理解，但是由于没有揭示犯罪既遂的实质内涵，往往无法具体

---

① 参见彭文华《犯罪既遂原理》，中国政法大学出版社 2013 年版，第 172 页。

② 法益损害说的第一种观点已经遭到学界的批判，笔者也不赞同，因而下文对法益损害说合理性与缺陷的评析都是针对第二种观点（即法益侵害或危险说）。

确定何为既遂。比如盗窃罪是以财物丧失这种物质性结果发生作为既遂标准，但如何理解这种结果却产生了"失控说""控制说""失控加控制说"等多种观点。因此只有从法益损害的角度作实质性解释才能确定，也就是说只有能征表造成了法益侵害或危险的才是结果发生，才是犯罪既遂。

另一方面，法益损害说从法益保护的刑法目的中寻找犯罪既遂标准，揭示了犯罪既遂的实质内涵。犯罪既遂是法律规定的犯罪完成形态，立法者在评价某一犯罪行为的完成形态时，必定是以保护法益的刑法目的为宗旨，将犯罪行为造成法益侵害或危险的时点设置为完成形态，这样犯罪既遂的实质内涵就在于其损害了法益。刑法区分犯罪既遂与未遂，其目的是从犯罪的发展进程上，区别出对法益危害程度不同的犯罪情形，因而立法评价犯罪完成与否的实质根据就在于犯罪行为对法益的危害程度。[①] 法益损害说正是从刑法目的角度出发挖掘犯罪既遂的实质含义，而不是局限于法律条文本身，这不仅有助我们真正了解犯罪既遂的实质，而且有利于法益保护刑法理念的贯穿和运用，这是值得肯定的。

3. 法益损害说的缺陷

法益损害说是一种较新的主张，由于其从法益保护的角度揭示了犯罪既遂的实质内涵顺应了法益保护刑法理念的学术潮流，因而得到了较多学者的支持。可是在笔者看来，该学说仍然存有以下缺陷：

第一，法益损害说只是单纯从价值和实质层面理解犯罪既遂，这是人们的一种感官认知和理性思维，较为抽象，没有明确的标准。法益损害说以犯罪行为对保护法益造成了侵害或危险作为犯罪既遂与否的标准，而法益本身是一种抽象性的利益，是对人有价值、能满足人们需要的东西，比如生命权、人身自由权、名誉权等。它不是客观实体，是模糊的、抽象的；它不能由感官直接感知，而必须通过人的认识过程和理性思维才能把握。法益本身就是抽象的，那么又该如何判断某种犯罪行为是否对法益造成了侵害或危险呢？如果单纯以这种抽象的理性认知作为判断犯罪既遂与否的标准，那么必定造成既遂标准认定的主观随意

---

① 参见刘之雄《犯罪既遂论》，中国人民公安大学出版社 2003 年版，第 84 页。

性。从事实和价值的关系来说，价值不是独立的存在，不能自己表现自己，其必须依附于事实，只有通过事实才能征表其存在，离开了作为其承担者的事实，价值就变成了不可捉摸的、难于认识的不可知之物。所以只有通过能够征表法益损害的客观实体，才能明确认识法益损害的存在，否则它只能存在于人们的思维当中，而难以在司法实践中担当认定犯罪既遂标准的重任。

第二，法益损害说只是单纯从刑法目的中寻找犯罪既遂标准，而脱离了法律条文本身的限定，不符合罪刑法定原则。法益损害说的主张者认为犯罪既遂的标准不是法定的，而是一种理论学说。比如有学者认为，中外刑法都没有对犯罪既遂所要求的结果作出明文规定，正是由于刑法分则对犯罪既遂标准缺乏明文规定，才导致理论上的争论;[①] 刑法对犯罪既遂标准未作明文规定，因而这一标准应从法益保护的根本宗旨出发，从刑法规范所防止的法益实害或者危险结果上理解。[②] 还有学者认为，犯罪既遂根本谈不上法定色彩，仍然属于解释学概念。一方面刑法赋予犯罪既遂基础地位，似乎犯罪既遂可以在法律中寻求答案，而另一方面刑法却没有规定何谓犯罪既遂，需要依赖理论诠释。[③] 虽然法益损害说揭示犯罪既遂实质内涵的做法是值得肯定的，但其将犯罪既遂超脱法律条文限定的观点是笔者不敢苟同的。首先，法益保护仅仅是一种指导立法和司法的理念，理念只有通过法律的制定和实施才能予以贯彻。人类的行为都是有目的的，立法者在制定法律时也是在刑法目的指导下进行的，这种立法目的就是被各国刑法学界普遍承认的法益保护。这种理念的贯彻表现在立法上，就是指导立法者根据法益保护目的制定法律条文，运用法律语言来尽可能体现对具体法益的保护;表现在司法上，就是司法机关要在法益保护目的的指导下，对法律条文进行实质解释，只有侵害或威胁法益的行为才是法条规定的犯罪行为。由此看出，法益保护理念无论在立法上还是司法上的贯彻，都不能离开法律条文，法律条文是其可以存在的依附体。法律条文是立法的产物和司法的依据，若脱离了法律条文，法益保护理念也就无法实现。其次，罪刑法定

---

① 参见刘之雄《犯罪既遂论》，中国人民公安大学出版社 2003 年版，第 7 页。

② 参见刘之雄《犯罪既遂论》，中国人民公安大学出版社 2003 年版，第 84 页。

③ 参见彭文华《犯罪既遂原理》，中国政法大学出版社 2013 年版，第 82 页。

原则要求犯罪既遂标准必须具有法定性和规范性。罪刑法定原则的目的
是限制司法权，防止罪刑擅断，司法机关在认定某一行为是否构成犯
罪、构成何种犯罪、犯罪形态如何、应当如何处罚等，都要符合刑法条
文的规定，否则就是违反罪刑法定原则。所以在认定犯罪行为的停止形
态时，无论是犯罪既遂，还是犯罪预备、未遂和中止，都要符合法律明
文规定。由此可见，犯罪既遂是具有法定性和规范性的，若认为其只是
一种理论学说而没有明文规定，那就说明司法机关的裁判仅仅是依据学
说理论而无法律依据，这就违反了罪刑法定原则，不可避免会造成司法
权滥用。总之，不应该脱离法律条文而妄谈犯罪既遂，犯罪既遂标准的
认定必须立足于刑法条文，以刑法规定为依据。正如学者所说，犯罪既
遂是一种法律规定，必须结合刑法分则对具体犯罪的规定来予以认定。
无论立法者怎样选择犯罪既遂标准，都应当通过刑法的规定，将其限定
在犯罪构成要件中，在刑法分则中予以规定。①

四　构成要件齐备说

（一）主要观点

构成要件齐备说是以行为是否齐备了犯罪构成要件作为认定犯罪既遂
与否的标准：齐备了犯罪构成要件，则犯罪既遂；未齐备犯罪构成要件，
则犯罪未遂。我国学者所赞同的构成要件齐备说经历了从通说到不断修正
的过程，虽然共同主张构成要件齐备说，但其实质内容却大不相同，归纳
起来主要有以下三类。

第一类是通说的全部犯罪构成要件齐备说。通说认为犯罪既遂是指行
为人所实施的犯罪行为已经齐备了刑法分则所规定的某种犯罪的全部构成
要件。同时将犯罪既遂分为四种类型，分别适用不同的犯罪既遂标准：结
果犯以行为人实施的危害行为造成了法定危害结果作为犯罪既遂标准；行
为犯以危害行为的完成作为犯罪既遂标准；危险犯以行为人实施的危害行
为造成了某种危险状态作为既遂标准；举动犯即行为人一着手犯罪的实行

---

① 参见徐光华《犯罪既遂问题研究》，中国人民公安大学出版社 2009 年版，第 60 页。

行为即告犯罪的完成。①

第二类是类似于法益损害说的构成要件齐备说。该说主张修正传统的构成要件齐备说而倡导犯罪构成客观要件要素齐备说，即既遂标准在于犯罪行为已经符合了该罪的全部客观构成要件要素。同时论者又对既遂标准进行了细化，将基本犯的既遂形态划分为行为犯和结果犯，结果犯又划分为危险犯和实害犯。行为犯与结果犯的划分根据是客观要件中是否包含了结果要素，而这里的结果要素指的是刑法所保护的法益；危险犯与实害犯的划分根据是犯罪行为对保护法益的侵犯样态，凡是以实际的损害为构成要件要素的，属于实害犯；凡是以损害的危险为构成要件要素的，属于危险犯。②

第三类是实质解释的构成要件齐备说。该说是将形式意义上的构成要件通过法益损害进行实质解释，从而将实质解释后的构成要件作为犯罪既遂的标准。这类学说又有三种不同的观点。

第一种观点认为，我国四要件的犯罪构成体系既要承担犯罪观念形象的判断，又要承担实质的违法性判断。因此，危害行为充足犯罪观念形象的判断与侵害法益的判断是同时进行的。论者将犯罪分为以下三类：结果犯是指危害行为造成物质性结果充足犯罪观念形象并对法益造成现实侵害而既遂的行为类型；行为犯是指实施危害行为充足犯罪观念形象并对法益造成现实侵害而既遂的行为类型；危险犯是指通过造成危险状态充足犯罪观念形象并对法益造成侵害危险而既遂的行为类型。③

第二种观点认为，犯罪既遂标准具有法定性和解释性：法定性是指犯罪既遂标准不能脱离立法的规定来论述，必须结合刑法的规定推断；解释性是指犯罪既遂的标准必须通过刑法保护的法益来进行解释。论者将犯罪既遂分为三种类型：实害犯是以发生侵害法益的结果作为犯罪既遂标志的

---

① 参见高铭暄、马克昌主编《刑法学》（第五版），北京大学出版社、高等教育出版社2011年版，第147—148页；王作富主编《刑法》（第四版），中国人民大学出版社2009年版，第118—119页；赵秉志主编《刑法新教程》（第四版），中国人民大学出版社2012年版，第156—157页；刘宪权《中国刑法学讲演录》，人民出版社2011年版，第319、322—324页。

② 参见王志祥《犯罪既遂新论》，北京师范大学出版社2010年版，第122、186页。

③ 参见李林《危险犯与风险社会刑事法治》，西南财经大学出版社2012年版，第16、24—26页。

犯罪；危险犯是以发生侵害法益的危险结果作为犯罪既遂标志的犯罪；行为犯是以行为的完成并且对法益造成了侵害或者危险作为既遂标志的犯罪。①

第三种观点认为，犯罪既遂形态应依层次进行划分，第一层次以行为是否改变行为客体为标准，划分为行为犯和结果犯，第二层次分别对行为犯和结果犯做进一步划分。以是否要求对犯罪客体造成现实的侵害，将行为犯划分为纯正的行为犯和不纯正的行为犯：前者是指仅要求实施危害行为，且无须对犯罪客体造成现实侵害，即可成立既遂的犯罪；后者是指除了要实施危害行为，而且还须对犯罪客体造成现实侵害，才可成立既遂的犯罪。以行为结果的出现与犯罪客体受侵害的关系，将结果犯划分为实害犯和危险犯：前者是指行为对行为客体造成物质性结果并且对犯罪客体造成现实侵害作为既遂标准的犯罪；后者是指行为对行为客体造成物质性结果并且对犯罪客体造成现实侵害危险作为既遂标准的犯罪。②

（二）学界的异议

对于该说，学界主要针对第一类观点（即通说）提出了质疑。③

第一，通说的前提理论不真实。通说赖以存在的理论前提是刑法分则以犯罪既遂为模式，但是在我国刑法中，这种前提是否存在是值得研究的。有学者指出，犯罪既遂模式论来源于资产阶级刑法理论，并不符合我国刑法规定，若以此阐释我国刑法理论难免得出错误的结论；④ 我国刑法原则上处罚犯罪未完成形态，所以规定具体犯罪的分则条文，就包含了犯罪既遂和其他犯罪形态，因而认为我国刑法分则中的犯罪是以既遂为模式

---

① 参见徐光华《犯罪既遂问题研究》，中国人民公安大学出版社 2009 年版，第 118—122、164、185—197、214—218 页。

② 参见李洁《犯罪既遂形态研究》，吉林大学出版社 1999 年版，第 55—61、282、159—175 页。

③ 由于笔者认为该说的第二类观点（即类似于法益损害说的构成要件说）实质上是法益损害说，因而有关这类观点的学界异议和评析可以参照前文已经讨论过的法益损害说，在此不再赘述。至于第三类观点（即实质解释的构成要件说），也许这类观点还不具有通说那样的影响力，仅属于少数说，所以鲜见有具体针对的学界评述，当然这不代表其具有合理性。

④ 参见刘明祥《我国刑法规定的犯罪并非以既遂为模式》，《中南政法学院学报》1990 年第 4 期。

并没有法律依据；① 构成要件说对犯罪既遂的界定是以刑法分则既遂模式为前提的，然而这个前提是不真实的，刑法分则规定的犯罪并非都是以犯罪既遂作为标准。② 既然前提理论不真实，那么据此理论而得以存在的通说必然不具有合理性。

　　第二，通说混淆了犯罪既遂与犯罪构成的界限，误解了两者的关系。学者指出，所有犯罪停止形态都是建立在犯罪构成的基础之上的，也就是说，如果没有犯罪构成就不会成立犯罪，自然也就不会有犯罪停止形态的存在余地，而犯罪停止形态是在行为已经构成犯罪的前提下，进一步说明其属于何种形态而已。总而言之，先要评价犯罪构成的符合性，然后再评价犯罪形态的符合性，而不能将前后不同的两种评价相等同。③ 犯罪构成是第一层次的，犯罪既遂与未遂是第二层次的，两者不是同一层次上的概念，不能将两者相等同。换句话说，行为符合了犯罪构成要件，只是意味着构成了犯罪，然后在此基础上再分析是既遂还是未遂。由此可推知，当行为符合了犯罪构成要件时，并不一定就是犯罪既遂，还可能是其他犯罪形态；当行为不符合犯罪构成要件时，犯罪就不成立，也就不存在犯罪形态。④

　　第三，通说对犯罪既遂的判断过于形式化，没有实质内容。学者质疑道：通说对于犯罪既遂的判断没有任何实质内容，因为其只是一种规范的形式标准，导致我们无法领会既遂与未遂区分的价值和意义，所以通说对于犯罪形态的认定毫无意义。⑤ 通说过于偏重对犯罪既遂与未遂区分标准的形式性把握，而忽略了从实质上进行思考，所以难以为犯罪既遂与未遂的区分提供可操作的、实质性的评价基准。⑥

　　（三）评析

　　1. 对学界异议的评析

　　首先，笔者不赞同学界对通说的第一点质疑。通说是以犯罪既遂模式

---

① 参见张明楷《犯罪论原理》，武汉大学出版社 1991 年版，第 467—468 页。

② 参见侯国云《对传统犯罪既遂定义的异议》，《法律科学》1997 年第 3 期。

③ 参见刘之雄《犯罪既遂论》，中国人民公安大学出版社 2003 年版，第 24—25 页。

④ 参见刘艳红《再论犯罪既遂与未遂》，《中央政法管理干部学院学报》1998 年第 1 期。

⑤ 参见王纪松《论类型化的犯罪既遂标准》，《中国刑事法杂志》2006 年第 1 期。

⑥ 参见米传勇《犯罪既遂标准新论——修正的构成要件齐备说之提倡》，《法律适用》2005 年第 9 期。

论为理论前提的，与此相对的另一种前提理论是犯罪成立模式论，所以对通说理论前提质疑的学者都是成立模式论的主张者。我国的刑法分则究竟是既遂模式还是成立模式，在刑法学界争论较大，在这一问题上的不同立场也自然导致对通说观点的褒贬不一。由于笔者赞同我国刑法分则是以犯罪既遂为模式的，因而即使笔者认为通说在认定犯罪既遂标准上并不具有合理性，但对其理论前提是不否认的。在笔者看来，通说的不合理性源于对大陆法系构成要件说的误解，而不在于其理论前提的错误，对此将在下文中具体阐释。

其次，笔者不赞同学界对通说的第二点质疑。笔者认为学界质疑通说的这种论证方式是值得商榷的。学界的此点质疑其实是犯罪成立模式论者站在自己的立场上对通说的批判，而无视通说所依据的犯罪既遂模式论的立场，这种论证方式只是自说自话，使其对通说的批判不具有致命性。通说的理论前提是犯罪既遂模式论，其认为犯罪构成是以犯罪既遂为模式的基本犯，而未完成形态犯罪是对基本犯做出的修正；而犯罪成立模式论则认为犯罪构成是以犯罪成立为模式，包含了所有犯罪形态在内，在此基础上再进一步判断犯罪形态。在犯罪成立模式论者看来，犯罪构成与犯罪既遂是不同层次的两个概念，前者是解决犯罪是否成立的问题，符合犯罪构成的即犯罪成立，不符合的即不成立犯罪；后者是在前者的基础上进一步判断何种犯罪形态的问题。由于通说认为犯罪既遂是犯罪行为符合某种犯罪的全部构成要件，在犯罪成立模式论者看来"行为符合某种犯罪的全部构成要件"应该是犯罪构成而不是犯罪既遂，所以通说将犯罪既遂与犯罪构成混同了。可问题是，犯罪成立模式论者是站在了自己的立场上批判通说，而全然不顾通说的理论前提，通说之所以将符合某种犯罪全部构成要件的行为认定为犯罪既遂，是因为其认为犯罪构成是以犯罪既遂为模式的基本犯，若不符合犯罪构成但符合修正的犯罪构成的是未完成形态犯罪。像这样只站在自己的立场上批判他人观点的做法，其实是自说自话，根本不具有致命性，因为犯罪既遂模式论者完全可以从自己的立场出发来进行反驳，其之所以能予以有效反驳是有其背后的立场做支撑的，而且犯罪构成是既遂模式还是成立模式，是认识犯罪构成的两个不同的角度，在理论上都是可以证成的，所以论者双方都可以在各自的立场上自圆其说。论者双方与其站在各自的立场上批判对方观点，还不如直接论证犯罪构成究竟是既遂模式还是成立模式，这才是问题的关键。

最后，笔者部分赞同学界对通说的第三点质疑。在笔者看来，通说对结果犯和行为犯既遂标准的认定过于形式化，但对危险犯的认定是纯粹实质化的。通说认为，结果犯是以物质性结果的发生作为既遂标准；行为犯是以行为的完成作为既遂标准；危险犯是以某种危险状态的具备作为既遂标准。由此看出，通说将结果犯既遂的标准认定为物质性结果的发生，行为犯既遂的标准认定为行为的完成，这两者都是形式性的认定，而不考虑结果的发生和行为的完成是否对刑法保护的法益造成了侵害或危险（这类似于前面已经讨论的结果说），正如学界指责的不能从中领会到刑法理论区分犯罪既遂和未遂的价值和意义，也难以为既遂与未遂的区分提供可操作的、实质性的评价基准。但与学界质疑不同的是，笔者认为通说对于危险犯的既遂标准是纯粹实质化的认定（这类似于前面已经讨论的法益损害说），因为其所谓的"某种危险状态"具体来说是指刑法分则中表述有"危害公共安全""足以发生……危险"等的犯罪，这种危险是指行为对具体犯罪所保护的法益造成侵害的危险，而不是行为造成某种物质性结果或非物质性结果的危险。例如放火罪，"危害公共安全"是指对该罪所保护的公共安全法益造成侵害的危险，而不是目的物烧毁的危险；再比如破坏交通工具罪，"足以使交通工具发生倾覆、毁坏危险"是指对该罪所保护的公共安全法益造成侵害的危险，虽然其表述为交通工具发生倾覆、毁坏，但交通工具倾覆、毁坏实际指的是公共安全法益遭到实害，而不是指交通工具遭到物质性破坏。由此可知，通说界定的危险犯是以对法益造成侵害的危险作为既遂标准的，而且是具体危险犯，这是纯实质化的认定。

2. 对通说的全部犯罪构成要件齐备说的评析

（1）通说的合理性

通说认为犯罪既遂的标准是行为人实施的犯罪行为已经齐备了刑法分则所规定的某种犯罪的全部构成要件，这种观点能够成为我国的通说不是无缘无故的，从其来源上就能洞察一二。通说来源于大陆法系认定既遂标准的构成要件说，尽管在大陆法系的立法中并没有明确表述，但在理论上得到了刑法学界的普遍公认。大陆法系的构成要件说及其前提理论都一并引入我国，并且成为我国认定犯罪既遂标准的通说。当然，笔者并不是说大陆法系的通论就一定具有合理性，就一定能够适合我国的刑事司法，国外的理论要引入我国还要看其是否适合我国的司法理论和实践。显然我国通说在认定犯罪既遂上出现了很多不合理之处，这是不容否认的。但笔者认为这种不合理的产生根源于我国在借鉴国外刑法理论时犯的一个惯常错误，即在还没有深入了解国外相关理论真正含义的情况下，便贸然引入，并想当然地按照自己的理解进行解释。比如对大陆法系"构成要件"一词的理解便是如此。我国刑法理论直接照搬苏联，而苏联刑法学者一直将大陆法系的构成要件理解为整个犯罪构成，并在这种误解下对大陆法系刑法理论大加挞伐，这直接影响了我国刑法学。好在我国刑法学者已经对这一误解进行了拨乱反正，现在基本上没有哪位刑法学者再会有这样的误解。但问题还没有完全解决，因为虽然在犯罪构成理论上将这一误解解释清楚了，但由这种误解所导致的其他理论问题还没有一并解决，比如认定犯罪既遂标准的构成要件说就是其中一例。大陆法系认定犯罪既遂标准的构成要件说是指犯罪成立的第一层次，而不是整个犯罪构成，却被我国误解为某种犯罪的全部构成要件，由此才导致通说在我国司法中适用的不合理性。所以笔者认为通说适用的不合理是根源于对大陆法系构成要件的误解，但是其理论前提（即犯罪既遂模式论）是没有问题的，相对于我国学者提出的犯罪成立模式论，笔者认为前者更具有合理性和适用性，正是在前提理论这方面笔者承认通说的合理性。有关前提理论的合理性下文中将具体阐释。

（2）通说的缺陷

第一，由于将大陆法系构成要件误解为整个犯罪构成，导致将犯罪既遂的成立要素混同于犯罪既遂区别未遂的要素。在大陆法系，犯罪既遂符合基本的构成要件，犯罪未遂符合修正的构成要件，所以犯罪既遂区别于犯罪未遂的标准自然是行为符合了基本的构成要件。但这里的"构成要件"仅指大陆法系三阶层犯罪论体系的第一个层次，而不是整个犯罪构成。但该学说引入我国后，我国学者将其误解为某种犯罪的全部构成要件，也就是说将犯罪既遂的整个犯罪构成作为区别于犯罪未遂的标志。可是我们知道既遂形态的犯罪构成要素中有很多是犯罪的成立要素，即符合这些要素就成立犯罪，不符合就不构成犯罪，比如罪量要素、主体要素、主观罪过要素等，这些成立要素不是用来区别于犯罪未遂的，因为犯罪未遂的成立也必须有这些要素。在犯罪既遂的构成要件要素中，只有符合客观要件要素才是犯罪既遂区别于未遂的标准，若不符合可以成立犯罪未遂。

第二，单纯以刑法分则条文有无字面表述来划分犯罪既遂类型，而无视所描述的要素的性质，导致行为犯和结果犯的既遂标准纯形式化，而危险犯的既遂标准纯实质化。在大陆法系，刑法分则是以犯罪既遂为模式的，因而犯罪既遂的标准是行为符合了刑法分则的构成要件要素。但大陆法系公认构成要件是违法类型，即构成要件都要通过法益进行实质解释，因而对刑法分则条文不能形式地理解，都应结合法条保护的法益进行实质解释。我国刑法学界借鉴大陆法系理论，将行为齐备了刑法分则所规定的某种犯罪的全部构成要件作为犯罪既遂，然后按照刑法分则不同的表述方式进行分类，进而分为行为犯、结果犯和危险犯。由此看出，我国通说在理解刑法分则时，只是简单地根据条文的字面表述来理解，而根本不考虑法条背后的法益保护目的，也不考虑条文所描述的要素的性质。这样法条中只描述行为的就是行为犯，而不管对法益造成了侵害还是危险；法条中除了描述行为还有物质性结果的，就是结果犯，同样不管对法益的侵害性；法条中除了描述行为还有某种危险状态的，就是危险犯，而不管这种危险其实是从实质上对保护法益的危险。这就导致行为犯和结果犯的既遂标准纯形式化，没有揭示既遂标准的实质内涵；而危险犯的既遂标准纯实质化，较为抽象，没有明确的标准。

3. 对实质解释的构成要件齐备说的评析

（1）实质解释的构成要件齐备说的合理性

一方面，该说首先从事实性的角度理解犯罪既遂，具有较强的直观性和较明确的标准，易于被人们把握和理解，在司法实践中也具有较强的实用性，从而为实质上的法益损害提供了可以判断的明确标准，由此避免了像法益损害说那样只是单纯从实质层面理解犯罪既遂，较为抽象，没有明确的标准，造成既遂标准认定的主观随意性；该说还从法益保护的价值层面揭示犯罪既遂的实质标准，赋予其价值层面的意义，克服形式化理解犯罪既遂产生的内涵不确定，真正确定犯罪既遂的标准，由此避免了像结果说那样只从客观事实上理解结果，缺乏实质内涵，导致既遂标准的认定过于形式化。

另一方面，该说首先将犯罪既遂标准严格限定在法律规定的范围内，坚持从刑法分则的规定中寻找既遂标准，体现了对法律的恪守、对罪刑法定原则的坚守，从而为理论上的既遂标准提供了法律依据，这就避免了像法益损害说那样只是单纯从刑法目的中寻找既遂标准，而脱离了法律条文本身的限定，不符合罪刑法定原则；该说还从法益保护的刑法目的中寻找既遂标准，通过法益保护揭示犯罪既遂的实质内涵，从而为法律上的犯罪既遂标准提供理论根据，这就避免了像结果说那样只是单纯从法条寻找既遂标准，而没有揭示法条背后的刑法目的来实质解释犯罪既遂。

（2）实质解释的构成要件齐备说的缺陷

第一，首先第一种观点认为，结果犯应是危害行为造成物质性结果并对法益造成现实侵害而不是侵害的危险，笔者认为此观点是不符合立法规定的。翻看我国的刑法分则条文很容易找到危害行为造成物质性结果但对法益只造成危险的犯罪，比如盗窃、抢夺枪支罪，该罪以发生枪支的丧失这种物质性结果作为既遂标志，但其并不会对所保护的公共安全法益造成侵害，而只是造成侵害的危险。立法之所以将这种物质性结果表征侵害法益危险的行为认定为既遂，是鉴于其所保护法益的重大性，而将既遂标准提至法益受到侵害之前，予以提前保护。所以物质性结果的发生并不必然表征法益的现实侵害，由于立法对法益的提前保护，即使其表征法益的侵害危险也可以作为既遂标准。其次第一种观点认为，行为犯应是实施特定的危害行为并对法益造成现实侵害而不是侵害的危险，笔者认为此观点也是不符合立法规定的。翻看我国的刑法分则条文也很容易找到实施特定危害行为但对法益只造成危险的犯罪，比如诬告陷害罪，该罪是以诬告陷害行为的完成作为既遂标志，但对其保护的公民人身权利只是造成侵害的危险；再比如非法持有枪支罪，该罪是以非法持有枪支行为的完成作为既遂标志，但对其保护的公共安全法益却只造成侵害的危险。所以特定行为的完成并不必然表征法益的现实侵害，出于立法政策的考虑，即使其表征法益的侵害危险也可以作为既遂标准。最后第一种观点认为，危险犯应是危害行为造成特定的危险状态并对法益造成侵害的危险，其将危险分为事实层面的危险状态和对法益的侵害危险两个不同层次，笔者认为是否有必要认定事实层面的危险状态是值得商榷的。事实层面的危险状态是与物质性结果或非物质性结果相对应的，是指产生物质性结果或非物质性结果的危险。比如破坏交通工具罪，物质性结果是交通工具遭到破坏，与此相对的是交通工具被破坏的危险；再如生产有毒、有害食品罪，物质性结果是有毒、有害食品被生产出来，与此相对的是有毒、有害食品被生产出来的危险；再如放火罪，物质性结果是目的物烧毁，与此相对的是目的物被烧毁的危险。可是这些所谓的危险其实都是蕴含在事实性行为当中的，体现在事实性行为的实施过程中，破坏交通工具行为的实施就蕴含了交通工具最终遭到破坏的危险，生产有毒、有害食品的过程就蕴含了食品被最终生产出来的危险，将目的物点燃的过程就蕴含了目的物最终烧毁的危险。事实层面的危险状态实质上就是事实性行为本身，没有独立存在的价值，只要通过事实性行为的实施就能证明其存在，因此笔者认为只要认定事实性行为本身就可以了。

第二，该说的第二种观点将犯罪既遂分为实害犯、危险犯和行为犯三种类型，认为实害犯以发生侵害法益的结果作为犯罪既遂的标志，实害结果是行为对刑法所保护的法益所造成的实际损害；危险犯以发生侵害法益的危险结果作为犯罪既遂的标志，危险结果是相对于实害结果而言的，是危害行为对刑法所保护的法益产生足以发生实际损害的现实可能性；行为犯以行为的完成并且对法益造成了侵害或者危险作为既遂的标志，行为犯虽然是以行为的实施完毕作为犯罪的既遂，但只要构成犯罪既遂，就必定对刑法所保护的法益造成了侵害或危险，否则没有必要动用刑法保护。[①] 从论者的论述中可以看出，实害犯和危险犯都是单纯以法益的侵害或危险作为既遂的标准，这实际上也是前文讨论的法益损害说的观点。虽然论者提出了犯罪既遂标准的法定性特征和解释性特征，并且也将这两个特征贯彻到了行为犯既遂标准的认定当中，但遗憾的是论者并没有将这两个特征继续贯彻到实害犯和危险犯中。在论证实害犯和危险犯时，论者只是单纯以法益的侵害或危险作为既遂的标志，具有了犯罪既遂的解释性特征，但却抛开了犯罪既遂的法定性特征。如此一来，除了不可避免地产生法益损害说的缺陷，还会导致论者的观点

[①]　参见徐光华《犯罪既遂问题研究》，中国人民公安大学出版社 2009 年版，第 164、185—198、214—218 页。

前后矛盾，不能一以贯之。

第三，该说的第三种观点以行为是否改变行为客体为标准，将犯罪分为结果犯和行为犯，然后再分别作进一步划分。按照行为对犯罪客体造成的不同侵害样态，将结果犯划分为实害犯和危险犯，但对行为犯的划分却采取了另一种标准，即按照是否对犯罪客体造成侵害，将行为犯划分为纯正的行为犯和不纯正的行为犯。论者之所以对行为犯采取了不同于结果犯的划分标准，是因为在论者看来危险犯只能存在于结果犯中，行为犯难于表现对犯罪客体的危险。[①] 但笔者认为此观点是有待商榷的。首先，从划分标准上看。按照行为是否改变行为客体可分为结果犯和行为犯，这是在事实层面的划分，按照行为对犯罪客体造成的不同侵害样态可分实害犯和危险犯，这是在价值层面的划分。既然两者依据的划分标准不同，那么就可以对结果犯和行为犯按同一种标准作进一步的划分，行为对行为客体造成物质性结果可以征表对犯罪客体造成了现实侵害或侵害危险，同样，行为本身的实施完成也可以征表对犯罪客体造成现实侵害或侵害危险。其次，从论者的理由上看。论者认为犯罪既遂形态应具有标准明确、区别明显、证明可能的特点，所以为了能很好地区分行为犯和危险犯，就不应该允许两者的竞合，应该限制危险犯的范围只能在结果犯中，明确界定两者的界限。[②] 也就是说论者是为了能明确区分行为犯和危险犯才将危险犯从行为犯中排除出去。可问题是行为犯和危险犯本身就不是同一层次的概念，行为犯对应于结果犯，是事实层面的划分，而危险犯对应于侵害犯，是价值层面的划分。从事实和价值两个层次分别划分既遂形态，本来就是为了避免单层次划分标准所导致的不周延和不同层次划分所导致的杂乱无章，这样划分是能够更好地界定犯罪既遂形态的。划分标准本来就不同，又怎会混淆行为犯和危险犯？最后，从纯正行为犯的处罚根据上看。论者将危险犯逐出行为犯范畴，只承认对法益造成现实侵害的不纯正行为犯，对于纯正行为犯而言，是不要求对法益的现实侵害或危险的。那么纯正行为犯的处罚根据是什么？论者的回答是行为本身的危险，也就是说纯正行为犯不是不要求任何危险，只是纯正行为犯的危险不是作为行为结果的危

---

① 参见李洁《犯罪既遂形态研究》，吉林大学出版社 1999 年版，第 207—208 页。

② 参见李洁《犯罪既遂形态研究》，吉林大学出版社 1999 年版，第 49—50、265 页。

险，而是行为本身体现的危险属性。① 目前刑法学界普遍承认的是，任何犯罪都对法益具有侵害性或危险性，"如果将对法益没有任何危险的行为规定为犯罪，其正当性是值得研究的"。② 但这里的危险是作为结果的危险（即行为所造成的对法益的现实危险状态）还是行为的危险（即行为本身所具有的侵害法益的可能性），是存有争论的，这种争论主要存在于结果无价值和二元行为无价值之间。两者虽然对于未遂犯的处罚根据是结果的危险还是行为的危险观点不同，但在犯罪既遂的处罚根据上至少能达成以下共识，即都最终对保护法益造成了现实的侵害或危险，其中的危险是作为结果的危险，而不是行为本身的危险属性。笔者赞同这一观点，即如果要让行为人承担犯罪既遂的责任，必须能够证明其行为对法益造成了现实的侵害或危险状态，而不能仅仅因为其行为具有侵害法益的可能性就将其入罪。与论者主张纯正行为犯处罚根据的危险只是行为本身危险的观点不同，笔者认为对所谓的纯正行为犯要给予刑罚处罚，也只能是因为行为对保护法益造成了现实的危险状态，而不能仅仅因为其具有侵害法益的可能性就将其入罪。如果刑法处罚某种行为是因为其具有侵害法益的可能性，那将会导致大量的行为入罪，因为刑法保护的法益本身就处于一个充满危险的社会当中，尤其是现在这样一个风险社会，人们的行为随时隐含着对他人法益的侵害可能性，如果动辄将这样的行为入罪，那将导致刑罚权的极度扩张，很大程度上束缚了人们的行动自由。

第二节　大陆法系刑法理论中的犯罪既遂标准

一　大陆法系刑法理论中的犯罪既遂标准概述

（一）德国刑法理论中的犯罪既遂标准

德国刑法理论关于犯罪既遂的标准，主要有以下观点。第一种观点主

---

① 参见李洁《犯罪既遂形态研究》，吉林大学出版社 1999 年版，第 60 页。
② 参见［日］中山研一《刑法总论》，转引自李洁《犯罪既遂形态研究》，吉林大学出版社 1999 年版，第 60 页。

张，犯罪既遂是指符合了构成要件、违法、有责的行为。如有学者认为，符合了构成要件的违法的有责的行为本身即为犯罪既遂，犯罪行为实施终了的前提条件是，表明犯罪的特殊构成要件的所有特征都已齐备，特别是刑法对于该罪所要求的结果已发生。①

第二种观点主张，犯罪既遂是指符合了基本刑法定构成要件。如有学者认为，刑法处罚的基础是基本刑，所以犯罪行为必须符合基本刑的法定构成要件，如果犯罪行为欠缺了此种构成要件，也就是行为人脱离了基本刑，就是不可罚的。着手实行行为并且完整实行基本刑法定构成要件的行为，刑法规定为既遂犯。②

第三种观点主张，犯罪既遂是指满足了所有构成要件要素。如有学者认为，是否既遂取决于行为是否满足了所有的构成要件要素，而非行为人的意图是否实现。由于刑法对具体犯罪的构成要件有不同的规定，所以相应地犯罪既遂既可以较早出现，也可以较晚出现。③

第四种观点主张，犯罪既遂是指满足了客观方面的不法构成要件。如有学者认为，若客观方面的不法构成要件没有被满足或没有被完全满足，则成立既遂缺失。④

（二）　日本刑法理论中的犯罪既遂标准

日本刑法理论关于犯罪既遂的标准，主要有以下观点。第一种观点主张，犯罪既遂是指符合了构成要件、违法、有责的行为。如有学者认为，犯罪既遂是指符合了构成要件的违法的有责的行为本身，也就是说犯罪行为必须符合犯罪构成要件的所有要素，特别是发生了法律对于该罪所要求的结果。⑤

第二种观点主张，犯罪既遂是指满足了构成要件。如有学者认为，犯

---

①　参见［德］弗兰茨·冯·李斯特《德国刑法教科书》，徐久生译，法律出版社 2000 年版，第 329 页。

②　参见［德］恩施特·贝林《构成要件理论》，王安异译，中国人民公安大学出版社 2006 年版，第 169 页。

③　参见［德］汉斯·海因里希·耶赛克、托马斯·魏根特《德国刑法教科书（总论）》，徐久生译，中国法制出版社 2001 年版，第 618 页。

④　参见［德］约翰内斯·韦赛尔斯《德国刑法总论》，李昌珂译，法律出版社 2008 年版，第 348 页。

⑤　参见［日］泷川幸辰《犯罪论序说》，王泰译，法律出版社 2005 年版，第 119 页。

罪未遂是指没有得逞，也就是没有充分满足构成要件，尤其是构成要件要求的结果没有发生。① 还有学者认为，所谓没有既遂就是指由于行为人意志以外的原因而未达到构成要件的充分满足。②

　　第三种观点主张，犯罪既遂是指实现了基本犯罪构成要件。如有学者认为，规定基本构成要件的刑罚法规是针对既遂犯的，未遂犯则对基本构成要件进行了修正，进而处罚既遂之前的犯罪行为；③ 也有学者认为，刑罚法规所表示的基本构成要件预想的是既遂犯，即预先假定犯罪行为已经完全实施，而对于虽然尚未为完全实施，但确有处罚必要性的犯罪行为，刑法则将其规定为未遂犯。④ 还有学者认为，基本构成要件是在刑罚法规中单个规定的构成要件，其通常以单独犯且既遂的形式规定。虽然刑法将犯罪完全实现的既遂形态作为典型犯罪加以规定，但尚未达到既遂状态而应当受处罚的，还有犯罪的未完成形态。⑤

　　第四种观点主张，犯罪既遂是指发生了结果。如有学者认为，未遂犯是处罚危险结果的犯罪，其与既遂犯间的差别，只在于既遂犯是处罚侵害结果，而未遂犯是处罚危险结果而已。⑥ 也有学者认为，犯罪未遂是指行为人已经着手实行犯罪，但却没有发生结果。⑦ 还有学者认为，所谓没有达到既遂就是指没有发生结果。⑧

　　第五种观点主张，犯罪既遂是指完成了犯罪。如有学者认为，所谓没有达到既遂就是指没有达到犯罪的完成，没有完成犯罪是以基本构成要件

---

　　① 参见［日］小野清一郎《犯罪构成要件理论》，王泰译，中国人民公安大学出版社 2004 年版，第 142 页。

　　② 参见［日］西原春夫《刑法总论》，转引自张明楷《未遂犯论》，中国法律出版社、日本国成文堂 1997 年版，第 134 页。

　　③ 参见［日］大塚仁《刑法概说（总论）》，冯军译，中国人民大学出版社 2003 年版，第 213 页。

　　④ 参见［日］野村稔《刑法总论》，全理其、何力译，法律出版社 2001 年版，第 322 页。

　　⑤ 参见［日］大谷实《刑法讲义总论》（新版第 2 版），黎宏译，中国人民大学出版社 2008 年版，第 103 页。

　　⑥ 参见［日］曾根威彦《刑法学基础》，黎宏译，法律出版社 2005 年版，第 126 页。

　　⑦ 参见［日］藤木英雄《刑法讲义总论》，转引自张明楷《未遂犯论》，中国法律出版社、日本国成文堂 1997 年版，第 134 页。

　　⑧ 参见［日］中义胜《讲述刑法总论》，转引自张明楷《未遂犯论》，中国法律出版社、日本国成文堂 1997 年版，第 134 页。

为基准的，而非以修正构成要件为基准。① 还有学者认为，没有既遂是指没有达到犯罪的完成，也就是基本构成要件没有充分满足。②

第六种观点主张，犯罪既遂是指刑法分则的犯罪类型。如有学者认为，原则上刑法分则规定的犯罪类型就是既遂类型。以杀人罪为例，所谓"杀人"就是指发生了他人死亡这一结果，此即为既遂；再以盗窃罪为例，所谓"窃取他人财物"就是指窃取财物行为已经完成，此即为既遂。③

（三）意大利刑法理论中的犯罪既遂标准

意大利刑法理论关于犯罪既遂的标准，一般认为是行为符合了刑法分则规定的基本构成要件，即如果犯罪行为完全符合了某种犯罪的全部基本构成要件，即成立犯罪既遂。④ 如有学者认为，当犯罪行为完全实现刑法分则规定的构成要件时，即为既遂犯罪。⑤

（四）我国台湾刑法理论中的犯罪既遂标准

我国台湾刑法理论关于犯罪既遂的标准，主要有以下观点。第一种观点主张，犯罪既遂是指充足了构成要件。如有学者认为，既遂犯在形式上是指充足构成要件之行为，行为充足构成要件时，即为犯罪既遂；而构成要件之充足，则指具备该构成要件之所有要素。在实质上，于侵害犯之情况，既遂犯是侵害法益之行为；于危险犯之情况，既遂犯是惹起侵害法益危险之行为。于结果犯之情况，除实行行为之遂行外，尚须有犯罪结果之发生；于举动犯之情况，则仅以实行行为之遂行为已足。⑥

第二种观点主张，犯罪既遂是指实现了不法构成要件。如有学者认

---

① 参见［日］香川达夫《刑法讲义（总论）》，转引自张明楷《未遂犯论》，中国法律出版社、日本国成文堂 1997 年版，第 133 页。

② 参见［日］团藤重光《刑法纲要总论》，转引自张明楷《未遂犯论》，中国法律出版社、日本国成文堂 1997 年版，第 134 页。

③ 参见［日］西田典之《日本刑法总论》，刘明祥、王昭武译，中国人民大学出版社 2007 年版，第 241 页。

④ 参见陈忠林《意大利刑法纲要》，中国人民大学出版社 1999 年版，第 199 页。

⑤ 参见［意］杜里奥·帕多瓦尼《意大利刑法学原理》，陈忠林译评，中国人民大学出版社 2004 年版，第 261 页。

⑥ 参见陈子平《刑法总论》（2008 年增修版），中国人民大学出版社 2009 年版，第 261 页。

为，犯罪未遂意指行为人着手于不法行为，但是不法要件在客观上并没有完全实现；而犯罪既遂则意指行为人着手于不法行为，并且事情发展的结果是不法要件在客观上已完全实现。①

第三种观点主张，犯罪既遂是指完成了犯罪构成要件。如有学者认为，按犯罪行为之实行，若达到了完成犯罪要件的程度，则为既遂犯，而未达于此程度的，为未遂犯。既遂与未遂的区分标准，应依照法律规定的犯罪构成事实决定，凡是已经开始实行犯罪行为，而构成要件未因之而充实，导致犯罪不完成的，成立犯罪未遂。至于何谓犯罪构成要件，应由犯罪性质及具体事实决定，就结果犯而言，若犯罪所必要之结果不发生，则为犯罪要件不完成，就形成犯而言，若实行行为尚未完结，或虽完结而欠缺客观危险，则为犯罪要件不完成。②

第四种观点主张，犯罪既遂是指发生了结果。如有学者认为，在法规范的意义上，未遂犯是指行为已经着手于构成要件内容之实现，但却未发生构成要件所设定的一定结果，因而应从构成要件对于特定行为事实是否设定一定结果，亦即特定犯罪类型是否具有可以想象之侵害结果可能性，来作为理解未遂概念的基础。③

（五）总结

关于犯罪既遂标准，大陆法系刑法理论在表面上似乎有多种不同的观点，但其只是学者们从不同角度表述方式的不同，实质上并无区别，都是以行为符合构成要件为既遂标准的。例如德国学者李斯特和日本学者泷川幸辰都认为，犯罪既遂是指符合构成要件的违法有责的行为本身，但是同时李斯特也认为犯罪既遂是指满足了所有构成要件要素，也即如果犯罪人已经决定实现全部的构成要件，并且实施了符合构成要件的行为，但是该行为没有造成构成要件的改变，因而缺少犯罪既遂所要求的结果，此为犯罪未遂；④泷川幸辰也同时认为，犯罪既遂是指完成了犯罪，即犯罪的预

---

① 参见黄荣坚《基础刑法学》（下）（第三版），中国人民大学出版社 2009 年版，第 374 页。

② 参见韩忠谟《刑法原理》，北京大学出版社 2009 年版，第 230—233 页。

③ 参见柯耀程《刑法的思与辩》，中国人民大学出版社 2008 年版，第 164—165 页。

④ 参见［德］弗兰茨·冯·李斯特《德国刑法教科书》，徐久生译，法律出版社 2000 年版，第 330 页。

备、未遂、既遂是时间性地相继出现的行为发展阶段，未遂是没有达到完成犯罪，这是其与既遂（已完成的犯罪）的界限；① 日本学者大塚仁认为，犯罪既遂是指实现了基本犯罪构成要件，但也认为没有既遂是指"没有达到犯罪的完成"；② 日本学者团藤重光认为没有既遂是指"没有完成犯罪"，但又将没有完成犯罪解释为"没有充足基本的构成要件"；③ 等等。

由此可见，不同的刑法学者往往从不同角度来表述行为对构成要件的符合，即使是同一刑法学者也可以同时从不同角度进行表述。所以在大陆法系刑法理论中，"构成要件说作为犯罪既遂标准几乎不存在任何争议"④，或者"构成要件要素充足说是德、日刑法学的主流观点"⑤。

二　大陆法系构成要件说的内涵及其理论前提

（一）大陆法系构成要件说的内涵

大陆法系刑法理论对于犯罪既遂标准已经达成了共识，即认为行为符合构成要件标志着犯罪既遂，否则是犯罪未遂。在这里，构成要件这一概念具有至关重要的地位，如若学者们对构成要件的含义界定不同，则意味着看似已经是通说的构成要件说并非铁板一块，实质上由于解释不同也存有差异。所以笔者认为很有必要对大陆法系的构成要件理论加以梳理，在此基础上才能进一步理解作为犯罪既遂标准的构成要件说的真实内涵。

1. 大陆法系构成要件理论及其类型

大陆法系采取三阶层的犯罪论体系，构成要件只是其中的第一个阶

---

① 参见［日］泷川幸辰《犯罪论序说》，王泰译，法律出版社2005年版，第119页。

② ［日］大塚仁：《刑法概说（总论）》，转引自张明楷《未遂犯论》，中国法律出版社、日本国成文堂1997年版，第133页。

③ ［日］团藤重光：《刑法纲要总论》，转引自张明楷《未遂犯论》，中国法律出版社、日本国成文堂1997年版，第134页。

④ 徐光华：《犯罪既遂问题研究》，中国人民公安大学出版社2009年版，第22页。

⑤ 刘之雄：《犯罪既遂论》，中国人民公安大学出版社2003年版，第29页。

层，判断行为符合构成要件之后，还要经过违法性和有责性的判断，因而与我国的犯罪构成是截然不同的两个概念。大陆法系的构成要件理论经历了一个漫长的演变过程，真正意义上的构成要件理论是由德国刑法学者贝林所创立。贝林的构成要件是一种行为类型，他认为构成要件不包括主观性要素和规范性、价值性要素，它是一种纯客观的、记述的、价值中性的东西，所以构成要件是与违法性、有责性完全没有联系而相互独立的一个要件，只是一种事实性的行为类型，而价值判断和主观判断应是违法性和有责性的内容。

后来，人们在构成要件中发现了规范性要素和主观性要素，继而贝林的这种记述的、价值中性的、纯客观的构成要件理论受到批判和动摇。德国学者迈耶在承认贝林将构成要件和违法性严格区分的基础上，将构成要件与价值判断联系起来，认为某种行为符合构成要件，就表明该行为具有违法性的征表。构成要件是违法性的"认识根据"，两者之间是烟与火的关系，构成要件是烟，违法性是火，有烟通常有火，但也存在没有火也可能冒烟的例外情形，即构成要件具有违法性的推定机能。迈耶的构成要件已不再是价值中性的了，开始与违法性相联系，但仍然坚守构成要件与违法性是相互分离的两个独立要件，两者间是原则与例外的关系，也就是说行为该当构成要件原则上推定其具有违法性，只有在例外存在违法阻却事由的情况下，才排除已推定的违法性。继迈耶之后，德国另一位学者梅兹格进一步将构成要件与价值判断相关联，认为构成要件不只是违法性的"认识根据"，更是"存在根据"，构成要件是违法类型，符合构成要件的行为，只要没有特别的违法阻却事由，就具有违法性。在梅兹格这里，构成要件与违法性的关系更为紧密，两者已经合为一体，不再是两个相互独立的要件，构成要件被纳入违法性之中，构成要件不具有独立的地位，只是违法性的要素，该当构成要件的行为只要不存在违法阻却事由就具有违法性。迈耶、梅兹格所主张的直接从价值、规范的角度考察构成要件的理论，相较于贝林只从事实角度理解构成要件的理论，被称为新构成要件说。

德国的构成要件理论在日本取得了进一步发展，小野清一郎提出构成要件是违法、有责类型，认为犯罪行为是行为人具有道义责任的行为，是违法有责行为的类型，构成要件包含有违法性以及道义责任。① 小野清一郎不仅将构成要件作为违法类型，而且还作为有责类型，除具有违法性推定机能，还具有有责性推定机能。于是构成要件开始与有责性相关联，这两者之间也不再像贝林所主张的那样是完全无关的两个独立要件。小野清一郎的构成要件理论被日本的另一位学者团藤重光所继承，他不仅将故意、过失要素包含在构成要件中，而且将期待可能性等也作为独立的构成要件要素，② 这样构成要件与有责性的关系更为密切。

至此，从贝林的行为类型说经过迈耶、梅兹格的违法类型说，再到小野清一郎、团藤重光的违法有责类型说，大陆法系的构成要件理论走完了整个发展历程。从这一发展过程可以看出，构成要件理论其实是一个不断承载价值判断、规范判断的过程，是一个不断与违法性和有责性相融合的过程，也是一个越来越背离构成要件理论初衷的过程。在大陆法系的犯罪论体系中，李斯特确立了违法性与有责性之间的位阶关系，而贝林则在此基础上提出了构成要件，从而最终完成整个古典的犯罪论体系的构建。本来贝林提出构成要件并将其作为行为类型，限定为纯客观、价值中性的事实，是为了避免整体性认定犯罪而导致入罪的随意性，先从事实或形式层面认定犯罪，在此基础上再实质性地考察违法性和有责性，从而能最大程度维护罪刑法定原则，防止司法权滥用。可后来的构成要件理论却戏剧性地朝着与贝林初衷相反的方向发展，现在的构成要件变成了一个犯罪类型，只要构成要件符合性判断完成，基本上就完成了违法性和有责性判断，只是在特殊情况下才进一步判断违法阻却事由和责任阻却事由。难怪有学者感叹构成要件的发展历史是崩溃历史，③ 当然这只是从与初衷背离的角度而言的，并不是从合理性的角度进行评判，不意味着一定是贝林的构成要件理论最合理。目前构成要件是行为类型还是违法类型，抑或违法有责类型，在刑法学界是存有争论的，每

---

① 参见［日］小野清一郎《犯罪构成要件理论》，转引自黎宏《我国犯罪构成体系不必重构》，《法学研究》2006 年第 1 期。

② 参见［日］团藤重光《刑法纲要总论》，转引自黎宏《我国犯罪构成体系不必重构》，《法学研究》2006 年第 1 期。

③ 参见［日］西原春夫《犯罪实行行为论》，戴波、江溯译，北京大学出版社 2006 年版，第 56 页。

一种类型都有不同的支持者，所以哪种主张更具有合理性并不取决于理论产生的时间先后。

2. 不同构成要件类型中犯罪既遂标准的内涵

首先是行为类型说。如果认为构成要件是行为类型，那么构成要件就是完全独立于违法性、有责性的要件，是一个价值中性的、纯客观的事实性或形式性判断。作为犯罪既遂的标准，所谓行为符合了构成要件，就是指行为符合了此种形式性的构成要件，也就是说事实性的行为完成或物质性结果发生就标志着犯罪既遂，否则为犯罪未遂。

其次是违法类型说。如果认为构成要件是违法类型，那就意味着构成要件经过了违法性的价值判断，应从价值性或实质性的角度来理解构成要件。在违法性的实质问题上，现在刑法学界主要存在结果无价值论和二元行为无价值论之争。结果无价值论的违法类型说，站在违法性的实质是行为对法益的现实侵害或危险的立场，认为构成要件是类型化的侵害或威胁法益的行为，因而应将构成要件从法益侵害的角度进行实质解释。由此可知，作为犯罪既遂的标准，所谓行为符合了构成要件，就是指行为符合了经过法益侵害实质解释后的构成要件，也就是说行为完成或结果发生并且对法益造成了侵害或危险的就标志着犯罪既遂，否则为犯罪未遂。二元行为无价值论的违法类型说，站在违法性的实质是行为违反规范而造成法益侵害的立场，认为应将构成要件从规范违反和法益侵害的角度进行实质解释。由于二元行为无价值论承认主观的违法性要素，因而经过实质解释的构成要件除了包含客观要素外，还有故意、过失等主观要素。那在此种情况下，犯罪既遂标准所要求的"行为符合构成要件"是否指行为应符合全部客观构成要件要素和主观构成要件要素？笔者认为不应包括主观构成要件要素。因为犯罪既遂的处罚根据与犯罪既遂标准是不一样的，前者是说明将某一行为按犯罪既遂处罚的原因，主观违法性要素是二元行为无价值论说明行为具有违法性的必备要素，因而是犯罪既遂的处罚根据；而后者是说明犯罪既遂与犯罪未遂相区别的标志，犯罪未遂的构成要件要素（或违法性要素）也是包括主观要素的，因而主观构成要件要素并不是犯罪既遂与犯罪未遂相区别的标准。所以作为犯罪既遂的标准，所谓行为符合了构成要件，是指行为符合了经过二元行为无价值实质解释后的客观构成要件要素，也就是说行为完成或结果发生并且对法益造成了侵害或危险的就标志着犯罪既遂，否则为犯罪未遂。①

最后是违法有责类型说。如果认为构成要件是违法有责类型，那就是说符合构成要件的行为不仅仅是具有实质违法性的行为，还应是行为人在有责的故意过失支配下的行为，这样构成要件要素既包括违法性要素，也包括有责性要素。那在此种情况下，犯罪既遂标准所要求的"行为符合构成要件"是否指行为应符合全部违法性要素和有责性要素？笔者认为不应包括有责性要素。因为构成要件作为违法有责类型，是说构成要件既有违法性推定机能，又有有责性推定机能，此时是将构成要件作为一种犯罪类型来认定。可是犯罪既遂的标准是说明犯罪既遂与犯罪未遂相区别的标志，而违法有责类型下，犯罪未遂的构成要件要素也是包括有责性要素的，犯罪未遂也是要求行为人具有罪过的，因而有责性要素并不是犯罪既遂与犯罪未遂相区别的标准。可见作为犯罪既遂的标准，所谓行为符合了构成要件，是指排除了有责性要素，仅指行为符合了经过违法性实质解释后的构成要件，这样就与违法类型说相同了，即行为完成或结果发生并且对法益造成了侵害或危险的就标志着犯罪既遂，否则为犯罪未遂。

3. 结论

第一，大陆法系构成要件说的"构成要件"是指三阶层犯罪论体系中的第一个阶层，而非整个犯罪论体系。大陆法系刑法理论所采取的犯罪既遂标准是构成要件说，即以行为符合构成要件作为既遂标志，"构成要件"一词是定位于大陆法系三阶层的犯罪论体系，构成要件只是犯罪论体系中的第一个阶层，判断行为符合构成要件之后，还要经过违法性和有

---

① 可以看出，二元行为无价值论的违法类型说与结果无价值论的违法类型说在犯罪既遂标准上是一样的。这主要是因为在犯罪既遂的场合，二元行为无价值论认为结果无价值与行为无价值同样重要，如果没有最终实现结果无价值不能认定为犯罪既遂，但是由于实现了行为无价值可以认定为犯罪未遂。所以犯罪既遂区别于犯罪未遂的标准就是法益侵害或危险实现与否，在这一点上与结果无价值论相同。例如德国学者罗克信教授指出，如果没有实现侵害犯的结果无价值，但是存在行为无价值，则成立未遂犯。参见［德］Claus Roxin, Strafrecht Allgemeiner Teil, Band I, 4. Aufl., C. H. Beck, 2006, S. 321. 转引自张明楷《行为无价值论与结果无价值论》，北京大学出版社 2012 年版，第 211 页。还有我国学者认为，不法的意义并不仅限于结果的无价值，而同时也决定于行为的无价值。如果没有实现侵害犯中结果无价值，但存在行为的无价值，则成立未遂犯。参见周光权《违法性判断的基准与行为无价值论——兼论当代中国刑法学的立场问题》，《中国社会科学》2008 年第 4 期。

责性的判断，因而行为符合构成要件不意味着犯罪的成立，所以大陆法系犯罪既遂的标准是符合第一个阶层的构成要件，而非符合整个犯罪论体系。而我国刑法理论关于犯罪既遂标准的通说是全部犯罪构成要件齐备说，该说是定位于四要件的犯罪构成体系，是指整个犯罪构成要件的齐备，而整个犯罪构成要件的齐备意味着犯罪的成立，所以我国犯罪既遂的标准是既遂形态的整个犯罪构成。

　　第二，大陆法系构成要件说并不是指只有行为符合了构成要件的全部要素，才是犯罪既遂区别于未遂的标志，有些构成要件要素并不具有区分标准的功能。由于大陆法系的构成要件理论有行为类型说、违法类型说和违法有责类型说之分，所以构成要件要素的内容也是大不相同的：行为类型说的构成要件要素只有客观要素；违法类型说的构成要件要素或者只有客观要素（结果无价值论），或者既有客观要素又有主观要素（二元行为无价值论）；违法有责类型说的构成要件要素则既包括违法性要素也包括有责性要素。但是其中有些构成要件要素（尤其是主观违法性要素和有责性要素）是犯罪既遂和犯罪未遂共同具有的要素，并不是两者区分的标志，所以作为犯罪既遂标准所要求的行为符合构成要件，就无须包括这些要素。

（二）大陆法系构成要件说的理论前提

　　大陆法系构成要件说的理论前提所涉及的问题是，刑法分则规定的构成要件是以既遂为模式还是以成立为模式。既遂模式论认为，刑法分则规定的构成要件是以既遂为模式的基本构成要件，而未遂犯等则是对基本构成要件加以修正的构成要件，在这里构成要件是犯罪既遂意义上的；与之对立的成立模式论认为，刑法分则规定的构成要件是以犯罪成立为模式构建的，包括了各种犯罪形态在内，犯罪形态是在犯罪成立的基础上的进一步判断，在这里构成要件是犯罪成立意义上的。

　　对于这一理论前提，大陆法系刑法理论界达成的共识是构成要件既遂模式论。例如，有日本学者指出，基本的构成要件是刑罚法规所规定的以单独犯且既遂犯的形式存在的构成要件；[①] 规定基本构成要件的刑罚法规

---

① 参见［日］大塚仁《犯罪论的基本问题》，冯军译，中国政法大学出版社1993年版，第57页。

是针对既遂犯的，未遂犯则对基本构成要件进行了修正，进而处罚既遂之前的犯罪行为。① 有意大利学者指出，当犯罪行为完全实现刑法分则规定的构成要件时，即为既遂犯罪。② 有中国台湾学者指出，刑法分则中所规定的各种类型之犯罪，除了明文规定为阴谋犯、预备犯或未遂犯之外，皆为对既遂犯的规定。③ 等等。总之，大陆法系三阶层体系的构成要件是既遂犯意义上基本的构成要件，由刑法分则予以规定；而未遂犯等是修正的构成要件，由刑法总则予以规定。

三　大陆法系构成要件说在我国的变异

我国刑法理论关于犯罪既遂标准的通说及其理论前提都来源于大陆法系的构成要件说，但与大陆法系刑法理论对此已基本达成共识的状况相比，我国刑法理论却对通说存有普遍质疑。产生这种反差的原因可以从两方面进行考察：一方面是理论前提是否适合我国刑法理论，如果大陆法系构成要件说所依据的理论前提并不适用于我国的刑法理论，那自然构成要件说的合理性就有疑问，我国刑法理论就不应照搬大陆法系的构成要件说；另一方面是在理论前提适合我国刑法理论的情况下，就应从大陆法系构成要件说这种学说本身来探究原因，为何其适用于我国的刑法理论会产生诸多不合理。

（一）理论前提的合理性

我国刑法理论界通说的基本的犯罪构成与修正的犯罪构成，来源于大陆法系基本的构成要件与修正的构成要件，由马克昌教授率先引入我国刑法理论中，并在此后逐渐成为通说。基本的犯罪构成由刑法分则直接规定，主要是关于单独既遂犯的犯罪构成；而修正的犯罪构成由刑法总则予

---

① 参见 ［日］ 大塚仁《刑法概说（总论）》，冯军译，中国人民大学出版社 2003 年版，第 213 页。

② 参见 ［意］ 杜里奥·帕多瓦尼《意大利刑法学原理》，陈忠林译评，中国人民大学出版社 2004 年版，第 261 页。

③ 参见陈子平《刑法总论》（2008 年增修版），中国人民大学出版社 2009 年版，第 261 页。

以规定，是对基本的犯罪构成加以修正而形成的关于未遂犯、共犯的犯罪构成。① 按照这一通说，我国的犯罪构成是以既遂形态为模式构建的，而未完成形态犯罪则是对基本模式的修正，在这里犯罪构成是从犯罪既遂的意义上使用的。此外，在法定刑的适用上，与既遂形态的犯罪构成相适应，刑法分则的法定刑就是既遂犯的法定刑。② 以上所述就是犯罪既遂模式论的要求。

但与此同时，我国刑法理论界还并存有另一种通说，该说认为犯罪构成是犯罪成立意义上的，是判断行为是否构成犯罪的标准，与犯罪形态不是同一个层面的概念，行为符合犯罪构成就意味着犯罪成立，至于犯罪行为处于何种形态不是犯罪构成理论所要解决的问题，而应由犯罪成立之后犯罪停止形态理论来完成。例如有学者指出，所有犯罪停止形态都是建立在犯罪构成的基础之上的，也就是说，如果没有犯罪构成就不会成立犯罪，自然也就不会有犯罪停止形态的存在余地，而犯罪停止形态是在行为已经构成犯罪的前提下，进一步说明其属于何种形态而已。行为符合犯罪构成，只是意味着该行为已成立犯罪，但其处于何种停止形态则应进一步由犯罪形态理论说明。总而言之，先要评价犯罪构成的符合性，然后再评价犯罪形态的符合性，而不能将前后不同的两种评价相等同。③ 按照这一通说，我国的犯罪构成是以犯罪成立为模式构建的，而犯罪形态是在犯罪成立基础上的进一步判断，在这里犯罪构成是从犯罪成立的意义上使用的。此外，在法定刑的适用上，由于刑法分则包含了各种停止形态的犯罪构成，自然其规定的法定刑也适用于所有犯罪停止形态。④ 以上所述就是犯罪成立模式论的要求。

犯罪构成到底是以既遂为模式还是以成立为模式，原本是相互对立的两种理论，但奇怪的是，这两种理论同时并存于我国的刑法学界并且都成为通说。如此一来，我国刑法理论就对犯罪构成从两种截然不同的意义上进行界定，这必然使犯罪构成理论陷入自相矛盾和混乱的窘境。对于此种矛盾，我国已有学者提出了质疑：学者一方面把未完成形态犯罪负刑事责

---

① 参见马克昌主编《犯罪通论》，武汉大学出版社 1999 年版，第 93 页。
② 参见李洁《犯罪既遂形态研究》，吉林大学出版社 1999 年版，第 63 页。
③ 参见刘之雄《犯罪既遂论》，中国人民公安大学出版社 2003 年版，第 24 页。
④ 参见李洁《犯罪既遂形态研究》，吉林大学出版社 1999 年版，第 63 页。

任的根据统一在"行为符合犯罪构成"的命题之下，而另一方面又将构成要件是否齐备作为既遂犯罪与未完成形态犯罪的区别标准，也即未完成形态犯罪是构成要件不齐备的犯罪。这种矛盾是显而易见的：如果说未完成形态犯罪负刑事责任的根据是犯罪构成，而犯罪构成是成立犯罪所必需的、各要件缺一不可的有机整体，那么不禁要问，未完成形态犯罪作为构成要件不齐备的犯罪，其刑事责任根据还能说是"行为符合犯罪构成"吗？① 如果从犯罪成立的意义上界定犯罪构成，使其成为区分罪与非罪的标准，那么未完成形态犯罪自然是成立犯罪的，根本不需要修正构成要件，但是我国刑法理论通说却认为未完成形态犯罪符合修正的构成要件。②

　　既然犯罪既遂模式论与犯罪成立模式论共存的局面导致我国犯罪构成理论的混乱，那就必须进行二选一的抉择，以正本清源。对此问题，笔者赞同犯罪既遂模式论，具体理由如下：

　　第一，在我国刑法理论中，犯罪成立模式论已被架空，对具体问题的阐述实际上都是采取犯罪既遂模式论。虽然犯罪成立模式论与犯罪既遂模式论并存于我国刑法理论且都是通说，但翻看我国的刑法教科书可以看出，前者基本上仅是宏观层面的理论指导，而后者却广泛用于具体问题的解析。比如，在论述犯罪构成的概念、与犯罪成立的关系等宏观抽象的理论问题时，采取的是犯罪成立模式论，从犯罪成立的意义上解释犯罪构成；但在进一步阐释犯罪构成四要件的具体内容、犯罪的停止形态、刑法分则对具体犯罪构成的规定等具体问题时，却采取犯罪既遂模式论，从犯罪既遂的意义上对犯罪构成作完整形态的解释。例如，有的教材虽然在犯罪构成部分强调，大部分直接故意犯罪的成立都不要求发生危害结果，所以危害结果不是一切犯罪的共同要件。比如说直接故意杀人罪，在没有发生他人死亡结果的情况下，会成立故意杀人罪的未完成形态，所以犯罪形态的不同并不影响犯罪的成立与罪名的确定，③ 在这里将犯罪构成界定在犯罪成立的意义上。但是在具体论述犯罪停止形态时，却又把成立犯罪既遂所应具备的危害结果视为犯罪构成要件，认为犯罪未遂"是指行为人

---

① 参见肖中华《犯罪构成及其关系论》，中国人民大学出版社 2000 年版，第 268 页。

② 参见徐光华《犯罪既遂问题研究》，中国人民公安大学出版社 2009 年版，第 103 页。

③ 参见苏惠渔主编《刑法学》（第五版），中国政法大学出版社 2012 年版，第 72 页。

的行为没有完成某一犯罪的全部构成要件"，具体表现为"没有发生刑法分则规定的作为某种犯罪构成要件要求的危害后果。例如，窃得公私财物是盗窃罪构成要件的危害结果，如果盗窃犯没有窃得公私财物，其行为就没有完成盗窃罪的全部构成要件，属于盗窃未遂"①。可见这里的犯罪构成已经转变为以既遂为模式了；又如，有的论著虽然在解释犯罪构成与犯罪成立的关系时，将犯罪构成等同于犯罪成立，即为犯罪成立模式论，但是在后面具体论述客观要件中的危害结果时指出，虽然有些直接故意犯罪将某种危害结果作为构成要件，但是有无此种危害结果仅是区分犯罪的既遂形态与未遂形态的标志，而并非判断犯罪成立与否的标准。② 在这里，标志直接故意犯罪既遂标准的危害后果成为构成要件，也就是说这里的犯罪构成已经转变为以既遂为模式了。对于这种现象，就连犯罪成立模式论的支持者也不得不承认"常能在同一教材上发现前后相互矛盾的论述"，这种前后矛盾的论述使得"在无意中否定了自己的理论主张"。③ 本来，宏观层面的理论解释是对犯罪构成进行总体概括，用来指导对具体问题的解析，也就是说对犯罪构成在具体问题的解释上要以犯罪成立模式论为指导。可现状却是，具体阐释的犯罪构成含义采取了犯罪既遂模式论，与宏观层面的犯罪成立模式论截然相反，这样一来，必然架空从宏观理论层面对犯罪构成含义的解释，即架空犯罪成立模式论，整个犯罪构成理论实际上是犯罪既遂模式论。

　　第二，以犯罪成立为模式构建犯罪构成体系，要么会造成犯罪构成要件内容模糊、不具有定型性，要么会造成犯罪构成要件内容欠缺、不能呈现完整形态。犯罪成立模式论认为，所有犯罪停止形态都是建立在犯罪构成的基础之上的，而犯罪停止形态是在行为已经构成犯罪的前提下对犯罪的进一步说明，所以犯罪构成要件是包括预备、未遂、中止和既遂所有犯罪形态在内的。以此推论，如果要达到这种标准，一种方法是将犯罪构成要件进行泛化，抽象地涵盖预备行为、实行行为，以此为所有犯罪形态提供共同的基础；另一种方法是将犯罪构成要件定位于犯罪成立的最低标

　　① 苏惠渔主编：《刑法学》（第五版），中国政法大学出版社 2012 年版，第 124 页。

　　② 参见高铭暄、马克昌主编《刑法学》，北京大学出版社、高等教育出版社 2011 年版，第74 页。

　　③ 参见刘之雄《犯罪既遂论》，中国人民公安大学出版社 2003 年版，第 23—24 页。

准，即犯罪预备，这样也能为所有犯罪形态提供共同的基础。只有通过这两种方法才能对犯罪构成从犯罪成立的意义上进行理解，使犯罪构成成为区分罪与非罪的标准，然后在此基础上界定不同的犯罪形态。

可问题是，如此一来其所带来的弊端就显而易见：前一种方法会造成犯罪构成要件的内容极为宽泛、模糊、抽象，构建的犯罪论体系因不具体、不明确，而不具有定型性，无法定型的犯罪构成体系如何用来指导司法实践，这势必将造成入罪的随意性。正如学者的批判：如果刑法分则对罪的规定是包含了各种犯罪形态的共同内容，尤其是把预备形态也纳入其中，那么其不免会具有抽象性，无法达到具体，这样一来，如何设计分则条文，使之既能符合罪刑法定所要求的明确性和具体性，又能涵括诸多内容，将是一个难题。① 此外，由于同一种犯罪的不同犯罪形态之间也存有较大的差异，所构建的犯罪构成体系能否模糊掉这样的差异性而提取出抽象的共性，笔者对此持怀疑态度。虽然不同的犯罪形态之间在犯罪主体、主观方面都是一样的，但在客观方面的差异却不容否定：其一，我国四要件犯罪论体系的客观要件是形式与实质、事实与价值的统一，犯罪既遂与犯罪未完成形态之间在客观行为方面，不仅仅是不同事实性行为的差异，更是实质性的侵害法益程度的差异。其二，在罪量方面，犯罪既遂所要求的罪量与犯罪未完成形态所要求的罪量是不一样的。现在世界各国都普遍承认对犯罪未完成形态处罚的例外性，在大陆法系国家立法定性、司法定量的情况下，通过总则原则规定加之分则特殊规定的方式来实现对犯罪未完成形态处罚范围的限定，而在我国立法既定性又定量的情况下，对犯罪未完成形态处罚范围的限定主要通过罪量来实现。由于犯罪未完成形态的违法性要低于犯罪既遂的违法性，所以对其罪量的程度要求往往要高于犯罪既遂。其三，在客观处罚条件方面，我国刑法分则中也有很多类似大陆法系客观处罚条件的要素，这类要素应是针对犯罪既遂而言的，是在犯罪既遂的情况下为了限制处罚范围、避免罪刑不相适应而例外增加的要素，只有同时满足这类条件才能按照刑法分则的法定刑来处罚。而犯罪未完成形态则无须这样地限制处罚范围的条件，一方面犯罪未完成形态的处罚本就具有例外性，不同国家已通过不同方式对其处罚范围进行了限定；另一

---

① 参见李洁《犯罪既遂形态研究》，吉林大学出版社 1999 年版，第 69 页。

方面犯罪未完成形态有比照犯罪既遂从宽处罚的规定，所以不会造成罪刑不相适应的情况发生。综上，同一种犯罪的不同犯罪形态之间存在的差异性是明显的，犯罪成立模式论要从中抽象出共性的内容是有困难的，即使能够得以实现，但此时所抽象出的犯罪构成体系是一个极为空泛、模糊的体系，其还能否指导司法机关裁判定罪、引导公众有效规范行为，笔者表示怀疑。

后一种方法将犯罪构成要件定位于犯罪成立的最低标准，也就是以犯罪预备为模式来构建犯罪论体系，这会造成犯罪构成体系不具有完整性，一个内容欠缺的犯罪构成体系无法为司法实践提供定罪的标准，不具有可行性。犯罪行为是一个类型化的、定型性的行为，而类型化和定型性的实现是由实行行为完成的，只有通过实行行为才有助于司法机关和公众把握不同犯罪行为的特征，从而有效区分不同类型的犯罪行为，比如杀人行为、伤害行为、抢劫行为、盗窃行为等。而预备行为仅仅是为实行行为做准备的行为，其不仅不具有定型性，而且很多犯罪行为的实施根本不经过预备行为。若以犯罪预备为模式构建犯罪构成体系，必定无法实现不同犯罪行为之间的区分，那么为司法机关和公众呈现的就是一个不完整的犯罪形态，以此作为定罪的标准是不具有可操作性的。犯罪构成体系作为司法机关定罪的标准、公众规范行为的标准，不可能呈现一个欠缺的形象，所以犯罪成立模式论者如果要放弃以抽象的共性要件来构建犯罪构成体系，承认要实现犯罪构成体系的具体化就要以某种犯罪形态为模式，那么某种犯罪形态的选择也应该是犯罪既遂，只有犯罪既遂才能提供犯罪行为的完整形象，而不应该是犯罪预备。

第三，行为成立犯罪的判断与犯罪行为停止形态的判断是同时进行的，并不存在分步判断的明确划分。犯罪成立模式论认为，行为符合犯罪构成就意味着犯罪成立，而犯罪停止形态是在行为已经构成犯罪的前提下对犯罪的进一步说明，换言之，先要判断犯罪构成的符合性，然后再判断犯罪形态的符合性，而不能将前后不同的两种判断相等同。可是，在司法实践当中，并不存在这种分步判断的明确划分，"许多情况下犯罪成立与犯罪形态的确定是同一、同时过程的两个不同方面"①，这两种判断是同

① 肖中华：《犯罪构成及其关系论》，中国人民大学出版社2000年版，第274页。

时进行的，而并非截然分开的，这意味着确定了某一犯罪成立的同时就确定了其处于何种犯罪形态。① 在司法实践中，司法机关在判断某种行为是否构成犯罪时，展现在眼前的是一个处于停止状态的行为，要么是完成形态要么是未完成形态，根据行为所处的不同停止状态，司法机关会对号入座地判断这种行为是否符合不同停止形态下的犯罪构成，符合犯罪构成的行为就构成该种停止形态下的犯罪，由此看出，犯罪成立的判断与犯罪停止形态的判断是同时进行的。如果按照犯罪成立模式论所主张的那样，司法机关就是先要对一个脱离时空状态的行为判断是否构成犯罪，再判断犯罪行为处于何种时空状态或停止形态。可问题是，司法机关所面对的或所要判断的行为不可能是一个脱离时空状态的行为，而是一个已经处于某种停止状态的行为，如果人为地割裂行为与其赖以存在的时空状态或者说停止状态，是不符合事物发展规律的，违背自然规律的学说也只能作为一种理论上的设想，但在实践中不具有可行性。这正如学者所言，故意犯罪的成立是有其时空形式的，这里的时空形式就是其犯罪停止形态，无论是没有确定停止形态却成立犯罪的情况，还是不成立犯罪却成立某停止形态的情况，都是不存在的。②

第四，犯罪成立模式论并不符合我国刑法典条文的立法规定。从理论上分析，犯罪成立模式论也是刑法条文的一种规定方式，只要能够做到明确具体、符合罪刑法定原则的要求，在理论上也是可以成立的。如果认为刑法分则的规定是以犯罪成立为模式，那么在刑法分则中，就应从各种犯罪形态中抽象出共性的内容作为构成要件，对应的法定刑则可以适用于所有的犯罪形态；同时在刑法总则中，还应规定各种犯罪形态的基本成立标准与刑罚原则。由此可以看出，即使承认刑法分则以犯罪成立为模式，但由于分则是对包括所有犯罪形态在内的抽象规定，而罪刑法定原则要求罪与刑的规定必须具有明确性，这就使得刑法总则需要具体规定各种犯罪形态的基本成立标准与刑罚原则，从而为各种犯罪形态的认定与处罚提供明确的刑法依据。可是在我国的刑法典中，总则只有犯罪预备、未遂和中止的基本成立标准和处罚原则，而且在处罚上都要"比照既遂犯"，而犯罪

---

① 参见于阜民、夏戈舒《犯罪既遂概念：困惑与重构》，《中国法学》2005 年第 2 期。
② 参见于阜民、夏戈舒《犯罪既遂概念：困惑与重构》，《中国法学》2005 年第 2 期。

既遂的标准和处罚原则却只字未提，这样不仅犯罪既遂的标准和处罚不明确，而且间接影响犯罪未完成形态的处罚原则也不明确，这样一种立法方式是不符合犯罪成立模式论的立法要求的。但是我国刑法典的立法方式却符合犯罪既遂模式论的立法要求，也就是说刑法分则规定犯罪既遂的构成要件和法定刑，而刑法总则只规定犯罪未完成形态的成立标准和处罚原则，并且在处罚上只要比照分则规定的既遂犯法定刑从宽处罚即可。总之，笔者认为犯罪成立模式论虽然在理论上具有成立的可能性，但这种模式并不符合我国刑法典的立法方式，所以不应被我国刑法理论所采纳。

第五，犯罪成立模式论会模糊实行行为与预备行为的界限，加大两者区分的难度。从结果无价值的实质违法性角度看，实行行为和预备行为区分的实质标准在于保护法益遭受侵害的危险程度不同，实行行为侵害法益的危险性要达到紧迫程度，而预备行为侵害法益的危险性并不紧迫，或侵害法益的危险性尚未达到实行行为所要求的程度。① 虽然这种实质标准揭示了实行行为和预备行为本质上的区分，但这是从刑法目的角度做的理论界定，由于理论界定具有理性思维的特点，若仅以此作为实行行为和预备行为区分的标准，难免会因其模糊和不明确而难以把握，也就无法为司法机关提供明确的标准，所以必须将这种实质标准与一定的形式标准相结合，对实质标准进行形式上的限定，才能提供明确的界限。犯罪既遂模式论将刑法分则定位于对实行行为的描述，这样就为实行行为提供了形式标准，即刑法分则条文规定的构成要件。同时，就犯罪预备而言，《刑法》第22条第1款规定的"为了犯罪"是指为了实行犯罪，按照上述对实行行为形式标准的界定，那么预备行为的形式标准就是为了实施刑法分则规定的实行行为，准备工具、制造条件的行为。如此一来犯罪既遂模式论通过形式标准和实质标准的结合，就较为明确合理地区分了实行行为和预备行为，即实行行为是实施了符合刑法分则规定的构成要件，并且具有法益侵害的紧迫危险的行为，而预备行为是为了实施刑法分则规定的实行行为而准备工具、制造条件，并且对法益侵害的危险性并不紧迫的行为。但是犯罪成立模式论将预备行为一并纳入刑法分则当中，认为刑法分则是对包

① 参见张明楷《刑法的基本立场》，中国法制出版社2002年版，第214—218页；张明楷《刑法学》（第四版），法律出版社2011年版，第147页。

含了预备行为在内的抽象性行为的规定，这样一来就模糊掉了预备行为与实行行为形式上的区分标准，因为预备行为也属于刑法分则构成要件内容的话，那实行行为的形式标准就不能再是符合刑法分则规定的构成要件，但这种情况下实行行为的形式标准是什么却不得而知。同时，犯罪预备的"为了犯罪"是指为了实行犯罪，但由于实行行为的形式标准没有明确，那么预备行为的形式标准也就无从谈起。如此一来犯罪成立模式论就只能通过实质标准区分实行行为与预备行为，可是没有形式标准进行界定的实质标准是无法较好地完成这样的区分任务的，这不仅加大了两者区分的难度，而且容易造成司法权的滥用。

第六，犯罪成立模式论会导致我国刑法总则与分则在犯罪未完成形态量刑幅度的问题上产生矛盾。根据犯罪成立模式论的观点，刑法分则规定的法定刑适用于所有的犯罪停止形态，所以犯罪的各种犯罪形态在处罚上都共同适用刑法分则的法定刑幅度，即使在刑法总则中具体明确不同形态的处罚原则时，也应在这一幅度范围内进行。可是按照我国刑法总则的规定，未完成形态犯罪都可以比照既遂犯减轻处罚，而减轻处罚是指在法定刑以下判处刑罚，这就是说我国刑法总则规定的犯罪未完成形态是可以超出刑法分则的法定刑幅度进行处罚的，这样一来刑法总则中犯罪未完成形态的量刑幅度就与刑法分则的法定刑幅度不一致，可是这并不符合犯罪成立模式论的要求，若仍然坚持我国刑法分则是以犯罪成立为模式，则会导致刑法总则与分则的规定相矛盾。

第七，犯罪成立模式论会导致我国刑法对犯罪未完成形态的处罚过于严苛。犯罪成立模式论认为，刑法分则的法定刑是所有犯罪形态共同适用的刑罚幅度，也就是说各种犯罪形态所能判处的最低刑罚就是法定最低刑，所能判处的最高刑罚就是法定最高刑，所以当行为出现未完成形态并且达到了定罪处刑的程度时，即使是犯罪预备形态，至少也应判处法定最低刑，可是这样判处刑罚是过于严苛的。而相比之下犯罪既遂模式论则较为轻缓，由于其认为分则的法定刑仅是犯罪既遂的量刑幅度，而犯罪未完成形态除了可以比照既遂犯在法定刑幅度内从轻处罚外，还可以在法定刑以下减轻处罚，这样在情节较轻的情况下，犯罪未完成形态的处罚就可以更为轻缓，从而使得处刑更为合理。此外，由于大多数国家都采取犯罪既遂模式论，因而对犯罪未完成形态的处刑都较为轻缓，而我国如果采取犯罪成立模式论,在对犯罪未完成形态的处刑上就会与大多数国家形成较大反差,更为凸显我国刑罚的严苛。以故意杀人罪为例,在日本刑法中,故意杀人罪预备的最低刑可至一个月惩役,① 而如果认为我国刑法分则以犯罪成立为模式,那么我国故意杀人罪预备的最低处刑也只能是法定最低刑三年,这相比于日本刑法而言显然是太重了。

第八,犯罪成立模式论对犯罪既遂模式论的质疑是不能成立的。针对犯罪成立模式论者的质疑与指责,犯罪既遂模式论者已经作了回应,② 笔者在这里不再做具体分析,只是提出一些自己的看法。

其一,关于犯罪既遂模式论不适合我国立法体例的质疑。犯罪成立模式论者认为,由于大陆法系国家以当分则中有特殊规定才处罚未遂犯的立法体例为根据,所以通常认为刑法分则以既遂为模式,但是我国并不是采取这样的立法体例,所以不能采用大陆法系的观点,我国刑法在总则中概括规定原则上处罚未遂犯,以此种立法体例为根据应采用刑法分则成立模式。③ 对这一质疑,犯罪既遂模式论者的回应是,对犯罪未完成形态采取何种立法体例与刑法分则的规定模式,是两个不同的问题;是否在刑法分则中对犯罪未完成形态的处罚进行特别限定,意味着处罚范围的明确性不同,实际上是立法技术的问题,与刑法分则的规定模式无必然联系。④ 对这一问题,笔者基本赞同犯罪既遂模式论的回应,但补充两点稍作修正。第一,对于犯罪未完成形态的处罚,我国采取了与大陆法系国家不同的立法体例,从表面上看,这导致我国刑法对犯罪未完成形态处罚范围的规定

---

① 《日本刑法典》第 199 条规定:"杀人的,处死刑、无期或者五年以上惩役。"第 201 条规定:"以犯第一百九十九条之罪为目的进行预备的,处二年以下惩役,但可以根据情节免除处罚。"同时,第 12 条第 1 款规定:"惩役分为无期和有期两种。有期惩役为一个月以上二十年以下。"[参见《日本刑法典》(第 2 版),张明楷译,法律出版社 2006 年版,第 11、75 页。]

② 具体论述可以参考王志祥《犯罪既遂新论》,北京师范大学出版社 2010 年版,第 60—71 页;徐光华《犯罪既遂问题研究》,中国人民公安大学出版社 2009 年版,第 69—84 页;等等。

③ 参见苏彩霞、齐文远《我国危险犯理论通说质疑》,《环球法律评论》2006 年第 3 期;苏彩霞《危险犯及其相关概念之辨析——兼评刑法分则第 116 条与第 119 条第 1 款之关系》,《法学评论》2001 年第 3 期。

④ 参见王志祥《犯罪既遂新论》,北京师范大学出版社 2010 年版,第 60—62 页;徐光华《犯罪既遂问题研究》,中国人民公安大学出版社 2009 年版,第 72—74 页。

较为概括，不如大陆法系国家规定得那么明确、具体，似乎意味着我国的立法技术稍显逊色。但在笔者看来，这背后其实反映了我国与大陆法系国家立法方式的不同。大陆法系国家采取立法定性、司法定量的方式，只要是立法规定的危害行为，不论危害性程度的大小都构成犯罪。在这种情况下，如果由总则概括规定犯罪未完成形态的处罚范围，会导致危害性程度较小犯罪的未完成形态都要处刑，这就造成刑罚的严苛。为了限制犯罪未完成形态的处罚范围，就采取了总则概括规定加之分则特殊规定的立法体例，明确只有分则中有特殊规定的才处罚，由此实现了犯罪未完成形态处罚的例外性。与此不同的是，我国采取立法既定性又定量的方式，只有危害性程度严重的行为才构成犯罪，在这种情况下，即使对犯罪未完成形态的处罚范围仅由总则作概括规定，看似原则上所有的未完成形态犯罪都要处刑，但是由于罪量程度的限制，大多数危害程度低的未完成形态犯罪都不会构成犯罪，由此也同样实现了犯罪未完成形态处罚的例外性。由此看来，对于犯罪未完成形态处罚采取何种立法体例，不仅仅是立法技术的问题，还与不同国家采取的立法方式有关。

第二，笔者认为，犯罪成立模式论与犯罪既遂模式论在这一问题上争论的根源在于，对犯罪未完成形态立法体例与刑法分则规定模式之间的关系理解不同，前者认为两者间是决定关系，后者认为两者间毫无关系，而笔者则认为对于大陆法系而言两者间的确是一种决定关系，但对于我国刑法而言两者间并非决定关系。犯罪成立模式论者的论证逻辑是：大陆法系对犯罪未完成形态采取分则特殊规定的立法体例，这决定了刑法分则是以既遂为模式；而我国对犯罪未完成形态是采取总则概括规定的立法体例，这决定了我国刑法分则应以成立为模式，所以犯罪未完成形态的立法体例不同决定了刑法分则规定模式的不同，我国不应照搬大陆法系的刑法分则既遂模式论。可以看出，这种论证逻辑是有问题的，笔者认为对于大陆法系而言，犯罪未完成形态的立法体例的确会决定刑法分则的规定模式，因为刑法分则在规定某一犯罪的条文中还要具体作出"前款之罪预备或未遂或中止，亦罚"的规定，这就决定了"前款之罪"是既遂形态。但是这种决定关系对于我国刑法是不适用的，我国对犯罪未完成形态采取总则概括规定的立法体例，这种立法体例并不必然决定我国刑法分则只能采取成立模式，刑法分则在规定模式的选择上并不会受到上述限制，既可以采取既遂模式也可以采取成立模式，所以并不是说大陆法系未遂犯的立法体例决定了刑法分则以既遂为模式，就可以推出我国采取不同的立法体例就一定选择成立模式，这两者间不是非此即彼的关系。我国刑法分则在模式选择上具有开放性，究竟采取了何种模式需要结合各种要素综合分析，而立法体例不起决定作用。

其二，关于犯罪既遂模式论不适用于过失犯罪、间接故意犯罪的质疑。犯罪成立模式论者认为，我国刑法的过失犯罪只有成立与否的问题，无未遂可言，我国刑法分则之所以并非以既遂为模式，是因为过失犯罪不是以既遂为模式;[①] 如果说我国刑法分则以既遂为模式，那就是说间接故意犯罪与过失犯罪也以既遂为模式，于是间接故意犯罪与过失犯罪也有犯罪未完成形态，可这是不符合事实的。[②] 对这一质疑，犯罪既遂模式论者的回应是，犯罪既遂存在于所有罪过形式的犯罪中，但是犯罪既遂与犯罪未完成形态之间并不一定存在非此即彼的对称关系，即对于犯罪未完成形态，必须有与其相对应的犯罪既遂;但对于犯罪既遂，则未必有与其相对应的犯罪未完成形态。在直接故意犯罪中，犯罪成立通过犯罪预备、未遂、中止和既遂形态表现出来，而在间接故意犯罪和过失犯罪中只通过犯罪既遂形态表现出来。[③] 对这一问题，笔者虽然赞同犯罪既遂模式论者的回应，但仍然觉得没有必要将犯罪既遂的范围扩展到过失犯罪与间接故意犯罪，感觉这是为了应对质疑而采取的补漏措施，除了牵强解释之外，还得修正原本意义的犯罪既遂概念。笔者认为即使保留原本的犯罪既遂的成立范围（即直接故意犯罪），也不影响犯罪既遂模式论的观点。因为我们在这里所讨论的问题是，刑法分则的规定究竟是仅以犯罪既遂为模式而不包括犯罪未完成形态，还是以包括犯罪各种形态的犯罪成立为模式，很明显这一问题所限定的范围就是有不同犯罪形态之分的直接故意犯罪，纵使刑法分则还包括过失犯罪和间接故意犯罪的规定，也不影响对这一问题的

---

① 参见刘明祥《我国刑法规定的犯罪并非以既遂为模式》，《中南政法学院学报》1990年第4期。

② 参见张明楷、黎宏、周光权《刑法新问题探究》，清华大学出版社2003年版，第178—179页;黎宏《论未遂犯的成立要件》，《云南大学学报》（法学版）2004年第2期。

③ 参见王志祥《犯罪既遂新论》，北京师范大学出版社2010年版，第8—14页;徐光华《犯罪既遂问题研究》，中国人民公安大学出版社2009年版，第82—84页。

讨论。况且，即使是普遍承认犯罪既遂模式论的大陆法系国家，其刑法分则中也仍然规定有过失犯罪和间接故意犯罪，但这并不影响刑法分则以犯罪既遂为模式这一共识。

综上所述，犯罪既遂模式论和犯罪成立模式论是关于犯罪构成理论的两种截然对立的理论，无论如何都不应并存于我国的刑法理论，必须进行二选一的抉择，如此才能厘清我国犯罪构成理论混乱的状态。笔者认为，犯罪既遂模式论因其明确性、定型性的优势而更具有合理性，所以主张犯罪构成应从犯罪既遂的意义上进行界定。

（二）我国刑法学界对大陆法系构成要件说的误解

既然大陆法系构成要件说的理论前提适用于我国刑法理论是合理的，那就要进一步追究学说本身的问题。在笔者看来，我国通说之所以会产生诸多漏洞，原因在于我国刑法学界对大陆法系构成要件说的内涵产生了误解，而这种误解又根源于对大陆法系三阶层犯罪论体系中的构成要件的误解。

1. 我国刑法学界对大陆法系构成要件理论的误解以及澄清

我国四要件的犯罪论体系完全照搬于苏俄，而苏俄刑法学界对德国构成要件理论的误解和改造，则是造成我国刑法学界对大陆法系构成要件理论误解的直接原因。苏俄刑法学的犯罪构成理论源于德国刑法学的构成要件理论，但是由于众所周知的政治原因，几经改造，苏俄的犯罪构成与德国的构成要件已经大相径庭，这种改造主要始于苏俄学者特拉伊宁。特拉伊宁误读了德国学者贝林的构成要件论，并对其进行批判，进而开始了对构成要件的改造。特拉伊宁站在整个犯罪构成的立场上对贝林构成要件论的误解和批判在其代表作《犯罪构成的一般学说》中就有表述：费尔巴哈和施就别尔都人为地割裂了犯罪构成的统一概念，因为他们都将罪过要素排除出犯罪构成之外，而在贝林那里这种做法得到了进一步表现。由于贝林认为，如果行为人违法地并且有罪过地实现了某种犯罪构成，同时也具备了可罚性条件，那么其行为就构成犯罪，应当受到刑罚。可见，贝林是把犯罪构成混同于不带有任何主观要素的行为，这就使得行为人的抽象行为达到极限。① 可以看出，特拉伊宁是把贝林的构成要件误解为犯罪成

---

① 参见［苏］A. H. 特拉伊宁《犯罪构成的一般学说》，薛秉忠等译，中国人民大学出版社 1958 年版，第 15—16 页。

立意义上的犯罪构成，而贝林的构成要件是纯客观的、价值中性的，这就被特拉伊宁批判为把犯罪构成混同于不带有任何主观要素的行为。特拉伊宁经过改造，在犯罪成立条件总和的意义上界定犯罪构成，即犯罪构成是成立犯罪的一切主客观因素的总和。① 这样一来，在德国犯罪论体系中只是其中一个阶层的构成要件，被改造为苏俄的标志犯罪成立条件总和的四要件犯罪构成。正如我国学者所说，特拉伊宁的犯罪构成论只不过是贝林的构成要件论的变异而已，从贝林到特拉伊宁，实际上是从构成要件到犯罪构成。②

　　1949 年中华人民共和国成立后，我国刑法学全盘照搬了苏俄四要件的犯罪构成理论。对苏俄四要件犯罪构成理论的全盘接受，也必然伴随着对以贝林为代表的大陆法系构成要件理论的误解和批判，例如有刑法论著指出，刑事古典学派赋予行为在犯罪构成中最重要的地位，将其作为犯罪构成的基本内容，从而说明应该处罚的是行为，而不是行为人，这是他们的犯罪构成理论的基本特征。这种犯罪构成要件客观结构论是天赋人权、平等、自由等资产阶级民主思想在刑罚领域里的体现，所以其在刑法思想发展中并非一种偶然现象。③ 这一批判中所说的“犯罪构成要件客观结构论”就是大陆法系的构成要件论。可见我国从接受苏俄四要件犯罪论开始，就一直处于苏俄学者的误导下以讹传讹，将大陆法系三阶层的构成要件误解为犯罪成立意义上的犯罪构成，并进行批判。后来我国引入大陆法系三阶层犯罪论体系，尤其是贝林的构成要件论被翻译并介绍过来，作为这种误导的延续，我国的“犯罪构成”与大陆法系的“构成要件”这两个概念也处于混淆状态。对于这种用语的混乱，我国有学者进行了深入分析：在介绍大陆法系有关犯罪论的我国相关著述中，存在“犯罪构成”一词使用混乱的情形。例如，有的学者有意或无意地将德文 Tatbestand 一词译成“犯罪构成”，而其本应译成“构成要件”或“构成要件事实”，他们或者是将“构成要件”等同为犯罪成立意义上的“犯罪构成”，并在

---

① 参见［苏］A. H. 特拉伊宁《犯罪构成的一般学说》，薛秉忠等译，中国人民大学出版社 1958 年版，第 48—49 页。

② 参见陈兴良《构成要件论：从贝林到特拉伊宁》，《比较法研究》2011 年第 4 期。

③ 参见杨春洗、甘雨沛、杨敦先等《刑法总论》，北京大学出版社 1981 年版，第 104—105 页。

同一意义上使用这两个概念；或者是认为我国的犯罪成立意义上的"犯罪构成"可以有另一种含义：即"犯罪构成"并不等同于犯罪成立，符合"犯罪构成"仅为犯罪成立的一个要素，与违法性、有责性并列，这种见解除了徒增概念指称的混乱外，毫无意义，理应受到摒弃。① 该学者将这种用语的混乱追责到特拉伊宁，指出：那种将德文 Tatbestand 误解为犯罪成立的观点对我国刑法学界产生了误导，其根源在于，对于苏联刑法理论著作误译 Tatbestand 为"犯罪构成"这一现象，我国学者只是单纯照搬并以讹传讹地沿袭，并未追根溯源予以考证甄别。特拉伊宁或者是把费尔巴哈对 Tatbestand 的定义误解为犯罪成立意义上的"犯罪构成"，或者是以自己独创的、作为犯罪成立所必备的诸要件总和的"犯罪构成"为标准，批驳费尔巴哈对 Tatbestand 的定义。特拉伊宁在问题的出发点上就偷换了概念，因而其结论是无法让人赞同的。② 庆幸的是，随着我国学者对大陆法系三阶层犯罪论体系的深入学习和研究，大陆法系构成要件理论逐渐得到了拨乱反正，与我国四要件犯罪构成的区分得以实现，现在基本上没有哪位刑法学者再会产生误解和混淆。

2. 我国刑法学界对大陆法系既遂标准构成要件说的误解尚待澄清

虽然大陆法系的构成要件理论得到了澄清，但问题还不止于此，由于犯罪论体系是刑法学理论的中心，这一问题的辐射面涉及整个刑法学体系，因而应及时澄清由这一误解导致的其他刑法学理论问题。笔者认为，犯罪既遂标准的构成要件说就是其中一个尚待清理的问题。关于犯罪既遂的标准，大陆法系的构成要件说认为是指行为符合了构成要件，这里的构成要件显然是指三阶层犯罪论体系的第一个阶层，而不是包括违法性和有责性在内的整个犯罪论体系。从上文的阐述已经了解，我国刑法理论从中华人民共和国成立之初就一直将大陆法系的构成要件误解为犯罪成立意义上的犯罪构成，而且后来随着大陆法系三阶层犯罪论的引入，更加剧了构成要件与犯罪构成这两个用语的混乱。所以我国刑法理论长期以来都是将构成要件与犯罪构成混用的，如此一来就能很容易理解，在将大陆法系关于犯罪既遂标准的构成要件说引入我国时，也是将构成要件这一用语理解

---

① 参见肖中华《犯罪构成及其关系论》，中国人民大学出版社 2000 年版，第 2—3 页。
② 参见肖中华《犯罪构成及其关系论》，中国人民大学出版社 2000 年版，第 3—5 页。

为犯罪构成的，由此导致大陆法系的构成要件说引入我国后发生了变异，此时作为我国通说的构成要件说已经不再是大陆法系原本意义上的构成要件说。经过变异的我国构成要件说将犯罪既遂的标准认定为行为符合了（既遂）犯罪构成，而我国的（既遂）犯罪构成是犯罪成立条件的总和，是犯罪成立意义上的，这就将犯罪既遂的标准等同于既遂形态下的犯罪构成。可是，既遂形态下的犯罪构成中，虽然客观要素具有区分既遂与未遂的功能，但也有很多要素是区分罪与非罪的，而非区分既遂与未遂形态的，比如故意、过失罪过要素、责任能力要素、罪量要素等，如果不符合这些要素是根本不成立犯罪的，而不是说不成立犯罪既遂但成立犯罪未遂。所以将犯罪既遂标准认定为行为对（既遂）犯罪构成的符合，就造成了犯罪既遂标准与（既遂）犯罪构成的混同，因而我国通说在刑法学界受到普遍质疑，在司法实践中出现适用的不合理，就将成为一种必然。

第三节　实质构成要件说之提倡

　　大陆法系的构成要件说引入我国后之所以会出现诸多不合理，其根源并不在于这一学说本身或其理论前提不适应我国刑法理论，而在于我国刑法学界对此学说产生了误解，在误解之下异化出我国现行的既遂标准通说，但这一通说已经不再是大陆法系原本意义上的构成要件说，这也就不难理解变异后的通说在我国刑法理论界和司法实践中所面临的命运。这种现象凸显了我国在借鉴国外刑法理论时所犯的一个惯常错误，即还没有深入了解国外相关理论真正含义的情况下，便贸然引入，并想当然地按照自己的理解进行解释，如此一来即使是可以被我国借鉴的国外学说，也会由于误解而使其适用性大打折扣。在犯罪既遂标准这一问题上，笔者认为我们完全可以在澄清误解的基础上，还原大陆法系构成要件说的本来面目，深入了解该学说的真正含义及其背后原理，结合我国的刑法理论和司法实践情况，有选择性地予以借鉴，因此笔者提倡实质构成要件说。

一　实质构成要件说之内涵

　　梳理大陆法系构成要件理论的发展史，可知构成要件有行为类型说、违法类型说和违法有责类型说之分，在不同的类型之下，构成要件要素的内容也大不相同。然而有些构成要件要素并不具有区分既遂与未遂的功能，所以作为犯罪既遂的标准，所谓行为符合了构成要件，也并不意味着符合了构成要件的全部要素，在不同类型的构成要件理论下作为既遂标准的构成要件说也有其特定的含义。在此，笔者主张构成要件是实质构成要件，即结果无价值立场上的违法类型说；提倡犯罪既遂标准是实质构成要件说，即行为符合了经过法益侵害实质解释后的构成要件，也就是说行为完成或结果发生并且对法益造成了侵害或危险的标志着犯罪既遂。

（一）实质构成要件含义的界定

构成要件是行为类型还是违法类型，抑或违法有责类型，目前在刑法学界是存有争论的，这涉及整个犯罪论体系的构建，学者们基于各自的理论立场会有不同的体系主张。由于三种构成要件类型的优劣对比不是本书所要讨论的问题，所以笔者暂且抛开这一争论，经行界定自己主张的实质构成要件含义，接着以此为基础讨论犯罪既遂的标准。

首先，实质构成要件不同于形式构成要件。形式构成要件是将构成要件作为行为类型，认为构成要件是完全独立于违法性、有责性的要件，是一个价值中性的、纯客观的事实性或形式性判断，是只从事实角度理解构成要件的理论。而笔者主张的实质构成要件是将构成要件作为违法类型，认为构成要件要经过违法性的价值判断，是直接从价值、规范的角度考察构成要件的理论。

其次，实质构成要件不同于不法构成要件。笔者主张的实质构成要件虽然将构成要件作为违法类型，但仍然坚守构成要件与违法性是严格区分的两个独立要件，认为构成要件是违法性的“认识根据”，具有违法性的推定机能，两者之间是原则与例外的关系，也就是说行为该当构成要件原则上推定其具有违法性，只有在例外情况下，才排除已推定的违法性。而不法构成要件是将构成要件作为彻底的违法类型，认为构成要件不只是违法性的“认识根据”，而是“存在根据”，违法性被纳入构成要件之中，两者合为一体而不再是相互独立的两个要件，也就是说该当构成要件的行为同时不属于例外情况，属于例外情况的行为本就不符合构成要件。实质构成要件和不法构成要件之间的差别主要体现在违法阻却事由和可罚的违法性两个问题上：在前者看来，属于违法阻却事由的行为和没有到达可罚违法性程度的行为，也是符合构成要件的，只是因阻却了违法性和没有到达可罚的违法性程度而被例外出罪，此种观点支持三阶层的犯罪论体系；在后者看来，符合构成要件的行为必须是不属于消极的构成要件要素和达到可罚违法性程度的行为，所以属于违法阻却事由的行为和没有达到可罚违法性程度的行为，本就是不符合构成要件的，此种观点支持二阶层的犯罪论体系。

再次，实质构成要件不同于违法有责构成要件。笔者主张的实质构成要件是仅将构成要件作为违法类型，认为构成要件仅具有违法性推定机能，即主要是从违法性的价值、规范角度来理解构成要件，构成要件是与有责性无关的独立要件，不具有有责性推定机能。而违法有责构成要件是将构成要件作为违法有责类型，认为构成要件不仅具有违法性推定机能，还具有有责性推定机能，所以构成要件不仅与违法性关系密切，而且与有责性也有密切的关系，构成要件与有责性之间不是完全无关的两个独立要件。

最后，笔者主张的实质构成要件不同于二元行为无价值论的实质构成要件。在违法性的本质问题上，现在刑法学界主要存在结果无价值论和二元行为无价值论之争。笔者主张的实质构成要件是结果无价值论的违法类型说，站在违法性的本质是行为对法益的现实侵害或危险的立场，认为构成要件是类型化的侵害或威胁法益的行为，因而应将构成要件从法益侵害的角度进行实质解释。二元行为无价值论的实质构成要件也是违法类型说，站在违法性的本质是行为违反规范而造成法益侵害的立场，认为构成要件是违反了行为规范而最终侵害法益的行为，因而应将构成要件从规范违反而侵害法益的角度进行实质解释。

综上，笔者从三个层面对实质构成要件的含义进行限定：第一个层面，构成要件有行为类型、违法类型和违法有责类型之分，笔者界定的实质构成要件是违法类型。第二个层面，构成要件作为违法类型又可分为两种情况，一种情况为构成要件是违法性的认识根据，这是三阶层犯罪论体系中的违法类型，另一种情况为构成要件是违法性的存在根据，这是二阶层犯罪论体系中的违法类型。笔者界定的实质构成要件是违法性的认识根据，是三阶层犯罪论体系中的违法类型。第三个层面，在违法性的本质问题上，现在刑法学界主要存在结果无价值论和二元行为无价值论之争，笔者界定的实质构成要件是站在结果无价值论的立场，将构成要件从法益侵害的角度进行实质解释。总之，笔者界定的实质构成要件是结果无价值论立场上的、违法性认识根据意义上的违法类型，因而应将构成要件从法益侵害的角度进行实质解释，所以符合构成要件的行为是对法益具有现实侵害或危险的行为。

（二）作为犯罪既遂标准的实质构成要件说之内涵

既然实质构成要件是结果无价值论立场上的、违法性认识根据意义上的违法类型，因而应将构成要件从法益侵害的角度进行实质解释。那么作为犯罪既遂的标准，所谓行为符合了构成要件，就是指行为符合了经过法益侵害实质解释后的构成要件，笔者称之为实质构成要件说，即事实性行为完成或结果发生并且对法益造成了现实侵害或危险的就标志着犯罪既遂，否则为犯罪未遂。

笔者提倡的实质构成要件说，其实是将形式构成要件通过法益侵害进行实质解释，从而将实质解释后的构成要件作为犯罪既遂的标准。这样经过事实判断和价值判断的相互结合与相互牵制，使得犯罪既遂的标准既符合法条本身，也符合法条背后的刑法保护目的，从而有效克服单层面判断的缺陷。一方面，从事实和价值的关系上看：首先，实质构成要件说从事实角度理解犯罪既遂，具有较强的直观性和较明确的标准，易于被人们理解和把握，在司法实践中具有较强的实用性，从而为实质的法益侵害提供了明确的判断标准，由此避免了只是单纯从价值或实质层面理解犯罪既遂，而较为抽象，造成既遂标准认定的主观随意性。其次，实质构成要件说从法益保护的价值层面揭示犯罪既遂的实质标准，通过赋予其价值层面的意义，克服形式化理解犯罪既遂产生的内涵不确定，由此避免了只从客观事实上理解犯罪既遂，而缺乏实质的内涵，导致既遂标准的认定过于形式化。另一方面，从法条规定和刑法目的的关系上看：首先，实质构成要件说将犯罪既遂标准的认定严格限定在法律规定的范围内，坚持从刑法分则的规定中寻找既遂标准，体现了对法律的恪守、对罪刑法定原则的坚守，从而为理论上的既遂标准提供了法律依据，这就避免了只是单纯从刑法目的中寻找既遂标准，而脱离了法律条文本身的限定，不符合罪刑法定原则。其次，实质构成要件说从法益保护的刑法目的中寻找犯罪既遂标准，通过法益保护揭示了犯罪既遂的实质内涵，而不是局限于法条本身，有利于帮助我们真正了解犯罪既遂的实质，从而为法律上的既遂标准提供理论根据，这就避免了只是形式地解释法律条文，而没有揭示法条背后的刑法目的来实质解释犯罪既遂。

二　行为既遂概念的提出

（一）行为既遂的含义

笔者提倡以实质构成要件说作为犯罪既遂的标准，在这里很有必要补充说明的一点是，实质构成要件说首先应是行为既遂的标准，即事实性行为完成或结果发生并且对法益造成了现实侵害或危险的就标志着行为既遂，否则是行为未遂。在此基础上，只有当这里的行为符合了其他犯罪成立条件时，才最终成为犯罪既遂的标准。

对于行为既遂概念中的"行为"，笔者将其界定为一般意义上的符合构成要件并具有法益侵害性或危险性的行为，其特点是只强调构成要件行为对法益的侵害性或危险性，至于这种行为是否具有正当性、是否达到可罚的违法性程度、行为人对此是否具有有责性等，在所不问。因此这里的行为就不仅仅指犯罪行为，还包括虽然符合构成要件并具有法益侵害性或危险性，但基于不同原因而被出罪的各种非罪行为，包括正当防卫、紧急避险等属于违法阻却事由的行为，未达到可罚违法性程度或罪量程度的行为，无罪过的行为，无刑事责任能力的行为，等等。总之，行为既遂所针对的对象是一般意义上的法益侵害行为，其包括符合犯罪成立条件的犯罪行为和不符合犯罪成立条件的一般性法益侵害行为。

（二）提出行为既遂概念的意义

笔者之所以提出行为既遂概念，主要为了揭示犯罪既遂的实质，进而将犯罪构成要件要素中标志犯罪既遂的要素与标志犯罪成立的要素区分开来，防止两者发生混淆而影响犯罪既遂标准的认定。

一方面，犯罪既遂的实质是行为既遂。就一般意义上的法益侵害行为而言，行为既遂和行为未遂是对行为侵害法益的发展进程状态的描述，而行为侵害法益的发展进程是一个法益受到侵害的危险逐渐增大直至最终遭受侵害的过程，所以行为既遂就是构成要件行为对法益造成现实侵害或危险这种完成形态；而行为未遂就是尚未对法益造成现实侵害或未达到既遂的危险程度这种未完成形态。这就意味着行为既遂与行为未遂区分的实质是，从行为侵害法益的发展进程来看，构成要件行为是否最终完成了对法益的现实侵害或危险（也就是实质构成要件说）。正如学者所言，刑法区分既遂犯罪与未遂犯罪，其目的是为了从犯罪的发展进程上，区别开对法益危害程度不同的犯罪情形，这就意味着立法评价犯罪完成与否的实质根据，就是行为对法益的危害程度。① 由于犯罪行为属于典型的法益侵害行为，因而犯罪既遂的实质就是行为既遂。由此可见，在犯罪构成要件要素中，标志犯罪既遂的要素应是行为既遂意义上具有法益侵害性质的客观构成要件要素（即实质构成要件），而不包括其他要素。

另一方面，行为既遂不等同于犯罪既遂。行为既遂是构成要件行为最终实现了对法益的现实侵害或危险，但这里的行为是具有法益侵害性的一般意义上的行为，只有在行为既遂的基础上同时具备其他犯罪成立条件时（比如不属于违法阻却事由、达到可罚的违法性程度、具有有责性等）才能构成犯罪，否则就仅仅是一般性侵害法益的非罪行为。比如正当防卫、紧急避险等违法阻却事由，即使行为侵害了法益但由于阻却了违法而成为合法行为；未达到可罚违法性程度的行为，虽不符合犯罪成立的条件但仍属于一般性的违法行为，可给予行政处罚；未达到相应刑事责任能力而出罪的行为，虽不构成犯罪但也侵害了法益，可以对行为人实施保安处分；等等。由此可见，虽然犯罪既遂的实质是行为既遂，但行为既遂不等同于犯罪既遂，前者的对象是一般意义的法益侵害行为，而后者是符合犯罪成立条件的犯罪行为。所以即使达到了行为既遂，但由于其他犯罪成立条件的限制，并不是所有现实已侵害法益的行为都构成犯罪，而这些具有出罪或入罪功能的条件就是标志犯罪成立的要素，用以区分罪与非罪，而不是用以区分犯罪既遂与未遂。

综上所述，犯罪既遂的实质是行为既遂，所以在犯罪构成要件要素中，标志犯罪既遂的要素是行为既遂意义上具有法益侵害性质的客观构成要件要素（即实质构成要件），是用来区分犯罪既遂与未遂的；但同时行

---

① 参见刘之雄《犯罪既遂论》，中国人民公安大学出版社 2003 年版，第 84 页。

为既遂不等同于犯罪既遂，所以在犯罪构成要件要素中，除了行为既遂意义上侵害法益的客观构成要件要素，其他要素就是标志犯罪成立的要素，是用来区分罪与非罪的。只有将犯罪构成要件要素当中这两类不同性质与功能的要素区分开来，才能防止发生混淆，准确认定犯罪既遂的标准。这其中最常见的混淆就是，将可罚的违法性或罪量要素这一标志犯罪成立的要素作为犯罪既遂的标准，导致数额犯既遂标准的认定成为我国刑法理论的一个难点，笔者认为只有界分清楚了标志犯罪既遂的要素与标志犯罪成立的要素，才能有效解决这一问题。

与笔者的上述观点相类似的是，我国有不少学者主张应区分行为未遂与犯罪未遂。比如有学者认为，虽然我国刑法原则上处罚未完成形态犯罪，但是未完成形态犯罪的处罚具有例外性。换言之，许多犯罪未完成形态的违法性与有责性没有达到值得科处刑罚的程度，所以必须实质性考察各种具体故意犯罪的未完成形态的可罚性。以犯罪未遂为例，应考察什么样的行为在一般意义上的未遂（即形式上表现为已经着手实行且由于意志以外的原因未得逞，但因为缺乏可罚性，而不是真正意义上的犯罪未遂）情况下，其行为的违法性达到了值得科处刑罚的程度。有以下三种情况：（1）罪质严重的未遂应当以犯罪未遂论处；（2）罪质中等的未遂，只有在情节严重的情况下，才能成立犯罪未遂；（3）罪质轻微的未遂不以犯罪论处。[①] 也有学者认为，在我国刑法理论上普遍存在将行为未遂与犯罪未遂等同的现象，应予以纠正。就我国刑法而言，由于行为未遂仅表明行为人着手实施危害行为，但因其意志以外的原因而未能完成该行为，所以其只是一般意义上的未遂；与之不同，犯罪未遂却是指行为人着手实施危害行为，虽因其意志以外的原因未能完成该行为，但仍然构成犯罪。[②] 此外，分析我国司法解释的规定也能够看出，并非所有的未遂行为都构成犯罪，这说明司法解释已经间接肯定应区分不可罚的行为未遂和可罚的犯罪未遂。以盗窃罪为例，从我国司法解释的规定可以看出，盗窃行为未遂的，只有情节严重的情形，才成立犯罪并以盗窃罪（未遂）定罪

---

① 参见张明楷《刑法学》（第四版），法律出版社 2011 年版，第 310 页。

② 参见王志祥《犯罪既遂新论》，北京师范大学出版社 2010 年版，第 253—254 页；王志祥《危险犯研究》，中国人民公安大学出版社 2004 年版，第 278 页。

处罚，而若情节显著轻微危害不大的则不成立犯罪。① 同样地，有关诈骗罪等的司法解释也作出了同样的规定。②

---

① 参见 1992 年 12 月 11 日公布的最高人民法院、最高人民检察院《关于办理盗窃案件具体应用法律的若干问题的解释》第 1 条；2013 年 4 月 2 日公布的最高人民法院、最高人民检察院《关于办理盗窃刑事案件适用法律若干问题的解释》第 12 条。

② 参见 1996 年 12 月 16 日公布的最高人民法院《关于审理诈骗案件具体应用法律的若干问题的解释》第 1 条；2011 年 3 月 1 日公布的最高人民法院、最高人民检察院《关于办理诈骗刑事案件具体应用法律若干问题的解释》第 5 条；2001 年 4 月 9 日公布的最高人民法院、最高人民检察院《关于办理生产、销售伪劣商品刑事案件具体应用法律若干问题的解释》第 2 条。

第二章 犯罪既遂的类型

第一节 概述

一 与犯罪既遂类型相关的概念界定

（一）结果犯与行为犯、侵害犯与危险犯

1. 结果犯与行为犯的概念界定

无论在我国刑法学界还是大陆法系刑法学界，关于结果犯与行为犯概念的观点可谓纷繁复杂，学者们往往基于自己的立场需要界定结果犯与行为犯的概念，然后以此为立论根据批驳他人的观点。可是透过繁杂观点的表面深入分析，可以发现学者们界定结果犯与行为犯概念的立足点或者切入的角度本身就是不一样的，从而导致对话的双方不是处在同一个层面上，这样只能是在自己所处的层面或纬度内自说自话，不利于抓住观点分歧之所在。所以笔者认为需要首先将清概念界定的立足点是什么，然后在各个不同的立足点上比较分歧观点，从而使分歧观点的对话处于同一层面上，优劣对比自然显而易见。笔者认为关于结果犯与行为犯的概念主要有以下三个层面的分歧：第一，结果犯与行为犯是犯罪成立的标准还是犯罪既遂的标准；第二，结果犯与行为犯是形式概念还是实质概念，抑或是事实判断还是价值判断；第三，形式概念的结果犯包不包括非物质性结果。

（1）结果犯与行为犯是犯罪成立的标准还是犯罪既遂的标准

犯罪成立标准说认为，结果犯与行为犯是犯罪成立的标志，即前者是以法定结果的发生作为犯罪成立的标志，否则犯罪不成立；后者是以法定行为的实施作为犯罪成立的标志，否则犯罪不成立。以故意杀人罪为例，

该说将其认定为行为犯，而不是结果犯，因为只要实施了故意杀人的行为就成立犯罪，而不要求死亡结果的必然发生。此种观点主要在我国大陆刑法学界得到部分学者的支持，比如有学者认为，行为犯是不要求危害结果发生就成立的犯罪，结果犯是要求危害结果发生才成立的犯罪，两者区分的意义是，明确哪些犯罪的成立需要发生危害结果，哪些犯罪的成立不需要发生危害结果。[①] 还有学者认为，行为成立犯罪要求发生法定犯罪结果的，称为结果犯，而行为成立犯罪不要求法定犯罪结果发生的，称为行为犯。[②]

犯罪既遂标准说认为，结果犯与行为犯是犯罪既遂的标志，即前者是以法定结果的发生作为犯罪既遂的标志，否则犯罪未遂；后者是以法定行为的完成作为犯罪既遂的标志，否则犯罪未遂。以故意杀人罪为例，该说将其认定为结果犯，而不是行为犯，因为只有发生了被害人死亡结果才构成犯罪既遂。无论在大陆法系刑法学界还是我国刑法学界，此种观点均是通说，比如日本学者认为，行为犯是只需实施一定的犯罪行为，不以一定结果的发生为必要，即可成立犯罪；而要成立结果犯，除了实施犯罪行为，还必须发生一定的结果。以杀人罪为例，只有发生被害人死亡的结果才能成立该罪，否则仅成立杀人罪的未遂犯。[③] 中国台湾学者认为，行为犯是指"以一定行为之终了，其犯罪即已完成，其结果如何在非所问"；结果犯是指"其犯罪之是否既遂，有待一定结果之已否发生"[④]。我国大陆刑法学界通说认为，行为犯是指只要实施完成刑法分则规定的某种危害行为就构成既遂的犯罪；结果犯是指不仅实施犯罪构成客观要件的行为，而且必须发生法定的危害结果，才能构成既遂的犯罪。[⑤]

笔者认为，上述两类观点的分歧主要是根源于犯罪成立模式论与犯罪

---

① 参见张明楷《犯罪论原理》，武汉大学出版社 1991 年版，第 515—517 页。

② 参见苏彩霞、齐文远《我国危险犯理论通说质疑》，《环球法律评论》2006 年第 3 期。

③ 参见［日］福田平、大塚仁编《日本刑法总论讲义》，李乔、文石、周世铮译，辽宁人民出版社 1986 年版，第 288—289 页。

④ 参见陈朴生、洪福增《刑法总则》，台湾五南图书出版公司 1982 年版，第 159—160 页。

⑤ 参见高铭暄主编《新编中国刑法学》（上册），中国人民大学出版社 1998 年版，第 207—208 页；高铭暄、马克昌主编《刑法学》，北京大学出版社、高等教育出版社 2011 年版，第 148 页；陈兴良《刑法哲学》（第五版），中国人民大学出版社 2015 年版，第 264、268 页。

既遂模式论之间的争论。犯罪成立模式论认为，我国的犯罪构成是以犯罪成立为模式构建的，而犯罪形态应在犯罪成立的基础上作进一步判断。在这一理论前提之下，其主张者就会从犯罪成立的角度界定结果犯与行为犯的概念，然后在犯罪成立的基础上再进一步判断犯罪形态的问题。犯罪既遂模式论认为，我国的犯罪构成是以既遂形态为模式构建的，而未完成形态犯罪则是对基本模式的修正。在这一理论前提之下，其主张者就会从犯罪既遂的角度界定结果犯与行为犯的概念。关于这两种模式的优劣对比，笔者已经在第一章中用了较大篇幅作了论述，在此不再赘述。由于笔者赞同犯罪既遂模式论，在结果犯与行为犯的概念界定上自然支持犯罪既遂标准说。

在此需要说明的是，大陆法系刑法学者在界定结果犯与行为犯概念时，似乎同时采用了成立标准和既遂标准。比如中国台湾学者林山田认为，行为人只要实施了构成要件行为，并不需要结果发生就足以成立犯罪的，是行为犯；而必须等待构成要件结果发生方能成立犯罪既遂的，是结果犯。① 在这里，行为犯用了犯罪成立标准，结果犯用了犯罪既遂标准。但是在大陆法系刑法理论中，这两种标准并不冲突，实质上是统一的，都可以认为是犯罪既遂标准。因为大陆法系达成共识的理论前提是构成要件既遂模式论，也就是说学者们普遍认为刑法分则所规定的基本构成要件针对的是单独既遂犯，虽然未遂犯不符合基本构成要件，但它符合由刑法总则对基本构成要件予以修正而形成的构成要件。在这一理论前提下，他们所说的犯罪成立指的就是既遂形态下的犯罪成立，而完全不同于我国大陆刑法学者在犯罪成立模式论理论前提下所界定的犯罪成立概念。在大陆法系刑法理论中，行为成立犯罪也就是成立犯罪既遂，这也就意味着学者们在界定结果犯与行为犯概念时所采用的犯罪成立标准实质上仍然是犯罪既遂标准。

（2）结果犯与行为犯是形式概念还是实质概念

结果犯与行为犯究竟应该从事实判断的角度界定为形式概念，还是从价值判断的角度界定为实质概念，对这一问题的争论往往涉及它们与形式犯、实质犯之间的关系，因而需要在两者间的联系中把握结果犯与行为犯

---

① 参见林山田《刑法通论》（上册），北京大学出版社 2012 年版，第 155 页。

的概念。

第一种观点认为，行为犯与结果犯不同于形式犯与实质犯，两者是基于不同的标准对犯罪进行的划分。行为犯与结果犯是依据构成要件中是否有结果要素进行的划分，因而是事实层面的形式概念；而形式犯与实质犯是依据是否对法益具有侵害或危险进行的划分，因而是价值层面的实质概念。比如有学者认为，结果犯与举动犯的区别是，在构成要件上仅以行为还是也将结果作为构成要件的内容，结果犯以一定的结果发生作为构成要件，而举动犯仅以身体的举措、动作的存在为已足。实质犯与形式犯的区别是建立在对法益侵害的实质性观点上的，以对法益的侵害或侵害危险作为构成要件的是实质犯，不以其为构成要件的是形式犯。① 还有学者认为，只把行为人一定的身体动静作为构成要件行为的犯罪，称为行为犯；除了构成要件行为之外，还须发生一定结果的犯罪，称为结果犯。以对一定法益的侵害或危险为构成要件内容的犯罪，称为实质犯；连侵害法益的抽象危险也不需要的犯罪，称为形式犯。②

第二种观点认为，行为犯与结果犯等同于形式犯与实质犯，两者都是依据构成要件中是否有结果要素进行的划分，因而都是事实层面的形式概念。比如有学者认为，形式犯具有行为犯的意义，即构成要件行为仅为外部举动，不注重结果；实质犯具有结果犯的意义，即构成要件的内容不仅包括外部的行为，而且包括行为引起的结果。③ 还有学者认为，只要行为人单纯实施构成要件所描述的行为，就可构成犯罪的，则为行为犯，又可称为形式犯，也就是说只要着手实施构成要件行为，即可成立犯罪，不以发生任何行为后果为必要。而有些构成要件则规定行为人的行为必须发生一定结果，才能构成犯罪，则此为结果犯，又可称为实质犯，如杀人罪的死亡结果，或伤害罪的轻伤或重伤结果。④

---

① 参见［日］植松正《刑法概论》（总论），转引自郑飞《行为犯论》，吉林人民出版社2004年版，第71—72页。

② 参见［日］大塚仁《刑法概说（总论）》，冯军译，中国人民大学出版社2003年版，第120页。

③ 参见［日］木村龟二《刑法总论》（增补版），转引自郑飞《行为犯论》，吉林人民出版社2004年版，第73页。

④ 参见林山田《刑法特论（上册）》（修订三版），台湾三民书局股份有限公司1994年版，第23页。

　　第三种观点认为，行为犯与结果犯等同于形式犯与实质犯，两者都是依据是否对法益具有侵害或危险进行的划分，因而都是价值层面的实质概念。比如有学者认为，以行为对法益造成侵害结果或危险结果为构成要件内容的犯罪，为实质犯，又称结果犯；而仅以实施一定行为为构成要件内容，不以发生法益侵害结果或危险结果为必要的犯罪，为形式犯，又称行为犯。① 还有学者认为，可以客观构成要件要素中是否包含结果要素为标准，将犯罪分为行为犯和结果犯两种类型，这里的结果是与刑法所保护的社会关系（法益）联系在一起的，结果犯包括了实害犯和危险犯，所以行为犯与结果犯就等同于形式犯和实质犯，都是以成立犯罪是否要求法益侵害或危险来划分的。②

　　笔者认为第一种观点具有合理性，而不赞同后两种观点。理由之一，按照后两种观点，行为犯、结果犯与形式犯、实质犯是基于同一种标准划分的等同概念，也就是说两对概念所表达的含义是相同的，可问题是相同的含义为何由两对概念来表述，这样划分的意义在哪里？ 笔者认为既然是等同概念，那么其中必定有一对是多余的，不但没有存在的意义，反而还会增添理论的烦琐和困惑，实不足取。理由之二，后两种观点在概念的界定上都具有片面性。第二种观点依据构成要件中是否有结果要素，将行为犯、结果犯与形式犯、实质犯都界定为事实层面的形式概念，但却忽视了价值层面的实质概念，因为刑法的目的是保护法益，任何犯罪不仅仅是形式上违反了刑法，还因为其具有实质上的法益侵害性。第三种观点依据是否对法益具有侵害或危险，将行为犯、结果犯与形式犯、实质犯都界定为价值层面的实质概念，但却忽视了事实层面的形式概念，因为虽然刑法保护法益但却不能违背罪刑法定原则，只有在形式上违反刑法的行为才能定罪处刑。综上，笔者赞同第一种观点，行为犯、结果犯与形式犯、实质犯是两对不同的概念，是分别基于不同标准对犯罪进行的划分。行为犯与结果犯是依据构成要件中是否有结果要素进行的划分，因而是事实层面的形式概念；而形式犯与实质犯是依据是否对法益具有侵害或危险进行的划分，因而是价值层面的实质概念。

---

① 参见高仰止《刑法总则之理论与实用》，台湾五南图书出版公司 1994 年版，第 142 页。

② 参见王志祥《危险犯研究》，中国人民公安大学出版社 2004 年版，第 137、170 页。

（3）形式概念的结果犯包不包括非物质性结果

笔者赞同在与实质犯、形式犯相区别的基础上，将结果犯、行为犯界定为形式概念，两者划分的依据是构成要件中是否有结果要素。这里的结果要素包括物质性结果是没有疑问的，但是否包括非物质性结果却在刑法学界存有较大争论，这一争论则直接影响结果犯与行为犯概念的内涵与外延。

第一种观点认为，构成要件中的结果要素包括物质性结果和非物质性结果。构成要件中不仅要求行为，还要求物质性结果或非物质性结果的是结果犯，除此之外都是行为犯。比如有学者认为，非物质性犯罪结果应与物质性犯罪结果一样成为构成要件的结果，因为非物质性结果是可以量化的，其也具有立法上的合法根据，而且在司法实践中发挥着定罪量刑的作用。① 还有学者认为，结果犯以一定结果为构成要件要素，这里的结果包括物质性结果与非物质性结果，行为犯则仅以一定的行为为构成要件要素，不以发生特定的结果（物质性结果或非物质性结果）为必要。②

第二种观点认为，构成要件中的结果要素仅指物质性结果。构成要件中不仅要求行为，还要求物质性结果的是结果犯，除此之外都是行为犯。比如有学者认为，既遂形态下结果犯的结果具有客观的物质属性；行为犯不是不产生任何危害结果，而是其产生的非物质性结果难以认定，只能通过判断危害行为的实施进程进行识别。③ 还有学者认为，行为犯与结果犯的区别在于，结果犯的结果是物质性的、可以具体测量的、有形的损害结果，而行为犯不是没有发生损害结果，只是其所发生的是非物质性的、不可具体测量的、无形的损害结果。④

第三种观点认为，构成要件中的结果要素是行为对行为客体的改变状态，既可以是物质性结果，也可以是非物质性结果。构成要件中有行为客体的，行为对其产生的物质性或非物质性改变状态都是结果，因而是结果

---

① 参见史卫忠《行为犯研究》，中国方正出版社 2002 年版，第 28—30 页。

② 参见王志祥《危险犯研究》，中国人民公安大学出版社 2004 年版，第 119 页。

③ 参见李林《危险犯与风险社会刑事法治》，西南财经大学出版社 2012 年版，第 23—24 页。

④ 参见肖中华、陈洪兵《"危险概念是一个危险的概念"——关于狭义危险犯的理论及立法检讨》，《中国刑事法杂志》2005 年第 6 期。

犯；构成要件中没有行为客体的，由于没有行为作用的对象，就不会产生相应的物质性或非物质性改变状态，只有行为本身，因而是行为犯。比如有学者认为，我国刑法学界应当将现有的犯罪客体恢复为法益，并将其排除出规范的构成要件，而代之以行为客体或犯罪对象，在此基础上界定的结果就是犯罪行为对行为客体的作用和影响。① 还有学者认为，行为可分为及物行为与不及物行为，及物行为当然有行为客体，而不及物行为，由其不及物性所决定，没有行为客体。应当把结果定义为行为对行为客体的作用与影响，在及物行为的情况下，由于存在行为客体，因而也就存在对行为客体造成的作用与影响这一结果；而在不及物行为的情况下，由于不存在行为客体，自然也就不存在对行为客体造成的作用与影响这一结果。所以在结果犯中存在结果，在行为犯中不存在结果。②

　　笔者不赞同第一种观点，理由如下。第一，该观点在论证上违反了形式逻辑二分法，无法避免自相矛盾的结果。所有犯罪在事实层面都存在某种形态的结果，要么是物质性结果要么是非物质性结果。物质性结果与非物质性结果是以结果是否具有物质表现性对所有事实性结果进行的二元划分，由此也实现了对所有犯罪在事实层面的二元划分，也就是说所有犯罪在事实层面只要不是物质性结果那就是非物质性结果，两者是非此即彼的关系。该观点一方面将物质性结果与非物质性结果都纳入结果犯的范围内，也就意味着所有犯罪在事实层面都是结果犯，不会有行为犯存在的余地；另一方面该观点却认为存在不要求有物质性结果与非物质性结果的行为犯。可问题是物质性结果与非物质性结果已经将所有犯罪划分完毕，怎会有既不要求有物质性结果也不要求非物质性结果的犯罪存在？这明显违反形式逻辑二分法，导致了论证上的自相矛盾。第二，非物质性结果在立法上无法描述，不宜作为构成要件中的结果要素。由于构成要件的内容由刑法分则予以立法规定，因此其中的结果要素应在法条中能够描述。物质性结果具有直观性、有形性、易于测量的特点，因而便于用法律条文进行明确描述，即使出于立法简洁性的要求不做描述，但人们根据法律规定也不会产生歧义，比如故意杀人罪的他人死亡结果。但非物质性结果则完全

---

① 参见王纪松《论类型化的犯罪既遂标准》，《中国刑事法杂志》2006 年第 1 期。

② 参见陈兴良《本体刑法学》（第二版），中国人民大学出版社 2011 年版，第 216—217、221 页。

不同，其抽象性、无形性、不易测量的特定，导致根本无法用法律语言进行描述，人们无法根据法律条文看出是何种非物质性结果，而只能根据经验或常理推断，但是这种推断就超出了法律用语的含义。如果法律条文没有明文规定或不要求非物质性结果要素，但在认定犯罪时却主张可以通过经验或法理推断出非物质性结果，那就说明这种结果不是法定的结果，这是违背罪刑法定原则的。因此非物质性结果不适宜作为构成要件中的结果要素，也就不宜作为结果犯来认定。第三，非物质性结果及其因果关系在司法上证明难度大，不利于方便诉讼。虽然非物质性结果与物质性结果一样，也是一种客观存在的事实，但要证明其存在以及与行为间的因果关系，却比物质性结果困难和复杂得多，这势必增大司法成本和降低诉讼效率。例如，杀人罪的被害人死亡结果、盗窃罪的被害人财物丧失结果等，这些物质性结果都是有形的、可以具体测量的，要证明它们的存在以及与行为间的因果关系是相对容易的；可是对于损害人格、名誉、信用等的非物质性结果，它们是无形的、抽象的，不容易具体测量，如何搜集证据证明其本身的存在已属不易，更加艰难的是还要证明其与行为之间具有因果关系，司法机关为此需要付出较大的诉讼成本，势必妨碍司法效率。因此出于便利诉讼的考虑，非物质性结果也不适宜作为构成要件中的结果要素，不适宜认定为结果犯。

笔者赞同第二种观点，并认为该观点能有效克服第一种观点的缺陷。第一，该观点将构成要件中的结果要素仅限定为物质性结果，从而使物质性结果归入结果犯，而非物质性结果归入行为犯，这在论证上就符合了形式逻辑二分法，能够逻辑自洽。第二，非物质性结果在立法上无法描述，将其认定为行为犯可以在立法上只规定行为本身，而无须非物质性结果的描述。由于非物质性结果具有抽象性、无形性、不易测量的特点，因而在立法上根本无法用法律语言进行描述，人们无法根据法律条文看出其是何种非物质性结果。如果将其认定为行为犯，则可以在法律条文中只规定行为本身，而无须描述非物质性结果，这也符合法条对其基本的立法方式，比如侮辱罪、诽谤罪在法条中只规定有侮辱行为、诽谤行为本身，但却没有规定对人格和名誉的损害这种非物质性结果。诚如学者所言，正是由于物质性结果与非物质性结果的描述难易程度不同，导致立法者对两者的立法规定方式不同，对于前者，一般是在立法上直接描述结果的状况，而对于后者，则一般在立法上不作描述。对于非物质性结果犯罪，立法往往只规定行为，或在规定行为的基础再规定一定的情节作为犯罪成立的条件，对结果不作明确规定是非物质性结果犯罪的重要特点。① 第三，非物质性结果在司法上证明难度大，将其认定为行为犯则可以只需证明行为本身的存在，从而免除了非物质性结果以及与行为间因果关系的证明，便利了诉讼。不同于物质性结果，非物质性结果往往与行为的完成同时发生，比如侮辱、诽谤行为完成也同时伴随着人格和名誉的损害，所以只要证明行为本身完成就意味着非物质性结果的发生。也有学者认为，非物质性犯罪客体的犯罪有一个明显特征，即对客体的侵害结果不是产生在行为过程完成之后，而是在行为过程中即已产生，在这样的犯罪中，一般情况下很难会出现行为已经实施，但客体却没有受到侵害的情况，所以规定行为就意味着结果已经存在了。② 既然如此，就可以将非物质性结果认定为行为犯，在诉讼证明上，只需证明行为的存在就可足以说明非物质性结果已经发生了，从而实现了诉讼上的便利。

　　第三种观点其实是对前两种观点的折中，笔者也不敢苟同。对于构成要件中的结果要素，该观点不是从结果是否具有物质表现性角度来理解的，而是从行为对行为客体改变状态的角度来理解，这样结果犯与行为犯的划分就取决于行为客体的有无。虽然这样一种区分在理论上是成立的，而且当没有行为客体时，由于只能产生非物质性结果，自然是一种纯粹的行为犯。但问题是，当有行为客体时，行为对行为客体的改变状态也会有物质性结果和非物质性结果之分，前者如杀人罪等，后者如强奸罪等。如果把其中的非物质性结果也一并归入结果犯，同样也会产生第一种观点的难题，即由于非物质性结果在立法上无法描述、在司法上证明难度大，不宜作为构成要件中的结果要素而认定为结果犯。此外，由于行为客体的有无对于结果犯与行为犯的区分至关重要，因而对行为客体有无的判断在该观点中就成为关键。可是这一关键问题恰恰又是有争议的，关于行为客体有无的判断与法条的具体规定密切相关，由于立法语言的局限，行为客体有无的判断并非想象中的那么简单、那么清楚明晰，所以以一种本身就有

---

① 参见李洁《犯罪既遂形态研究》，吉林大学出版社 1999 年版，第 170—171 页。

② 参见李洁《犯罪既遂形态研究》，吉林大学出版社 1999 年版，第 274—275 页。

争议的前提理论作为结果犯与行为犯区分的关键，其合理性就存有疑问。

综上所述，关于结果犯与行为犯三个层面的分歧，笔者认为：第一，结果犯与行为犯是犯罪既遂的标准，即结果犯或行为犯是以法定结果的发生或法定行为的完成作为既遂标志的犯罪；第二，结果犯与行为犯是形式概念，即结果犯与行为犯是依据构成要件中是否有结果要素进行的划分，因而是事实层面的形式概念；而实质犯与形式犯是依据是否对法益具有侵害或危险进行的划分，因而是价值层面的实质概念；第三，形式概念的结果犯不包括非物质性结果，即构成要件中的结果要素仅指物质性结果，构成要件中不仅要求行为，还要求物质性结果的是结果犯，除此之外都是行为犯，因而非物质性结果属于行为犯，不属于结果犯。

2. 侵害犯与危险犯的概念界定

上文在界定结果犯与行为犯的概念时已经谈到，实质犯与形式犯是依据是否对法益具有侵害或危险进行的划分，是价值层面的实质概念。除了实质犯与形式犯这对概念外，在价值层面根据行为与法益的关系，还可以将犯罪划分为侵害犯与危险犯、具体危险犯与抽象危险犯。可是每对概念间的划分标准是什么，应如何理解与界定、它们之间的关系又如何，这些问题在国内外学术界都争论较大。下面笔者将针对这些争议问题进行探讨，以期划清彼此概念的内涵与外延。

（1）形式犯与实质犯的区分标准

第一种观点认为，形式犯与实质犯的区别在于成立犯罪是否要求有对法益的侵害或危险。比如有学者认为，实质犯是指以对法益的侵害或危险为构成要件内容的犯罪，而形式犯是指连侵害法益的抽象危险也不需要的犯罪。① 还有学者认为，以对刑法的保护法益造成实际侵害或危险作为构成要件内容的犯罪，称为实质犯；而只要在形式上违反了行政取缔法规对一定行为的命令或禁令就成立的犯罪，称为形式犯。②

第二种观点认为，形式犯与实质犯的区别在于危险的程度不同。比如有学者认为，实质犯是指以对法益的侵害或危险作为构成要件内容的犯罪；而形式犯是指在构成要件上只以连抽象危险也达不到的极轻度、间接

---

① 参见［日］大塚仁《刑法概说（总论）》，冯军译，中国人民大学出版社2003年版，第120页。

② 参见［日］大谷实《刑法总论》，黎宏译，法律出版社2003年版，第94页。

的危险为已足的犯罪。① 还有学者认为，由于行为侵害法益的危险极其微小，并不能直接推出这种危险的存在，所以通过刑法规范禁止该行为，从而间接预防法益侵害危险的发生，此种犯罪称为形式犯。②

第三种观点认为，形式犯与实质犯的区别在于侵犯的法益是否特定。比如有学者认为，就实质犯而言，被害法益比较特定，而就形式犯而言，保护法益则相当不特定。③

第四种观点认为，形式犯与实质犯的区别在于危险性质不同。比如有学者认为，形式犯具有侵害法益的危险是毋庸置疑的，但形式犯的危险是一种非现实的危险。两者危险性质的不同在于，形式犯的危险是由行为本身表现出来的，因而只能是行为的属性；实质犯中危险犯的危险是由行为所造成的、外在于行为的某种事实表现出来的，已具备结果的性质。④

笔者不赞同第一种观点。刑法的目的是保护法益，某种行为之所以被认定为犯罪，就是因为其侵害或威胁了刑法的保护法益，所以任何犯罪在本质上都是侵害或威胁法益的行为，因而犯罪的成立无论如何都要以法益的侵害或危险作为最后的底线。但是该观点却突破这最后的底线，将没有任何法益侵害危险的行为作为犯罪处理，其弊端是很明显的，因此多数学者批判并否定这种形式犯概念。比如有日本学者指出，刑法以保护法益为目的，所有的分则条文都有其保护的法益，因此凡是构成要件行为都对法益具有侵害性或危险性，这就意味着所有的犯罪都是实质犯，不应该有形式犯的存在。⑤ 在我国大陆也有学者认为，犯罪的本质是侵犯法益，根本不存在所谓没有侵犯法益的形式犯概念，如果要保留这个概念，就必须对

① 参见［日］团藤重光《刑法纲要总论》，转引自郑飞《行为犯论》，吉林人民出版社2004年版，第71页。

② 参见［日］山中敬一《刑法总论Ⅰ》，转引自付立庆《行为犯概念否定论》，《政法论坛》2013年第6期。

③ 参见［日］平野龙一《刑法总论Ⅰ》，转引自付立庆《行为犯概念否定论》，《政法论坛》2013年第6期。

④ 参见王志祥《危险犯研究》，中国人民公安大学出版社2004年版，第168、189—190页。

⑤ 参见［日］町野朔《刑法总论讲义案Ⅰ》，转引自刘树德《行为犯研究》，中国政法大学出版社2000年版，第8—9页。

其作出新的解释。①

后三种观点主要是为了弥补第一种观点的缺陷，在保留形式犯概念的前提下，对其作了新的解释，即形式犯不是没有任何侵害法益的危险性、只要形式上违反禁令就构成犯罪的行为，形式犯也具有侵害法益的危险性，这是毋庸置疑的。有所不同的是，第二种观点和第三种观点认为形式犯的危险性与实质犯（主要是危险犯）的危险性在本质上是一致的，只是危险程度不同或被威胁法益特定与否不同；而第四种观点则认为形式犯的危险性与实质犯的危险性在本质上就是不同的。在笔者看来，第二种观点和第三种观点是值得商榷的。由于第一种观点将形式犯解释为没有任何侵害法益危险性的行为，为了弥补这一缺陷该两种观点就认为，要想让形式犯作为一种犯罪类型继续存留，其也必须具有实质犯的侵害法益之危险，只是形式犯的危险相对于实质犯更轻微，或者形式犯威胁的法益不如实质犯那么特定。由此可以看出，该两种观点解释的形式犯本质上仍然属于实质犯，其中的差异仍然属于实质犯内部的差异，用他们自己的话说就是，形式犯只不过是相对一般抽象危险犯而言，与具体被害之间的关联性更为稀薄，因而其实际上仍属于广义的抽象危险犯；② 并不能说形式犯就完全不具备作为犯罪的实质，形式犯只不过是侵害犯或危险犯的轻微形式罢了。③ 既然如此，完全可以把这些形式犯理解为实质犯（主要指危险犯），没有必要保留形式犯概念，如果只是单纯为了让形式犯概念继续存留，但其与实质犯在本质上又没有差别，充其量仅仅是其中的一种类型，这样反而徒增理论的烦琐。

相比而言，笔者认为第四种观点更具有合理性。因为其既承认形式犯也具有侵害法益的危险性，又否定形式犯与实质犯本质上的一致性，如此一来形式犯就获得了独立的存在价值，形式犯和实质犯的划分也才具有意义。具体来说，该观点对形式犯与实质犯的划分标准来源于对刑法中"危险"一词的不同理解。总的来说，刑法中的危险可分为行为人的危险

---

① 参见张明楷《法益初论》，中国政法大学出版社 2000 年版，第 345—346 页。

② ［日］藤木英雄：《刑法讲义总论》，转引自付立庆《行为犯概念否定论》，《政法论坛》2013 年第 6 期。

③ 参见［日］山口厚《危险犯总论》，王充译，载何鹏、李洁主编《危险犯与危险概念》，吉林大学出版社 2006 年版，第 10 页。

与行为的危险两类，而行为的危险又包括行为属性的危险和作为结果的危险，前者是指行为本身所具有的导致侵害结果发生的可能性，不属于结果；而后者是指行为对法益所造成的威胁状态，属于结果。① 刑法的目的是保护法益，任何犯罪在本质上都是具有法益的侵害性或危险性，毫无疑问形式犯也应具有侵害法益的危险性。但形式犯的危险是行为本身所具有的使法益遭受侵害的可能性，这种可能性仍然蕴含于行为自身，因而是行为的属性；而实质犯中危险犯的危险是行为对法益的一种威胁状态，这种威胁状态已经超出行为自身，具有了外在于行为的结果性质，因而是作为结果的危险。总之，形式犯的危险性与实质犯的危险性在本质上是不同的：形式犯对法益侵害的危险是行为属性的危险，仍然蕴含于行为自身而不属于结果；实质犯对法益侵害的危险是作为结果的危险，已经外在于行为自身而属于结果。

在此需要特别说明的是，由于笔者是结果无价值论者，并且是站在结果无价值论的立场来论述本书的观点，因此即使笔者赞同第四种观点对形式犯与实质犯的区分，但仍然要否定形式犯的概念。因为在行为无价值论与结果无价值论的对立观点中，就有关于刑法中危险性质的分歧：行为无价值论者认为，危险是行为的属性（危险性）；而结果无价值论者则认为，危险是外在于行为的结果的属性，即结果所造成的危险。② 由于结果无价值论者只承认作为结果的危险，所以即使第四种观点认为形式犯也具有侵害法益的危险性，但其只是作为行为属性的危险，不属于结果，因此结果无价值论者也是不承认的。笔者虽不承认形式犯概念，但仍然认为界定清楚形式犯与实质犯的区分标准有以下两层意义：第一，即使承认形式犯概念，也不能将其解释为没有任何法益侵害危险性的行为。犯罪的成立无论如何都要以法益的侵害或危险作为最后的底线，即使是行为无价值论者也否定将没有任何法益侵害危险性的行为作为犯罪处理，最起码犯罪行为应具有使法益遭受侵害可能性的危险。所以按照第一种观点界定形式犯概念的意义就值得研究。第二，弄清了形式犯与实质犯的区分标准，有助

---

① 参见张明楷《刑法学》（第四版），法律出版社 2011 年版，第 166 页。

② 参见［日］野村稔《刑法中的危险概念》，载［日］西原春夫主编《日本刑事法的形成与特色——日本法学家论日本刑事法》，李海东等译，中国法律出版社、日本国成文堂 1997 年版，第 272—273 页。

于界清实质犯中危险犯的概念。笔者认为形式犯与实质犯（主要是危险犯）的区别在于危险性质不同，按照这种划分标准，对实质犯中危险犯的概念界定就只能解释为作为结果的危险，而不能将其解释为行为属性的危险，或者不做区分将两者一并解释进来，这样一来就混淆了两类不同性质的危险。

（2）侵害犯与危险犯的概念界定

侵害犯与危险犯统称为实质犯，两者概念的界定依赖于实质犯内涵的确定，或者说依赖于形式犯与实质犯区分标准的确定。通过前文的探讨，笔者认为形式犯与实质犯中危险犯的区别在于危险性质不同，进一步分析可以总结为，形式犯只是具有侵害法益的可能性，并不会对法益造成现实的侵害结果或危险结果；而实质犯却会对法益造成现实的侵害结果或危险结果。其中对法益造成现实侵害结果的就是侵害犯，也称为实害犯；虽然没有侵害法益，但对法益造成了现实危险结果的就是危险犯。需要注意的是，由于侵害犯与危险犯是实质犯的下位概念，要求对法益造成某种现实结果，所以对危险犯概念的界定只能解释为作为结果的危险（危险结果），即行为所造成的对法益的现实危险状态，而不能将其解释为行为属性的危险，这样一来就混淆了两类不同性质的危险，也混淆了危险犯与形式犯的概念。由于学术界对危险犯的概念争论较大，所以笔者将会在第三章的第一节专门做具体探讨，此处不再赘述。

（3）具体危险犯与抽象危险犯的区分标准

刑法学界一般赞同将危险犯分为具体危险犯与抽象危险犯，[①] 但关于具体危险犯与抽象危险犯的区分标准则主要存在以下四种不同的观点：

---

① 虽然刑法学界也有学者质疑抽象危险犯存在的合理性，并不赞同将危险犯作这样的分类，但总体而言学者们对此都持肯定态度，笔者也是赞同的。此外，值得说明的是，由于笔者已经将危险犯的概念作了界定，是指对法益造成了现实危险结果的犯罪，这里的危险是作为结果的危险，而不包括作为行为属性的危险，所以具体危险犯与抽象危险犯作为危险犯下位概念，它们的危险性质都是作为结果的危险。因此笔者在下文讨论具体危险犯与抽象危险犯的区别时都是以这一观点为前提的，至于有的学者以危险性质的不同来区分两者，因为与笔者的前提观点不同，所以不在本书的讨论范围之内。比如就有学者认为，具体危险犯与抽象危险犯的区别在于危险性质的不同：前者的危险是"作为结果的危险"；后者的危险是"行为的危险"。参见［日］松生健《危险犯中的危险概念》，转引自张明楷《危险犯初探》，载马俊驹主编《清华法律评论》（总第一辑），清华大学出版社1998年版，第126页。

　　第一种观点认为，具体危险犯与抽象危险犯的区别在于是否以发生危险作为构成要件要素：前者以发生危险作为构成要件要素；后者不以发生危险作为构成要件要素。比如有学者认为，具体危险犯以发生危险作为构成要件要素；抽象危险犯虽然也以发生危险作为处罚根据，但它不以发生危险作为构成要件要素。① 还有学者认为，作为可罚根据的危险并不一定作为构成要件要素被描述在刑法规范中，抽象危险不属于刑法规范评价，不是犯罪的构成要件要素。危险并非抽象危险犯的构成要件要素，而只是其可罚根据，所以抽象危险犯只能作为可罚根据意义上的危险犯，而不能成为构成要件要素意义上的危险犯。②

　　第二种观点认为，具体危险犯与抽象危险犯的区别在于危险程度的差异：前者侵害法益的危险程度高，后者侵害法益的危险程度低。比如有学者认为，具体危险犯中的危险是较紧迫的、高度的危险，抽象危险犯中的危险是较缓和的、低度的危险。③ 还有学者认为，两者的区别仅仅在于危险程度的差异，也就是说，具体危险犯对刑法的保护法益造成侵害的可能性较高，而抽象危险犯对刑法的保护法益造成侵害的可能性较低。④

　　第三种观点认为，具体危险犯与抽象危险犯的区别在于判断危险的方法不同，即在判断危险时对作为认定依据的事实的抽象化程度不同：判断前者的危险时，对事实的抽象化程度低；判断后者的危险时，对事实的抽象化程度高。比如有学者认为，两种危险的差异在于对事实的抽象化程度的差异，即具体危险犯要求在具体范围内考察有无危险，而抽象危险犯要求在更广的范围内考察有无危险。⑤ 还有学者认为，两者的危险都需要在司法上认定和考察，只是对作为认定根据的事实的抽象程度不同：认定前

---

　　① 参见［日］松生健《危险犯中的危险概念》，转引自张明楷《危险犯初探》，载马俊驹主编《清华法律评论》（总第一辑），清华大学出版社 1998 年版，第 125 页。

　　② 参见刘之雄《刑罚根据完整化上的犯罪分类——侵害犯、危险犯、结果犯、行为犯的关系论纲》，《中国法学》2005 年第 5 期。

　　③ 参见［日］平野龙一《刑法总论Ⅰ》，［日］前田雅英：《刑法总论讲义》，转引自张明楷《危险犯初探》，载马俊驹主编《清华法律评论》（总第一辑），清华大学出版社 1998 年版，第 127 页。

　　④ 参见鲜铁可《新刑法中的危险犯》，中国检察出版社 1998 年版，第 45 页。

　　⑤ ［日］山口厚：《危险犯的研究》，转引自张明楷《危险犯初探》，载马俊驹主编《清华法律评论》（总第一辑），清华大学出版社 1998 年版，第 126—127 页。

者的危险时，对作为判断基础的事实进行的抽象程度低；认定后者的危险时，对作为判断基础的事实进行的抽象程度高。①

第四种观点认为，具体危险犯与抽象危险犯的区别在于判断危险的方法不同，即在判断危险时是在司法上具体认定还是在立法上直接推定不同：前者的危险需要在司法上具体判断；后者的危险由立法直接推定，不需要司法上具体判断。比如有学者认为，对于具体危险犯，法官必须就具体个案，逐一审酌判断，只有当认定构成要件的保护法益存有具体危险时，才能成立犯罪；而对于抽象危险犯，只要行为符合不法构成要件所描述的事实，即可认定对保护法益具有一般性危险，无须法官就个案具体审查是否真有危险出现，即可认定成立犯罪。② 也有学者认为，抽象危险犯与具体危险犯的区别是判断标准不同，抽象危险是依照日常经验法则，归纳某类行为事实，经过判断，如果认为其对法益有造成实害结果的高度可能性，那么该类行为就具有抽象危险；而具体危险是必须针对具体行为事实，考量时空等条件，判断其对特定法益是否有造成实害结果的高度可能性，如果肯定则有具体危险。所以抽象危险是行为本身的类型性危险，属于立法论或解释论问题；具体危险是独立于行为之外的一种状态，属于适用论问题。③

对于上述四种不同的观点，笔者评析如下。

首先，笔者不赞同第一种观点。仔细分析可以看出该观点有一个立论前提，那就是构成要件要素等同于法条规定，而不同于犯罪的可罚根据。该观点认为犯罪的可罚根据是刑法理论上的立法理由，为行为的可罚性提供违法的实质理论根据；而构成要件要素是刑法规范，也就是法条规定的内容。犯罪的可罚根据并不等同于法律条文中的构成要件要素，因为前者并不一定作为构成要件要素被描述在法律条文当中。具体的危险犯与抽象危险犯都以发生危险作为其理论上的可罚根据，但区别是前者将危险作为构成要件要素描述在刑法规范中，而后者不以危险作为构成要件要素描述

---

① 参见张明楷《危险犯初探》，载马俊驹主编《清华法律评论》（总第一辑），清华大学出版社 1998 年版，第 127 页；张明楷《刑法学》（第四版），法律出版社 2011 年版，第 167 页。

② 参见林山田《刑法通论》（上册），北京大学出版社 2012 年版，第 157—158 页。

③ 参见甘添贵《体系刑法各论》（第一卷）（修订再版），台湾瑞兴图书股份有限公司 2001 年版，第 225—226 页。

在刑法规范中。但是笔者认为该观点的立论前提是有问题的，依笔者看来犯罪的可罚根据等同于构成要件要素，而不同于法条规定。

一方面，可罚根据与构成要件要素之间其实是表里关系，两者是一致的。可罚根据作为立法理由，为行为的可罚性提供违法的实质理论根据，为构成要件要素的设置提供指导；构成要件要素将可罚根据予以类型化，具体说明可罚根据的实质内容，以此表明犯罪的可罚根据是什么。具体说来，侵害犯以对法益的现实侵害作为其构成要件要素，以此来说明其可罚根据是行为对保护法益造成了现实侵害；危险犯以对法益的现实危险作为其构成要件要素，以此说明其可罚根据是行为对保护法益造成了现实的危险结果。所以，如果按照第一种观点认为抽象危险犯不将危险作为其构成要件要素，也就是说其不是以行为对法益的现实危险作为可罚根据，那就意味着只要实施了事实性的行为就符合构成要件，而不问是否对法益造成了现实的侵害危险，这就使抽象危险犯等同于纯粹的不服从犯，即处罚对法益没有任何侵害危险的行为，这违反了刑法保护法益的立法目的。

另一方面，构成要件要素不等同于法条规定。构成要件要素是从理论上说明构成要件应具备哪些要素才能成立犯罪，其属于刑法理论范畴，需要透过现象运用人的抽象思维来把握其本质；而法律条文是一种文本语言，由于语言本身在表述上的局限性，再加之法律规范需力求简短而避免烦琐的立法政策影响，不可能将所有抽象理论上的构成要件要素都予以描述。正因为如此，构成要件要素有成文与不成文之分，前者自然是指在刑法中已经明文规定的构成要件要素；而后者也是成立犯罪所必须具备的构成要件要素，只是刑法条文中并没有明确规定，需要根据刑法条文间的关系以及对相关要素的描述才能确定。① 具体危险犯的危险就属于成文的构成要件要素，在法条当中有具体的描述；而抽象危险犯的危险则属于不成文的构成要件要素，在法条当中没有具体的描述。如此一来，刑法分则当中哪些是具体危险犯，哪些是抽象危险犯，它们的范围就能相对确定。

其次，对于第二种观点笔者也不敢苟同，并认为两者的危险程度没有差异，都达到了接近侵害犯的程度。理由如下。

---

① 参见张明楷《犯罪构成体系与构成要件要素》，北京大学出版社 2010 年版，第 120—121 页。

第一，根据危险递增理论，危险犯的危险需要达到一定的量。日本学界通常认为，犯罪行为有一个时间顺序上的发展过程，其是从行为人开始实施危害行为直到发生危害结果为止，而这个过程同时也是侵害法益的危险逐步增大以致最终发生法益侵害结果的过程。① 在此过程中，一般只有最终发生了法益侵害的结果，国家刑罚权才予以介入；但为了更周延地保护重大法益，国家刑罚权开始不再等待实害结果的发生便提前介入。但是国家刑罚权的这种提前介入不是没有限制的，根据危险递增理论，"危险只有递增到一定量的时候，国家刑罚权的介入才是正当与必要的"②。这是因为刑法具有法益保护和人权保障的双重机能，并且两者呈反比例关系，如果国家刑罚权对法益保护过度，也就是说行为对法益的危险程度较低时，国家刑罚权便开始介入，这必然会过多地干涉国民的行动自由，致使刑法的人权保障机能相应缺失，埋下了侵犯国民人权的隐患。鉴于此笔者认为，既然国家刑罚权的介入本应在法益受侵害之时，即使为了周延保护重大法益而需要提前介入，也必须保证其正当性与必要性，能够尽可能避免国家刑罚权随意介入国民个人领域，过分干涉国民的行动自由。所以，危险犯的危险要达到接近侵害犯的程度。正如有些学者所说的，如果法益保护盲目前移，进而禁止那些距离侵害结果很远的行为，就会造成过度干涉公民的行动自由，所以法益保护的前移必须有充分的根据。③

第二，提前保护法益应有限度，否则违反刑法谦抑性原则。在如今的风险社会当中，人们生活中遍布着很多危险源，如若其发展成为实际损害，就会对公众的生命健康安全和财产安全造成不可估量的损失，所以为了更为周全地保护公众的合法权益，就必须在危险发展成实际损害之前进行刑法规制，这不仅是刑事法创设危险犯的理由，也是世界各国在立法中不断增加危险犯的原因。④ 但问题是，提前保护法益也应有一定的限度，不能违背刑法的谦抑性原则，而刑法的谦抑性要求刑罚必须适度，贯彻比例原则。本来犯罪既遂处罚的是实害犯，实害犯发生之前的危险犯都应按

① 参见张明楷《未遂犯论》，中国法律出版社、日本国成文堂1997年版，第7页。

② 李海东：《刑法原理入门（犯罪论基础）》，法律出版社1998年版，第138页。

③ 参见张明楷《"风险社会"若干刑法理论问题反思》，《法商研究》2011年第5期。

④ 参见张明楷《危险犯初探》，载马俊驹主编《清华法律评论》（总第一辑），清华大学出版社1998年版，第123页。

犯罪未遂处罚。为了提前保护法益而将既遂的防卫线前移至危险犯，但既遂防卫线的前移必须有一定限度，不能只为了提前保护法益而不顾刑法谦抑性的要求。所以既遂形态的危险犯必须达到接近侵害犯的危险程度，因为只有这样的危险程度用犯罪既遂来处罚，刑罚才适度公正，符合比例原则。如果逾越了这一限度，将既遂的防卫线过分前移，将本来由犯罪未遂就足以抑制的行为按犯罪既遂来处罚，就会造成刑罚畸重，违背比例原则。正如有些学者所说的，危险犯既遂形态下的危险是一种高度危险，因为其使得保护法益面临着遭受侵害的高度威胁；① "既遂的危险状态无疑是危险度、紧迫度、现实度最高的危险状态，它是最接近实害结果发生的危险状态"②。

　　第三，司法实践中很难对危险程度作出明确划分，因而不具有可操作性。侵害犯与危险犯是依据行为对法益造成了侵害还是危险而作的分类，它们不是客观的自然现象，而是一种法律评价或价值判断，属于抽象的理论范畴。如何将这种抽象理论应用于司法实践，其明确性是关键。犯罪行为从开始着手实施到既遂是一个不断发展的过程，随着这一过程的推进，法益受到侵害的危险逐渐增大，直至最后法益受到侵害。在这一过程中，只有最终法益遭受的侵害结果以及接近侵害结果发生的危险状态才是相对明确的，而在此之前法益虽然受到了不同程度的危险，但却很难对危险程度作出明确的划分，实践中也难以对这种差异作出具体的评价。如果以危险程度的高低来区分具体危险犯与抽象危险犯，认为前者侵害法益的危险程度高，后者侵害法益的危险程度低，但这种高低的说法过于模糊，如何来明确划分高与低的边界，却不得而知。所以这种区分也只能停留在思维阶段，作为一种理论上的设想，但在司法实践中由于缺乏认证的可能性和可操作性，也就不具有可行性，无法起到应有的实践指导作用。此外值得一提的是，危险程度的划分在司法实践中是无法通过量化的方法做到的，并且刑法也无法规定出一个确定的危险量作为对危险进行衡量的参数。③

---

① 参见王志祥《危险犯研究》，中国人民公安大学出版社 2004 年版，第 10 页。

② 彭文华：《犯罪既遂原理》，中国政法大学出版社 2013 年版，第 333 页。

③ 参见王永茜《抽象危险犯立法技术探讨——以对传统"结果"概念的延伸解释为切入点》，《政治与法律》2013 年第 8 期。

第四，分析刑法条文对抽象危险犯的规定，可以看出抽象危险犯对法益的危险程度并不低。例如，我国《刑法》第 144 条规定的生产、销售有毒、有害食品罪就是典型的抽象危险犯，但是生产、销售有毒、有害食品行为对公众的生命健康造成的都是紧迫、高度的危险，而不是缓和、低度的危险；我国《刑法》第 133 条之一规定的危险驾驶罪也是典型的抽象危险犯，但是在道路上追逐竞驶和醉酒驾驶行为对公共安全的危险程度也都是很高的。再如，《日本刑法典》第 108 条规定的放火罪就是公认的抽象危险犯，① 但是上述放火行为对人的生命安全的危险是紧迫、高度的，而不是缓和、低度的。由此可见，刑法条文对抽象危险犯做这样的规定，不是用侵害法益的危险程度之高低或者危险距离实害的远近所能解释的。所以以危险程度的高低来区分具体危险犯与抽象危险犯，认为前者侵害法益的危险程度高，后者侵害法益的危险程度低，这种说法并不符合刑法条文的规定。总而言之，具体危险犯与抽象危险犯之间并非代表个案中行为事实上危险程度的差别，即并非具体危险犯的危险程度就大于抽象危险犯的危险程度。②

再次，第三种观点和第四种观点都是从判断方法上区分具体危险犯与抽象危险犯，相比较而言，笔者认为第四种观点更具有合理性。这两种观点主要是在抽象危险犯之危险的判断上存在分歧：第三种观点认为，抽象危险犯的危险应与具体危险犯的危险一样，都需要在司法上认定和考察，只是对作为判断基础的事实的抽象程度不同而已；而第四种观点认为，抽象危险犯的危险由立法推定或拟制，不需要在司法上具体判断，只有具体危险犯的危险需要在司法上认定和考察。笔者之所以赞同第四种观点，是因为其更符合创设抽象危险犯的立法价值和刑事政策需求。一般而言，被立法者规定为抽象危险犯的犯罪行为往往具有两个特点：一个特点是，此类犯罪行为一般是具有典型危险性的行为。对于其他犯罪行为而言，行为人虽然实施了符合构成要件的行为，但不一定会对保护法益造成侵害或危险，所以需要司法机关在个案中具体判断；但此类犯罪行为却不同，只要

① 《日本刑法典》第 108 条规定的是放火烧毁现住建筑物等的行为。参见《日本刑法典》（第 2 版），张明楷译，法律出版社 2006 年版，第 44 页。

② 参见黄荣坚《基础刑法学》（下）（第三版），中国人民大学出版社 2009 年版，第 383 页。

行为人实施了符合构成要件的行为，一般情况下法益都会面临侵害的危险，也就是说此类犯罪行为本身就带有侵害法益的一般危险性，是典型的危险行为。从刑法理论上看，学者们大都认同这一特点。比如日本学者认为，刑法规定某类特定行为本身就包含着侵害法益的危险，进而对其加以禁止，此类行为就称为抽象危险犯。① 中国台湾学者认为，抽象危险犯是依照日常经验法则，归纳某类行为事实，经过判断，如果认为其对法益有造成实害结果的高度可能性，那么此类行为就具有抽象危险。所以，抽象危险是行为本身的类型性危险，即在社会通念上，该构成要件行为本身对于该罪之保护法益，具有一般的危险性。② 我国大陆学者认为，抽象危险犯是立法者将某些普遍被认为对法益具有典型危险的行为抽离出来，直接对行为内容进行规范勾勒，只要符合构成要件所描述的行为，即被假设具有危险性。③ 从刑法条文上看，抽象危险犯的立法规定也基本符合这一特点。例如，我国《刑法》第 144 条将生产、销售有毒、有害食品罪规定为抽象危险犯，而第 143 条将生产、销售不符合安全标准的食品罪规定为具体危险犯。有毒、有害食品对人的生命健康威胁很大，一旦食用就会造成生命健康的损害，但不符合安全标准的食品对人的生命健康的威胁程度则相对减弱，即使食用了也不见得生命健康就受到损害。这就使得前罪的行为成为典型的危险性行为，只要行为人实施了该罪行为，一般会对公众的生命健康造成侵害的危险；而若行为人实施了后罪行为，公众的生命健康却不一定会受到侵害的危险，所以需要司法机关结合个案情况具体判断。再如，我国《刑法》第 127 条将盗窃、抢夺枪支、弹药、爆炸物罪规定为抽象危险犯，而将盗窃、抢夺危险物质罪规定为具体危险犯，也是因为前罪的行为是典型的危险性行为，只要实施公共安全就面临着侵害危险，而实施后罪的行为却不一定对公共安全造成危险，需要在个案中具体判断。同样道理，《日本刑法典》第 108 条和第 109 条第 1 款规定的放火

---

① 参见［日］西原春夫《犯罪实行行为论》，戴波、江溯译，北京大学出版社 2006 年版，第 107 页。

② 参见甘添贵《体系刑法各论》（第一卷）（修订再版），台湾瑞兴图书股份有限公司 2001 年版，第 225—226 页。

③ 参见谢杰《"但书"是对抽象危险犯进行适用性限制的唯一根据》，《法学》2011 年第 7 期。

罪是抽象危险犯，是具有典型危险性的行为，只要实施了公共安全就受到危险；而第 110 条第 1 款规定的放火罪是具体危险犯，需要司法机关结合具体情况判断是否威胁到公共安全。[①]

另一个特点是，此类犯罪行为一般是公害犯罪，侵犯的是超个人法益。由于个人法益仅限于具体个人的生命、健康、财产等，所以要判断犯罪行为是否对其造成了侵害或危险较为容易。但涉及公共安全、食品、交通、环境、金融、医疗卫生等领域的公害性犯罪，其侵犯的是国家法益、社会法益等超个人法益，其较为抽象和宽泛，如果要判断犯罪行为是否对超个人法益造成了现实危险，就较为困难。由于人数众多、行为频繁，时间长久，再加上各种非人为因素，综合造成了公害犯罪的损害，在此情况下，要认定具体的犯罪行为就较为困难。[②] 由于此类犯罪行为的这两点特殊性，若仍然坚持司法机关应在个案中具体判断、证实法益受到了现实危险，那么就会产生两种后果：要么司法机关的判断多此一举，影响诉讼效率，因为作为典型的危险行为，只要行为人实施了符合构成要件的行为，一般情况下法益都会面临被侵害的危险，也就没有必要再进行具体的判断；要么由于难以证明或根本无法证明超个人法益确实遭受到现实危险，使得许多公害犯罪逃过法律的制裁，导致"有组织的不负责任"的后果。鉴于此，刑事立法就将此类犯罪行为创设为抽象危险犯，由立法直接推定其危险的存在，无须司法机关在个案中具体认定和考察。如此一来，就解决了此类犯罪行为危险判断的难题，从而更有助于刑法对典型危险性行为和公害性犯罪的有效防控。由此看出，抽象危险犯的设立具有强烈的目标价值驱动和刑事政策需求，立法推定之危险判断方法的创设具有明显的功利性，其满足于国家有效防控犯罪和保护社会利益的现实需要，这也反映了刑事法应对风险社会的调整变迁。[③] 由于抽象危险犯不要求在个案中具

[①] 《日本刑法典》第 108 条规定的是放火烧毁现住建筑物等的行为；第 109 条第 1 款规定的是放火烧毁非现住建筑物等的行为；第 110 条第 1 款规定的是放火烧毁建筑物等以外之物，因而发生公共危险的行为。参见《日本刑法典》（第 2 版），张明楷译，法律出版社 2006 年版，第 44 页。

[②] 参见张红艳《欧陆刑法中的抽象危险犯及其启示》，《河北法学》2009 年第 9 期。

[③] 参见赵俊甫《风险社会视野中的刑事推定——一种法哲学的分析》，《河北法学》2009 年第 1 期。

体判断危险的存在，只需判断行为人是否实施了刑法禁止的行为，从而大大减轻了司法机关的证明负担。诚如学者所言，抽象危险犯的构成要件证明难度降低以及司法成本缩减，很显然是一种效率化的实践，刑法势必会在短时间内对特定社会利益形成强化保护，由此透射出刑法规范已经成为控制风险与预防危害的简易便捷的工具。① 综上，第四种观点认为抽象危险犯的危险由立法推定或拟制，不需要在司法上具体判断，这符合抽象危险犯的立法价值和刑事政策需求；而第三种观点认为抽象危险犯的危险也需要在司法上认定和考察，这不仅抹杀掉了抽象危险犯创设的立法价值，也增添了司法机关的举证负担，无法满足刑事政策的需求，实不足取。

最后，第四种观点内部关于抽象危险犯之危险的判断有形式说、实质说和折中说之分，笔者赞同折中说。形式说认为，抽象危险犯的危险是否存在，只需对其有无实施刑法所规定的行为加以形式的判断，不必考虑对各个具体的事情进行实质的判断。该说关于抽象危险的内容，又有"基于立法理由的危险说""拟制的危险说"和"一般的危险说"三种不同的说法。② 概言之，尽管形式说内部对抽象危险内容的理解仍有分歧，但它们都一致认为抽象危险犯的危险由立法推定或拟制，只要行为人实施了符合构成要件的行为，立法上就直接推定出现了侵害法益的危险，而不需要司法机关在个案中做实质性的判断，即使实际上并没有对法益造成危险，仍然构成犯罪。实质说认为，抽象危险犯的危险是否存在，不能仅从形式上判断行为是否符合法律规定的犯罪构成要素，而且还必须根据各个具体的事情加以实质的判断。该说内部又有不同的分歧：或者主张抽象危险犯是一种真正的具体危险犯；或者主张抽象危险犯包括"（通常的）抽象危险犯"和"非本来的危险犯"两种类型。③ 概言之，尽管实质说内部观点也不是很统一，但它们都一致认为抽象危险犯的危险并不仅仅是立法的拟制，必须由司法机关结合案件具体情况从实质上判断危险的有无，如

---

① 参见谢杰《"但书"是对抽象危险犯进行适用性限制的唯一根据》，《法学》2011 年第7 期。

② 参见［日］山口厚《危险犯的研究》，转引自鲜铁可《新刑法中的危险犯》，中国检察出版社 1998 年版，第 101—103 页。

③ 参见［日］山口厚《危险犯的研究》，转引自鲜铁可《新刑法中的危险犯》，中国检察出版社 1998 年版，第 103—104 页。

果实际上并没有对法益造成危险，就不应认定为犯罪。折中说认为，对抽象危险犯之危险的判断，一方面应承认法官可以根据某一符合构成要件的行为推断随之出现了危险结果；另一方面又允许反证成立，即允许被告人证明在当时的具体情况下，自己的行为确实不产生侵害法益的危险。①

　　笔者认为，形式说其实是根据抽象危险犯的创设初衷形成的学说，其最符合抽象危险犯的立法价值和刑事政策需求，但该说的缺陷也是很明显的。按照形式说的观点，抽象危险犯的危险由立法推定或拟制，立法者根据日常生活中的经验，判定某种行为的实施一定会带有危险。但是，既然危险的存在是一种推定或拟制，那就说明虽然在通常情况下实施构成要件行为会发生危险，但在具体场合因特殊事情而并没有发生的情况也是存在的。② 由于抽象危险犯的危险由立法推定或拟制，不以司法机关的具体审查为必要，那么一旦该种立法推定与实际情况不符，其产生的后果必然是将形式上符合构成要件但实质上没有任何侵害法益危险的行为认定为犯罪。如果对于客观上没有任何危险的行为仍然推定危险存在，肯定犯罪的成立，这就违反了刑法的法益保护目的，导致刑法处罚对法益没有任何侵害危险的行为。任何犯罪在本质上都是侵害或威胁法益的行为，如果某种行为根本不会对法益造成任何危险，那该行为就不应认定为犯罪，因而犯罪的成立无论如何都要以法益的侵害或危险作为最后的底线。但是该观点却突破这最后的底线，将没有任何法益侵害危险的行为作为犯罪处理，这是刑罚权的滥用，是对国民人权的侵犯。实质说是在批判形式说缺陷的基础上发展起来的，其主张对抽象危险犯之危险应结合案件情况进行实质判断，只有实际上确实对法益造成危险的才能认定为犯罪。虽然该说能够克服形式说的缺陷，能最大限度地防止刑罚权滥用、保障国民人权，但随之而来的问题是，若抽象危险犯的危险也进行实质判断，那其本质上就是具体危险犯，如此一来抽象危险犯岂不成了多余之物？而且将抽象危险犯与具体危险犯混为一谈，违背了抽象危险犯的创设初衷，其设立的立法价值和对刑事政策需求的满足也就不复存在。笔者认为，折中说能够汲取形式说与实质说各自的优势，并且规避掉它们的劣势，是一种较为合理的观

---

① 参见鲜铁可《新刑法中的危险犯》，中国检察出版社 1998 年版，第 105 页。

② 参见［日］山口厚《危险犯的研究》，转引自付立庆《应否允许抽象危险犯反证问题研究》，《法商研究》2013 年第 6 期。

点。一方面，其原则上采取立法推定的方法，肯定抽象危险犯的立法价值以及对刑事政策需求的满足；另一方面，其承认立法推定与实际情况之间矛盾的存在，从而运用"允许反证成立"规则来化解矛盾，尽量避免侵犯人权的风险。也就是说，在一般情况下只要行为人实施了符合构成要件的行为，立法上就推定出现了侵害法益的危险，从而减轻司法机关证明负担，提高诉讼效率，有助于对典型危险性行为和公害性犯罪的有效防控；但是也不排除在特殊情况下，行为虽然符合了构成要件但实际上并没有造成任何危险，所以应肯定立法推定的可反驳性，允许行为人运用证据证明自己的行为没有对法益造成侵害的危险，进而否定犯罪的成立。

（二）不同概念之间的关系

1. 结果犯、行为犯与侵害犯、危险犯之间存在交叉竞合关系

结果犯、行为犯与侵害犯、危险犯是两对性质不同的概念，是分别基于不同标准对犯罪进行的划分。结果犯与行为犯是依据构成要件中是否有结果要素进行的划分，因而是事实层面的形式概念；而侵害犯与危险犯是依据对法益造成了侵害结果还是危险结果进行的划分，因而是价值层面的实质概念。既然是基于不同标准划分出的性质不同的两对概念，那么也就由此决定了两者间存在着交叉竞合的关系。具体来说，结果犯与侵害犯的竞合表现为，除了事实性行为外，还要求发生一定的物质性结果，同时要求行为对保护法益造成了现实侵害。比如我国《刑法》第132条规定的故意杀人罪，该罪要求除了实施故意杀人行为外，还需发生了他人死亡的物质性结果，同时要求他人的生命权遭到了现实侵害；结果犯与危险犯的竞合表现为，除了事实性行为外，还要求发生一定的物质性结果，同时要求行为对保护法益虽然没有造成现实侵害，但造成了侵害的现实危险。比如我国《刑法》第127条第1款规定的盗窃、抢夺枪支罪，该罪要求除了实施盗窃、抢夺枪支行为外，还需发生了行为人控制枪支的物质性结果，同时要求盗窃、抢夺行为对该罪所保护的公共安全法益虽然没有造成现实侵害，但造成了侵害的现实危险；行为犯与侵害犯的竞合表现为，只要事实性行为完成为已足，不要求发生物质性结果，同时要求行为对保护法益造成了现实侵害。比如我国《刑法》第236条规定的强奸罪，该罪要求只要强奸行为完成为已足，同时要求强奸行为对妇女的性权利造成了现实侵害；行为犯与危险犯的竞合表现为，只要事实性行为完成为已足，

不要求发生物质性结果，同时要求行为对保护法益虽然没有造成现实侵害，但造成了侵害的现实危险。比如我国《刑法》第 133 条之一规定的危险驾驶罪，该罪要求只要危险驾驶行为完成为已足，同时要求危险驾驶行为对该罪所保护的公共安全法益虽然没有造成现实侵害，但造成了侵害的现实危险。由此可见，结果犯可以是侵害犯或者危险犯，行为犯也可以是侵害犯或者危险犯；反过来，侵害犯可以是结果犯或者行为犯，危险犯也可以是结果犯或者行为犯。所以不能将结果犯与侵害犯等同，也不能将行为犯与危险犯等同。

大多数刑法学者都赞同这一观点，比如德国学者认为，必须将符合构成要件的结果与对保护法益的侵害区别开来，前者意味着对行为客体与由行为在时空上分开的侵害或危害，而后者是指构成要件行为对刑法条文予以保护的价值的注意要求的关系，所以行为犯也同样具有法益侵害。① 日本学者指出，危险犯既可以是结果犯，也可以是行为犯。例如各国刑法规定的放火罪，既是结果犯，也是危险犯；再如各国刑法规定的伪证罪，既是行为犯，也是危险犯。② 我国学者认为，实害犯与危险犯、行为犯与结果犯，是分别根据不同区分标准形成的概念，不能将危险犯等同于行为犯，也不能将危险犯等同于结果犯。危险犯既可能是行为犯、也可能是结果犯，行为犯既可能是危险犯，也可能是侵害犯。③

2. 对于我国刑法理论的适用性检讨

在我国大陆刑法理论界有一种观点认为，结果犯、行为犯与侵害犯、危险犯存在交叉竞合关系的观点不适用于我国的犯罪论体系。因为大陆法系三阶层的犯罪论体系是采用事实与价值分层判断的方法，由此决定了两对概念间存在交叉竞合关系的合理性；但是我国四要件的犯罪论体系是采用事实与价值综合评价的方法，所以不存在上述概念的交叉竞合关系。比如有学者认为，大陆法系的犯罪论体系要经过构成要件符合性、违法性及

---

① 参见 [德] 汉斯·海因里希·耶赛克、托马斯·魏根特《德国刑法教科书（总论）》，徐久生译，中国法制出版社 2001 年版，第 321—322 页。

② 参见 [日] 松生健《危险犯中的危险概念》，转引自张明楷《危险犯初探》，载马俊驹主编《清华法律评论》（总第一辑），清华大学出版社 1998 年版，第 119 页。

③ 参见张明楷《危险犯初探》，载马俊驹主编《清华法律评论》（总第一辑），清华大学出版社 1998 年版，第 119、131 页。

有责性的三重评价，其中构成要件符合性是一种事实性评价，违法性是一种法律评价。结果犯与行为犯的划分是针对构成要件符合性阶层而言的，实害犯与危险犯的划分是针对违法性阶层而言的，由此便形成了结果犯、行为犯与实害犯、危险犯之间的交叉竞合关系。但是在我国刑法理论中，四要件犯罪论体系具有一次性综合评价的特点，行为符合构成要件就构成犯罪，不存在独立的违法性及有责性两个层次的评价，构成要件本身就是事实特征与法律评价、形式评价与实质评价、客观判断与主观判断的统一体。这样一来，就不存在将结果犯与行为犯、实害犯与危险犯分别置于犯罪成立评价的不同层次进行讨论的理论背景，所以这种交叉竞合关系在我国刑法理论中很难说得通。① 也有学者认为，在德日犯罪论体系中，犯罪的成立要具备构成要件符合性、违法性、有责性三个条件，其中构成要件符合性具有形式性的特点，其只是事实性的评价，而违法性具有实质性特点，是否定性的价值评价。结果犯与行为犯是针对构成要件符合性而言的，是以行为是否改变行为客体为标准的划分；实害犯与危险犯是针对违法性而言的，是以对保护客体的威胁或侵害为标准的划分。由于两对概念划分的标准不同，必然导致犯罪形态之间的竞合。但是在我国，犯罪论体系是对偶式的理论体系，犯罪构成的每个要件不仅是事实特征而且是评价特征，即每个要件中都包含着事实本身和对事实的评价，每个要件都是客观事实和评价的统一。在这样的体系下，不会存在犯罪形态之间的竞合问题。②

笔者不赞同上述观点，并认为即使在我国四要件的犯罪论体系下，也可以按照不同的划分标准，从事实判断的形式意义上将犯罪分为结果犯与行为犯，从价值判断的实质意义上将犯罪分为侵害犯与危险犯，同时两对概念间存在着交叉竞合关系。理由如下。

第一，大陆法系刑法理论通说认为构成要件是违法类型，承认事实判断与价值判断的统一，但这并不影响两对概念间的交叉竞合关系。大陆法系的构成要件理论经历了一个发展演变过程，由最初贝林的行为类型，发展到迈耶、梅兹格的违法类型，最后到小野清一郎、团藤重光的违法有责

---

① 参见王志祥《犯罪既遂新论》，北京师范大学出版社 2010 年版，第 140—147 页。

② 参见李洁《犯罪既遂形态研究》，吉林大学出版社 1999 年版，第 278—281 页。

类型。如果认为构成要件是行为类型，那么构成要件就是完全独立于违法性、有责性的要件，是一个价值中性的、纯客观的事实性或形式性判断，而价值判断和主观判断应是违法性和有责性的内容；如果认为构成要件是违法类型，那么构成要件与违法性就不再是两个相互独立的要件，两者已经合为一体，构成要件也不再仅仅是事实性判断，还要经过违法性的价值判断，应从价值性或实质性的角度来理解构成要件；如果认为构成要件是违法有责类型，那么构成要件与有责性也不再是完全无关的两个独立要件，于是符合构成要件的行为不仅仅是具有实质违法性的行为，还应是行为人在有责的故意过失支配下的行为。由此可见，这一发展过程使得构成要件由最初完全独立于违法性和有责性，只进行事实性判断，演变为与违法性和有责性相融合，也承载了价值性判断，所以说构成要件理论的演变过程其实是一个不断与违法性和有责性相融合的过程，是一个不断承载价值判断、规范判断的过程。

但是，上述论者都认为大陆法系三阶层的犯罪论体系中，构成要件该当性属于事实判断，违法性属于价值判断，其实这种观点是着眼于最初由贝林创立的行为类型说，即构成要件该当性与违法性是两个相互独立的要件，构成要件该当性要件只进行事实性判断，违法性要件进行价值性判断。可是，贝林创立的行为类型说已经受到了批判和动摇，鲜有支持者，大陆法系刑法理论通说认为构成要件是违法类型，即构成要件该当性与违法性并非完全无关的两个独立要件，构成要件要经过违法性的价值判断，不应只进行事实性判断，还应从价值性或实质性的角度来理解构成要件。如此一来，大陆法系的构成要件也是事实和价值的统一体，既要进行事实判断又要进行价值判断，与我国四要件的犯罪构成体系具有共同性。但是承认事实判断与价值判断的统一并不意味着大陆法系刑法学者就否定了结果犯、行为犯与侵害犯、危险犯之间的交叉竞合关系。前文已谈到，大多数刑法学者都赞同两对概念间存在交叉竞合关系，其中就不乏构成要件是违法类型的主张者。所以，不管按照行为类型说将事实与价值进行分层次判断，还是按照违法类型说将事实与价值进行统一判断，都不影响事实层面的结果犯、行为犯与价值层面的侵害犯、危险犯之间的交叉竞合关系，所以上述观点以我国四要件犯罪论体系采用事实与价值综合评价的方法为由，否定其对我国刑法理论的适用性，笔者认为是值得商榷的。

　　第二，虽然事实与价值具有不可分离的关系，但两者仍然是性质不同的两种事物，有必要进行区分。按照上述论者的观点，似乎由于事实与价值具有统一性，或者事实判断与价值判断一次性综合评价，所以没有明确区分两者的必要。但笔者认为，这在逻辑上是说不通的。从事实和价值的关系来看，两者的确是不可分离的：一方面，事实不能脱离价值。因为只有承担价值属性的事实才有实质的内涵和存在的意义。社会事实本身就具有内在价值，因为构成社会事实的人类行为带有一定的价值取向，这就使得社会事实与价值不可分离，否则社会事实就被等同于生物现象而失去全部社会内容和人类学意义。① 另一方面，价值不能脱离事实。因为价值本身不是实体，不能自己表现自己的存在，其必须依附于事实，只有通过事实才能征表其存在，离开了作为其承担者的事实，价值就变成了不可捉摸的、难于认识的不可知之物。虽然事实与价值不可分离，但这是就两者之间的关系而言的，并不意味着可以直接将两者合而为一，成为同一性质的事物。德国社会学家马克思·韦伯指出，研究者应无条件地坚持将经验事实的确定同他自己的实际评价（即他对这些事实的评价是否满意）区别开来，二者在逻辑上是截然不同的，不能把本质上完全不同的东西为混淆为同一种东西。② 所以事实与价值仍然是性质不同的两种事物，是存在区别的。事实，在哲学意义上，与存在、事物具有一致性，其根本性质就是它的客观存在性，只要是客观存在的东西，都可以称为事实；③ 哲学中的价值，就是客体对主体的某种有用性，它不是实体，只是主体与客体之间的一种特定关系。④ 也就是说，两者的区别在于：事实是一种客观存在，可以被人的感官直接感知，而价值是人的一种主观判断，需要通过人的理性思维来把握；事实表现事物的外部联系和现象特征，而价值表现事物的内部联系和本质特征；等等。由此可见，事实与价值不可分离的关系并不影响两者间的个性差异，也就不影响两者的区分。

---

　　① 参见程仲棠《从"是"推不出"应该"吗？（上）——休谟法则的哲学根据质疑》，《学术研究》2000 年第 10 期。

　　② 参见［德］马克思·韦伯《社会科学方法论》，杨富斌译，华夏出版社 1999 年版，第 110 页。

　　③ 参见李洁《犯罪既遂形态研究》，吉林大学出版社 1999 年版，第 115 页。

　　④ 参见郑飞《行为犯论》，吉林人民出版社 2004 年版，第 6 页。

第三，在我国四要件的犯罪论体系下，如果承认事实与价值的区分，进而在事实层面划分结果犯与行为犯，在价值层面划分侵害犯与危险犯，同时将两对概念交叉竞合，笔者认为这种做法有利于改变我国刑法学界一直以来重事实轻价值的现象，对于我国刑法理论的发展具有必要性。虽然学者们一直强调我国的四要件犯罪论体系是事实与价值的统一体，采取事实判断与价值判断一次性综合评价的方法，但是由于我国整体式的思维习惯，所谓"事实与价值的综合评价"也就带有一定的笼统性、模糊性和随意性，在认定犯罪时往往容易根据直观感受重视事实而忽视了价值。就有学者对我国的思维习惯作了如下描述：我国哲学思维方式的一个特点是经验，其不重视分析、推理等逻辑演进过程，而是通过经验、直觉，直接把握某种结果或真理。①

我国大陆刑法理论通说认为，结果犯是以物质性结果的发生作为既遂标准的犯罪，行为犯是以行为的完成作为既遂标准的犯罪，可以看出，通说将结果犯既遂的标准认定为物质性结果的发生，行为犯既遂的标准认定为事实性行为的完成，这两者都是形式性的认定，只重视事实层面，而忽视了从价值层面看是否对刑法保护的法益造成了侵害或危险，这就会导致一系列后果。

后果一，在结果犯或行为犯与侵害犯竞合的场合，由于忽视了行为对保护法益的现实侵害这一实质内涵，会导致不能从中领会犯罪既遂的价值和意义，难以为既遂与未遂的区分提供实质性的评价基准，由此会对何为"物质性结果发生"或"事实性行为完成"产生争论。比如盗窃罪是以窃取了财物作为既遂的标志，但如何理解这种结果却产生了"失控说""控制说""失控加控制说"等多种观点；比如强奸罪是以强奸行为的完成作为既遂的标准，但如何理解这里的行为完成却产生了"接触说""插入说""射精说"等多种观点。

后果二，在结果犯或行为犯与抽象危险犯竞合的场合，由于忽视了行为对保护法益造成了侵害的现实危险这一实质内涵，会将其理解为形式犯，导致将没有对法益造成现实侵害危险的行为认定为犯罪。比如盗窃、抢夺枪支、弹药、爆炸物罪和危险驾驶罪都是抽象危险犯，也就是

---

① 参见顾俊杰《中国哲学与传统法律文化》，《比较法研究》1988 年第 3 期。

说虽然不要求行为对公共安全法益造成现实侵害，但要造成侵害的现实危险。当然，这种危险虽由立法直接推定而不需要司法上具体判断，但允许反证危险不存在而出罪。可是如果忽视这一实质内涵，就会将抽象危险犯混同为形式犯，这就意味着只要行为人实施了盗窃、抢夺枪支、弹药、爆炸物行为并且控制上述物质，或者只要危险驾驶行为实施完成，就可以构成犯罪既遂，即使上述行为对公共安全法益并没有造成任何的侵害危险，也要构成犯罪。这样的结论是违背刑法的法益保护目的的。

后果三，在结果犯或行为犯与具体危险犯竞合的场合，会导致对具体危险犯的理解形式化。我国大陆刑法理论通说认为，危险犯是以某种危险状态的具备作为既遂标准的犯罪，并将其作为与结果犯、行为犯并列的一种犯罪既遂类型，也就是指刑法分则中除了要求行为，还要发生某种危险状态，但不要求发生物质性结果的犯罪。由此看出，这里的"危险状态"与事实性行为、物质性结果属于同一性质，都是事实层面的。但是笔者认为刑法分则中表述的"危险状态"其实是指行为对法益的侵害危险，是价值层面的具体危险犯，与事实性行为和物质性结果不是同一性质的。因为其所谓的"某种危险状态"具体来说是指刑法分则中表述有"危害公共安全""足以发生……危险"等的犯罪，这种危险其实是指行为对具体犯罪所保护法益造成的侵害危险，而不是行为造成某种物质性结果的危险。例如放火罪，"危害公共安全"是指对该罪所保护的公共安全法益造成侵害的危险，而不是目的物烧毁的危险；再比如破坏交通工具罪，"足以使交通工具发生倾覆、毁坏危险"是指对该罪所保护的公共安全法益造成侵害的危险，虽然其表述为交通工具发生倾覆、毁坏，但交通工具倾覆、毁坏实际指的是公共安全法益遭受实害，而不是指交通工具遭到物质性破坏。由此可知，通说是将刑法分则中本是表述实质意义的具体危险犯，进行了形式化的理解，这也是重事实轻价值的表现。总而言之，在所谓"事实与价值的一次性综合评价"体系中，往往只是事实评价在发挥作用，而价值评价则被掩盖，如果能够在价值层面划分出侵害犯与危险犯，并且与事实层面的结果犯与行为犯交叉竞合，那么价值的评价功能就会被凸显，这对于克服我国整体式思维习惯的弊端，改变我国重事实轻价值的现象，进而推动我国刑法理论的发展，将会大有裨益。

二 犯罪既遂的类型：实质结果犯与实质行为犯二分法之提倡

（一）侵害犯与危险犯不宜作为犯罪既遂的类型

有不少学者将侵害犯与危险犯作为犯罪既遂的类型，比如有学者认为，犯罪既遂形态包括结果犯与危险犯两类，结果犯是指犯罪行为内在、合乎规律地引起的终局实害结果作为既遂标志的犯罪；危险犯是指以足以导致该实害结果发生的危险状态出现作为犯罪既遂标志的犯罪。① 也有学者将基本犯的既遂形态划分为行为犯和结果犯，结果犯又划分为危险犯和实害犯。行为犯与结果犯是以客观构成要件要素中是否包含结果要素（指刑法所保护的法益）为标准对犯罪进行的划分，危险犯与实害犯是以行为对刑法所保护法益的侵犯形态为标准对犯罪进行的划分。在区分完成形态与未完成形态的犯罪中，危险犯是以危险状态的发生作为既遂标志的犯罪，实害犯是以发生特定的实害结果作为既遂标志的犯罪。② 还有学者将犯罪既遂分为三种类型，实害犯是以发生侵害法益的结果作为犯罪既遂标志的犯罪，危险犯是以发生危险状态作为犯罪既遂标志的犯罪，行为犯是以行为的完成作为既遂标志的犯罪。③

虽然在价值层面的实质意义上，侵害犯与危险犯确实是以行为对法益造成了实害结果或者足以造成实害结果的危险状态作为既遂标志的犯罪，但是笔者仍然认为其不适宜作为犯罪既遂的类型。理由如下。

第一，侵害犯与危险犯是从价值层面来理解犯罪既遂，但价值本身不是客观实体，其只有通过事实才能征表其存在，脱离了事实的价值只是一种抽象的主观认知。从事实和价值的关系来看，价值不能脱离事实，因为价值本身不是实体，不能自己表现自己的存在，其必须依附于事实，只有通过事实才能征表其存在，离开了作为其承担者的事实，价值就变成了不可捉摸的、难于认识的不可知之物。侵害犯与危险犯是指行为对法益的侵

---

① 参见彭文华《犯罪既遂原理》，中国政法大学出版社 2013 年版，第 285、325 页。

② 参见王志祥《犯罪既遂新论》，北京师范大学出版社 2010 年版，第 170、185—186 页。

③ 参见徐光华《犯罪既遂问题研究》，中国人民公安大学出版社 2009 年版，第 164、184、214 页。

犯样态，是价值层面的实质概念，其只有通过事实层面的客观实体才能征表其存在。正如学者们所说的，犯罪客体是一种抽象的观念，不是实体，危害行为不能对犯罪客体造成直接损害，而只能以客体为标准对其进行否定性评价，由危害行为造成的客观危害来反证该危害行为侵害了客体；① 主体间的社会关系都是由一定的事物予以承担，若要破坏这种社会关系，就要对作为其承担者的事物施加影响，若不对社会关系的承担者施加影响，就不会侵害社会关系。② 可是一旦脱离了客观实体，侵害犯与危险犯就只是一种抽象的主观认知，要通过人的理性思维才能把握，较为抽象，也没有明确的标准，"脱离客观的载体，法益的侵害无从判断"③。所以，如果将侵害犯与危险犯这种抽象的价值本身作为犯罪既遂类型，那么必定会造成既遂认定的主观随意性，在司法实践中也不具有可操作性。

　　第二，侵害犯与危险犯是基于刑法目的来理解犯罪既遂，但由于脱离了法律条文的限定，不符合罪刑法定原则。犯罪既遂不仅仅是一种理论学说，它首先是法定的，必须限定在法律条文的限度内。一方面，刑法的法益保护目的是一种指导立法和司法的理念，理念只有通过法律的制定和实施才能予以贯彻。这种理念的贯彻表现在立法上，就是指导立法者根据法益保护目的制定法律条文，运用法律语言来尽可能体现对具体法益的保护；表现在司法上，就是司法机关要在法益保护目的指导下，对法律条文进行实质解释，只有侵害或威胁法益的行为才是法条规定的犯罪行为。所以，法益保护目的的贯彻无论在立法上还是司法上，都不能离开法律条文，法律条文是其得以存在的依附体。另一方面，罪刑法定原则要求犯罪既遂必须具有法定性和规范性。罪刑法定原则旨在限制司法权，防止罪刑擅断，这就是说司法机关认定某一行为是否构成犯罪、构成何种犯罪、犯罪形态如何、应当如何处罚等，都要符合刑法条文的规定。所以在认定犯罪行为的停止形态时，无论是犯罪既遂，还是犯罪预备、未遂和中止，都要符合法律明文规定。由此可见，犯罪既遂是具有法定性和规范性的，但是侵害犯与危险犯是基于法益保护目的来理解犯罪既遂，只是一种理论学说，并没有进行法律条文的限定，使得司法机关的裁判仅仅是依据理论学

①　参见李林《危险犯与风险社会刑事法治》，西南财经大学出版社2012年版，第44页。

②　参见李洁《犯罪对象研究》，中国政法大学出版社1998年版，第21页。

③　李林：《危险犯与风险社会刑事法治》，西南财经大学出版社2012年版，第66页。

说而无法律依据，这是违反罪刑法定原则的，不可避免会造成司法权的滥用和国民人权的侵犯。正如学者所言，之所以必须将法益侵害限定于刑法条文所规定的构成要件内，只能让其在对构成要件的解释中发挥作用，是因为法益侵害属于一种实质标准，有可能导致对刑法规范的任意解释与扩展。①

综上所述，侵害犯与危险犯不适宜以独立的存在作为犯罪既遂的类型，其具有实质解释功能，应该通过对结果犯与行为犯的实质解释来征表其存在。

（二）　实质结果犯与实质行为犯的含义

所谓实质结果犯，是指经过侵害犯或危险犯实质解释后的结果犯；所谓实质行为犯，是指经过侵害犯或危险犯实质解释后的行为犯。笔者对其含义的界定作以下两点说明：

第一，实质结果犯与实质行为犯不同于结果犯与行为犯。结果犯与行为犯是依据构成要件中是否有结果要素进行的划分，是事实层面的形式概念；而实质结果犯与实质行为犯是对形式意义的结果犯与行为犯经过了侵害犯或危险犯的实质解释。具体来说，实质结果犯包括结果犯与侵害犯的竞合、结果犯与危险犯的竞合；实质行为犯包括行为犯与侵害犯的竞合、行为犯与危险犯的竞合。此外，不适宜将形式意义的结果犯与行为犯作为犯罪既遂的类型。一方面，虽然结果犯与行为犯是从事实层面来理解犯罪既遂，但是脱离了价值属性的事实不具有实质的内涵，也就丧失其存在的意义。从事实和价值的关系来看，事实不能脱离价值，因为只有承担价值属性的事实才有实质的内涵和存在的意义，若脱离了价值，就会丧失全部的社会意义或者法律意义。结果犯与行为犯是指行为对构成要件的满足状态，是事实层面的形式概念，只有运用法益理论赋予其价值属性，揭示其实质内涵，才能真正成为犯罪既遂的类型。正如学者所言，法益是构成要件的核心概念，只有通过法益概念，我们才能理解立法者意欲对法益进行哪种程度的保护，所以充分发挥法益对构成要件的解释机能，有益于我们更好地区分既遂与未遂。② 可是一旦脱离了法益侵害的价值属性，结果犯

---

① 参见吴振兴主编《犯罪形态研究精要Ⅰ》，法律出版社 2005 年版，第 303—304 页。

② 参见吴振兴主编《犯罪形态研究精要Ⅰ》，法律出版社 2005 年版，第 304 页。

与行为犯就只是纯客观的、中性的事实，如果将其作为犯罪既遂类型，那么必定会造成既遂标准的认定过于形式化，不能从中领会到犯罪既遂的价值和意义，难以为既遂与未遂的区分提供实质性的评价基准，由此对何为结果犯要求的结果发生和行为犯要求的行为完成产生争论。另一方面，结果犯与行为犯是基于法律条文来理解犯罪既遂，但却没有揭示出法条背后的法益保护目的。立法者在运用法律语言表述某一罪名时，都是在法益保护目的指导下进行的，表述的都是侵犯法益的犯罪行为，所以每一则法条的背后都有法益保护的刑法目的。正因为如此，我们在适用法律条文时，必须结合其具体保护的法益进行实质解释，而不应只是把法律条文看作空洞的、文理上的文字。所以，对犯罪既遂的理解也应结合法条背后的目的，但是结果犯与行为犯只是基于法律条文来理解犯罪既遂，并没有揭示其背后的刑法目的，这就使得对法条的解释过于形式化，掩盖了犯罪既遂的实质内涵。

第二，在以结果犯与行为犯为本体的基础上，由侵害犯与危险犯对其进行实质解释。首先，要以结果犯与行为犯作为解释的本体。因为结果犯与行为犯是从事实层面来理解犯罪既遂，具有较强的直观性，相较于价值性或实质性的抽象理论具有较明确的标准，易于被人们所把握和理解，符合人们对于犯罪既遂最自然、最朴素的认识，在司法实践中也具有较强的实用性。同时，结果犯与行为犯也是基于法律条文来理解犯罪既遂，将既遂标准的认定严格限定在法律规定的范围内，坚持从刑法分则的规定中寻找既遂标准，这可以最大限度地维护罪刑法定原则。基于上述特点，将结果犯与行为犯作为解释的本体，可以限定法益这种实质标准的肆意扩张，也就是说只能在刑法规范的构成要件框架下实现法益保护目的。然后，要通过侵害犯与危险犯进行实质解释。只有运用法益理论赋予结果犯与行为犯以价值属性，才能揭示出犯罪既遂的实质内涵，为既遂与未遂的区分提供实质性的评价基准，有效克服形式化理解犯罪既遂产生的内涵不确定，也就是说经过了实质解释后的结果犯与行为犯才能真正成为犯罪既遂的类型。如此一来，经过事实与价值或者形式与实质的互相结合、互相牵制，使得犯罪既遂的认定在坚守罪刑法定原则的前提下，达到了保护法益的刑法目的。

第二节 实质结果犯

一 概述

所谓实质结果犯，是指经过侵害犯或危险犯实质解释后的结果犯。具体包括结果犯与侵害犯的竞合、结果犯与具体危险犯的竞合、结果犯与抽象危险犯的竞合。

结果犯与侵害犯的竞合表现为，除了事实性行为外，还要求发生一定的物质性结果，同时要求行为对保护法益造成了现实侵害。比如我国《刑法》第 132 条规定的故意杀人罪，该罪要求除了实施故意杀人行为外，还需发生他人死亡的物质性结果，同时要求他人的生命权遭到现实侵害；结果犯与危险犯的竞合表现为，除了事实性行为外，还要求发生一定的物质性结果，同时要求行为对保护法益虽然没有造成现实侵害，但造成了接近现实侵害的高度危险，其中具体危险犯的危险需要在司法上作具体判断，抽象危险犯的危险由立法直接推定，不需要在司法上作具体判断，但允许反证行为不具有侵害法益的危险而出罪。比如我国《刑法》第 127 条第 1 款规定的盗窃、抢夺枪支、弹药、爆炸物、危险物质罪，该罪要求除了实施盗窃、抢夺枪支、弹药、爆炸物、危险物质行为外，还需发生行为人控制上述物质的物质性结果，同时要求盗窃、抢夺行为对该罪所保护的公共安全法益造成了接近实害结果的高度危险。其中盗窃、抢夺枪支、弹药、爆炸物罪属于抽象危险犯，盗窃、抢夺危险物质罪属于具体危险犯，两者的危险判断方法不同。

由此可见，结果犯既可以是侵害犯，也可以是具体危险犯或抽象危险犯；反过来，侵害犯可以是结果犯，具体危险犯或抽象危险犯，也可以是结果犯。所以不能简单地将结果犯与侵害犯相等同。

二 实质结果犯的既遂标准认定

（一）结果犯与侵害犯的竞合

对于结果犯与侵害犯竞合的实质结果犯，应借助行为对法益造成的现实侵害来实质解释事实性的物质性结果，此种物质性结果的发生就意味着法益遭受到了现实侵害，所以实质解释后确定的物质性结果发生就是该类罪的既遂标准。下面以我国《刑法》第 264 条规定的盗窃罪为例来作具体说明。

作为结果犯，盗窃罪是以发生"窃取了财物"这种物质性结果作为既遂标志的，但是在国内外刑法理论中，关于如何理解这种结果却产生了多种观点。德日刑法理论的通说是取得说，该说认为行为人排除了他人对财物的占有，将财物转变为行为人或者第三人占有时就是既遂，否则是未遂。① 我国刑法理论主要在失控说、控制说、失控加控制说、控制兼顾失控说之间存在争论：失控说认为，应当以盗窃行为使财物所有人或保管人丧失了对被盗财物的控制为既遂标准，至于行为人是否控制了该财物，不影响盗窃罪既遂的成立。② 控制说认为，应当以行为人已经获得了对被盗财物的实际控制为既遂标准，未能实际控制被盗财物的是未遂。③ 失控加控制说认为，应当以盗窃行为使财物所有人或保管人丧失了对被盗财物的控制，并且置于行为人的实际控制之下作为既遂标准，两个条件必须同时满足。如果缺少任一条件，或者财物所有人或保管人尚未丧失对被盗财物的控制，或者虽然财物所有人或保管人丧失了对被盗财物的控制，但是行为人未能获得对财物的实际控制，都是未遂。④ 控制兼顾失控说认为，盗窃罪的既遂标准原则上应当采取控制说，即以行为人是否已经获得对被盗财物的实际控制为既遂标准，但是在特殊情况下，如果行为人未取得财物但被害人失去了对财物的控制时，应采用失控说。⑤ 此外，我国颁布的司法解释对于盗窃罪既遂标准的规定也不一致，

---

① 参见刘明祥《财产罪比较研究》，中国政法大学出版社 2001 年版，第 190 页。

② 参见高铭暄、马克昌主编《刑法学》，北京大学出版社、高等教育出版社 2011 年版，第 507 页；张明楷《刑法的基本立场》，中国法制出版社 2002 年版，第 232 页；刘之雄《犯罪既遂论》，中国人民公安大学出版社 2003 年版，第 341 页；王志祥《犯罪既遂新论》，北京师范大学出版社 2010 年版，第 296 页。

③ 参见赵秉志《侵犯财产罪》，中国人民公安大学出版社 1999 年版，第 181—183 页；彭文华《犯罪既遂原理》，中国政法大学出版社 2013 年版，第 427 页。

④ 参见陈兴良主编《罪名指南》（上册），中国人民大学出版社 2008 年版，第 834 页。

⑤ 参见刘明祥《财产罪比较研究》，中国政法大学出版社 2001 年版，第 193 页。

有的司法解释采取失控说，[①] 而有的司法解释采取控制说。[②]

笔者认为，上述关于盗窃罪既遂标准的争论其实主要是失控说与控制说的对立，因为一方面，取得说与控制说的观点是一致的，都是以行为人已经获得了对被盗财物的实际控制为既遂标准；而失控加控制说实质上也是控制说，该说看似是对失控说与控制说的折中，但是其中仍然是控制说在起决定作用，其与控制说的结论是一样的。因为被害人失去对财物的控制时，行为人未必会获得对该财物的实际控制，但是当行为人实际控制了财物时，被害人必定丧失了对该财物的控制，这就决定了行为人是否实际控制被盗财物在盗窃罪既遂与否的认定中起到决定性作用，这样一来，失控加控制说实际上成了控制说的翻版。另一方面，控制兼顾失控说实质上是失控说。该说将行为人未取得财物但被害人失去了对财物的控制视为特殊情况，那么一般情况就是行为人取得财物同时被害人失去了对财物的控制。在一般情况下行为人实际控制财物与被害人丧失财物是同时发生的，因而无论采取控制说还是失控说，所得出的结论都是一样的；但是在特殊情况下两者却会得出不同的结论，失控说会主张由于被害人丧失了对被盗财物的控制而成立犯罪既遂，但是控制说会主张由于行为人未能获得对被盗财物的实际控制而成立犯罪未遂。控制兼顾失控说虽然主张在一般情况下采取控制说，但其结论与失控说是没有差别的，最重要的是其主张在特殊情况下采取失控说而非控制说，所以笔者认为这种观点实质上仍是失控说。

关于我国刑法盗窃罪的既遂标准，笔者主张失控说。理由如下。

第一，盗窃罪是结果犯与侵害犯的竞合，应借助行为对法益造成的现实侵害来实质解释物质性结果，由此种物质性结果来征表保护法益遭受到了现实侵害。盗窃罪是侵害犯，以盗窃行为对他人的财产权造成了实害作为既遂标志，所以盗窃罪的既遂必须在实质意义上达到他人的财产权遭受实害。根据这一实质标准来确定何为"窃取了财物"，可以看出失控说具有合理性，因为失控说将其理解为"财物所有人或保管人丧失了对被盗

---

① 参见 1992 年 12 月 11 日公布的最高人民法院、最高人民检察院《关于办理盗窃案件具体应用法律的若干问题的解释》第 1 条。

② 参见 2003 年 11 月 13 日发布的最高人民法院《全国法院审理经济犯罪案件工作座谈会纪要》第 2 条。

财物的控制"，而被害人对被盗财物控制的丧失就足以征表或反证被害人的财产权遭受侵害，至于行为人是否控制了被盗财物，并不影响他人财产权已经造成侵害的事实。

第二，控制说是立足于行为人的犯罪目的来理解盗窃罪既遂的，笔者对此不敢苟同。失控说以被害人丧失对被盗财物的控制为既遂标准，控制说以行为人获得对被盗财物的控制为既遂标准，两者看似仅体现为一种形式上的差异，但这种形式上的差异是根源于对盗窃罪既遂实质内涵的不同理解。失控说是立足于刑法的法益保护目的来理解盗窃罪既遂的，而控制说则是立足于行为人的犯罪目的来理解盗窃罪既遂的。例如失控说的主张者指出，盗窃罪既遂与未遂的区别，不在于行为人是否获得利益，而是行为是否对法益造成了侵害；① 盗窃罪应以盗窃行为对该罪的保护法益造成了实害结果作为既遂的标志，而财物保管人丧失了对财物的实际控制，就意味着该罪的保护法益遭受实害。② 再如控制说的主张者指出，根据《刑法》第 23 条规定，犯罪既遂与未遂的区分标准在于犯罪是否得逞，而对于盗窃罪来说，犯罪是否得逞在于是否实现对被盗财物的实际控制，也就是说如果实际控制了被盗财物，即犯罪得逞，构成盗窃既遂，反之为盗窃未遂。可见，刑法以犯罪是否得逞来区分既遂和未遂，与控制说以是否获得对被盗财物的控制来区分既遂与未遂，二者完全一致。③ 犯罪既遂必须是犯罪已经得逞，盗窃罪是以行为人支配、掌控财物作为既遂标志，只有控制说才能同时满足盗窃罪既遂对主观和客观两方面的要求。④

但是笔者认为，立足于行为人的犯罪目的来理解犯罪既遂的观点是值得商榷的。理由之一，该观点并非站在立法者的角度而是站在行为人的角度来认定既遂标准，其选择的立足点不正确。一方面，在设定既遂标准时，立法者是站在国家、社会的立场，基于法益保护的需要做出的；而行为人对犯罪既遂与否的评价是基于危害行为是否满足了自己的需要做出的。而犯罪人的目的是否达到，与其行为给社会带来的危害大小，两者间并不成正比，即行为人尽管未实现其犯罪目的，但有可能给社会造成了极

---

① 参见张明楷《刑法的基本立场》，中国法制出版社 2002 年版，第 231 页。

② 参见王志祥《犯罪既遂新论》，北京师范大学出版社 2010 年版，第 296—297 页。

③ 参见赵秉志《侵犯财产罪》，中国人民公安大学出版社 1999 年版，第 183 页。

④ 参见彭文华《犯罪既遂原理》，中国政法大学出版社 2013 年版，第 428 页。

大的危害，反之亦然。① 另一方面，既然犯罪既遂是法律设定的停止形态，当然应从立法者的角度进行评价，立法者可以基于立法目的对客观行为过程进行取舍，而该观点使得既遂标准取决于行为人的主观目的，这使得立法者丧失了选择既遂标准的权利。理由之二，虽然该观点对犯罪既遂的理解最符合法条用语，但是对法律条文不能仅限于文理解释，最终应符合法益保护的目的解释。从我国《刑法》条文第 23 条 "未得逞" "未遂"这样的法律用语来看，其带有强烈的主观色彩，是从犯罪人的角度来确定既遂标准的，因而该观点最符合立法用语的字面含义，这也成为其主张者重要的立论依据。但问题是，对法律条文进行文理解释虽然最符合罪刑法定原则的要求，也是应首先选择的一种解释方法，但其却不是具有最终决定权的解释方法。刑法的目的是保护法益，任何解释都要以保护法益为指导，以目的解释来最终决定。如果按照 "得逞" 与 "未得逞" 的字面含义来解释犯罪既遂，脱离了目的解释的指导，这是不符合既遂设定的法益保护目的。理由之三，该观点是主观主义刑法理论的产物，在坚守客观主义立场、限制刑罚权滥用的今天，不应采纳这种观点。在笔者看来，该观点是主观主义刑法理论在刑法学中的又一个体现，从目前刑法学界普遍支持客观主义刑法理论的大环境看，该观点是与这种大环境格格不入的。客观主义与主观主义的对立在整个犯罪论领域都有体现，例如在何为实行行为的解释上，客观主义认为实行行为是符合构成要件的具有法益危险性的行为，强调行为本身客观实在的危险性，主观主义认为实行行为是征表犯罪人危险性格的行为，强调只有能表现犯罪人危险性格的才是实行行为；在实行行为着手的认定上，客观主义认为开始实施具有现实危险性的行为才是着手，主观主义认为行为人犯罪意思被发现时才是着手，等等。同样，在犯罪既遂的认定上，客观主义认为犯罪行为对法益造成侵害或危险时是既遂，而主观主义认为行为人犯罪意思实现时是既遂，这正是犯罪目的实现说的观点。可以看出，主观主义的弊端是很明显的，虽然它也承认不能只根据主观恶意来定罪，还应有客观行为，但在它这里客观行为是依附于主观恶意的，其与主观归罪也就没有太大差别，由此导致刑罚范围的极大扩张，不利于保障国民自由。

---

① 参见翁伟民《犯罪既遂标准刍议》，《广西社会主义学院学报》2001 年第 3 期。

第三，在司法实践中，很可能会出现被害人已经丧失对财物的控制，但是行为人未能实际控制财物的特殊情况，若按照控制说认定为盗窃罪未遂，有放纵犯罪之嫌，不利于对法益的保护。一般来说，被害人丧失对财物的控制与行为人获得对财物的控制是同时发生的，因而无论采取控制说还是失控说，所得出的结论是一样的；但是，也存在着被害人失控与行为人控制不一致的特殊情况，即被害人已经丧失对财物的控制，但是行为人未能实际控制财物。在这种特殊情况下，控制说与失控说会得出明显不同的结论，对犯罪行为的定性产生重大影响。例如，行为人在行驶的火车上秘密窃取了他人财物，然后将财物抛下火车，预想下车后捡回，可是在寻找被盗财物时却发现财物不见了。在类似案例中，行为人虽然没有实际控制被盗财物，但被害人的财产权却已遭受现实侵害，对此控制说与失控说基于不同的立足点产生了明显不同的结论：控制说站在犯罪人的角度，会主张由于犯罪人未能获得对被盗财物的实际控制而成立盗窃罪未遂；而失控说站在保护法益的角度，会主张由于被害人丧失了对被盗财物的控制而成立盗窃罪既遂。相较于失控说，在被害人的财产权已然遭受侵害的情况下，控制说却以犯罪人未获得利益为由认定为盗窃罪未遂，这样的处理结果并不具有公正性，因其侧重保护犯罪人而有放纵犯罪之嫌，不利于保护被害人的合法权益。

(二) 结果犯与具体危险犯的竞合

对于结果犯与具体危险犯竞合的实质结果犯，应借助行为对法益造成的接近实害犯程度的现实危险①来实质解释事实性的物质性结果，此种物质性结果的发生就意味着法益遭受到了足以造成实害结果的现实危险，所以实质解释后确定的物质性结果发生就是该类罪的既遂标准。当然具体危

---

① 在价值层面的实质意义上，危险犯是以行为对法益造成了足以造成实害结果的危险状态作为既遂标志的犯罪，"足以造成实害结果的危险状态"要达到接近实害犯的危险程度，是一种高度的危险状态。这一特点共同适用于具体危险犯和抽象危险犯，也就是说具体危险犯和抽象危险犯在危险程度上并没有差异，都要达到接近实害犯的程度，两者的区别仅在于判断危险的方法不同，即具体危险犯的危险需要在司法上具体认定和考察，而抽象危险犯的危险则直接由立法推定，不需要在司法上具体判断，但又允许反证行为不具有侵害法益的危险而出罪。笔者已经在本书第二章第一节中，对具体危险犯与抽象危险犯的区别及其危险程度的要求作了详细分析，在此不再赘述。

险犯的危险需要司法机关结合案件情况作具体地认定和考察。下面以我国《刑法》第114条规定的放火罪为例来做具体说明。

1. 放火罪既遂标准的认定

作为结果犯，放火罪是以发生"目的物烧毁"这种物质性结果作为既遂标志，但是在国内外刑法理论中，关于如何理解这种结果却产生了独立燃烧说、丧失效用说、重要部分燃烧说和毁弃说等多种观点。①

独立燃烧说认为，火离开媒介物转移到目的物后，目的物达到了可以独立燃烧的状态时，即为烧毁，此时就是放火罪既遂，否则是放火罪未遂。由于该学说重视放火罪的公共危险性质，认为在目的物能够独立燃烧时就对公共安全造成了危险，所以应以此为标准认定既遂。该学说主要受到了以下两点批判：一是该学说只考虑了放火罪的公共危险性质，而忽视了放火罪的侵犯财产性质，因为目的物达到独立燃烧状态时，虽然对公共安全造成了危险，但目的物作为财产却未必受到损坏；二是该学说使得放火罪的既遂时期过于提前，导致放火罪未遂形态和中止形态的成立余地过小，而放火罪的法定刑又重，这会造成量刑过于严苛。

丧失效用说认为，火力将目的物的重要部分烧掉，致使其丧失效用时，即为烧毁，此时就是放火罪既遂，否则是放火罪未遂。由于该学说重视放火罪的侵犯财产性质，认为在目的物丧失效用时才是侵犯财产，所以应以此为标准认定既遂。该学说主要受到了以下两点批判：一是该学说只考虑了放火罪的侵犯财产性质，而忽视了放火罪的公共危险性质，因为即使目的物的效用尚未丧失，也可能早已对公共安全造成了危险；二是通常放火行为在使目的物丧失效用之前就发生了公共危险，故该学说不当地推迟了放火罪的既遂时间，这会导致将本来已经既遂的放火行为认定为未遂犯或中止犯，有放纵犯罪之嫌。

重要部分燃烧说认为，目的物的重要部分开始燃烧时，即为烧毁，此时就是放火罪既遂，否则是放火罪未遂。是否是目的物的重要部分，不是从目的物效用的财产性质来判断，而是从公共危险的角度来判断。

---

① 下文对这些学说的介绍，具体参见赵秉志主编《外国刑法各论》（大陆法系），中国人民大学出版社2006年版，第271—272页；张明楷《外国刑法纲要》（第二版），清华大学出版社2007年版，第642页；张明楷《未遂犯论》，中国法律出版社、日本国成文堂1997年版，第164—171页。

该说是以独立燃烧说为基础的折中说，偏重于放火罪的公共危险性质，认为独立燃烧说只重视放火罪的公共危险性质，使得放火罪的既遂过于提前，为了克服其缺陷，提出只有在目的物的重要部分开始燃烧时才是放火罪既遂，这样就同时重视了放火罪的公共危险性质和侵犯财产性质，并且使得放火罪的既遂既不提前也不推迟。该学说受到的最主要的批判是，何时才算重要部分开始燃烧，这一标准并不明确，对其进行判断相当困难。

毁弃说认为，火力使目的物达到了毁弃罪中的损坏程度时，即为烧毁，此时就是放火罪既遂，否则是放火罪未遂。由于毁弃罪中的损坏程度只要求部分损坏，故该说又称为部分损坏说。该说是以丧失效用说为基础的折中说，偏重于放火罪的侵犯财产性质，认为丧失效用说只重视放火罪的侵犯财产性质，使得放火罪的既遂过于推迟，为了克服其缺陷，提出不必使目的物达到效用丧失的程度，只要达到了毁弃罪中的损坏程度，就可以认定为放火罪既遂，这样就同时重视了放火罪的公共危险性质和侵犯财产性质，并且使得放火罪的既遂既不提前也不推迟；同时，相较于重要部分燃烧说标准不明确的缺陷，该说能够提供一个容易判断的标准。该学说受到了如下批判：一是该说由于偏重于放火罪的侵犯财产性质而借用了财产犯的标准，事实上轻视了放火罪的公共危险性质；二是不明确为什么要以毁弃罪中的损坏程度为标准区分放火罪的既遂与未遂；三是判断单纯由火力造成的损坏也很难办到。

关于我国刑法放火罪的既遂标准，笔者主张重要部分燃烧说。理由如下。

第一，我国刑法规定的放火罪属于危害公共安全的犯罪，重视其公共危险性质，因而丧失效用说和毁弃说并不适用于我国刑法。从上述学说的介绍中可以看出，独立燃烧说和重要部分燃烧说重视放火罪的公共危险性质，丧失效用说和毁弃说重视放火罪的侵犯财产性质，也就是说这两对学说对放火罪既遂标准的争论，实质上是关于放火罪所侵犯的法益性质的争论。有关放火罪法益性质的规定，综观大陆法系国家的立法，主要有两种情形：一种情形是，把放火并危害公共安全的行为作为独立的罪名，规定在危害公共安全犯罪中。这为多数国家所采纳，如德国、日本、意大利等；另一种情形是，不论放火是否危及公共安全，均规定在侵犯财产犯中。这为少数国家所采纳，如法国、西班牙等。① 而我国刑法关于放火罪的立法规定属于前一种情形，即规定为危害公共安全罪，这从我国刑法分则的体系安排以及对类罪之同类法益的明文规定就能得以明确，而且从第114条的条文表述中也能看出，其强调的是放火行为"危害公共安全"，完全没有考虑侵犯财产性质。由此看来，我国刑法重视的只是放火罪的公共危险性质，而未考虑其侵犯财产性质。既然如此，对放火罪既遂标准的认定就应从独立燃烧说和重要部分燃烧说中选择，丧失效用说和毁弃说重视的是放火罪的侵犯财产性质，这有悖于我国的刑法规定。

　　第二，放火罪是结果犯与具体危险犯的竞合，应借助行为对法益造成的接近实害犯程度的现实危险来实质解释物质性结果，由此种物质性结果来征表法益遭受到了足以造成实害结果的现实危险。在实质意义上，危险犯以足以造成实害结果的危险状态发生作为既遂标志，所谓"足以造成实害结果的危险状态"是指行为对法益造成了接近实害结果的高度危险状态，也就是说法益虽然尚未受到实际侵害，但已经遭受到了接近实际侵害的高度危险。放火罪属于危险犯（具体危险犯），应以放火行为对公共安全法益造成了足以造成实害结果的危险状态作为既遂标志，也就是说放火罪的既遂必须在实质意义上使公共安全法益遭受接近实害结果的高度危险。根据这一实质标准来确定何为"目的物烧毁"，可以看出重要部分燃烧说更具有合理性。因为独立燃烧说只是要求目的物达到独立燃烧状态，但此时公共安全法益遭受的危险性还比较低，并不符合放火罪既遂的危险程度要求，若以其作为既遂标准会使得放火罪的既遂时间过于提前，导致放火罪未完成形态的成立余地过小，而且由于放火罪的法定刑较重，若放火行为对公共安全法益只造成了较低的危险性便以既遂论处，进而科处较重的刑罚，这会造成量刑过于严苛。相较而言，重要部分燃烧说要求目的物达到重要部分开始燃烧状态，而此时公共安全法益就遭受到了高度危险，比较符合放火罪既遂的危险程度要求，也就是说当目的物的重要部分开始燃烧时，就足以征表或反证公共安全法益遭受到了接近实害结果的高度危险。以其作为既遂标准能够避免过早地认定放火罪既遂，从而为放火

---

　　① 参见赵秉志主编《外国刑法各论》（大陆法系），中国人民大学出版社2006年版，第269—270页；鲜铁可《新刑法中的危险犯》，中国检察出版社1998年版，第150页。

罪未完成形态的成立留有余地，而且量刑也较为适度，符合刑罚比例原则。

第三，至于重要部分燃烧说受到的最主要批判，是难以判断何时才算重要部分开始燃烧，笔者认为应根据放火罪既遂的实质标准，在个案中作具体判断。在实质意义上，放火罪属于危险犯（具体危险犯），其既遂的实质标准就是公共安全法益遭受接近实害结果的高度危险，也即不特定多数人的生命、健康或重大公私财产安全已经面临最严重的威胁。笔者认为应根据这一实质标准来判断何时才算重要部分开始燃烧，这就意味着当目的物重要部分开始燃烧时，能够足以征表或反证公共安全法益遭受到了接近实害结果的高度危险。当然，由于司法实践中的案件千差万别，对于"接近实害结果的高度危险"也不可能作统一化认定，而必须结合个案作具体判断。对此，日本学者前田雅英教授主张：放火罪的既遂与未遂，实质上应当以"发生公共危险的程度"为标准进行判断；而烧毁是指目的物一定程度以上的部分燃烧，也就是说燃烧达到危害公共安全程度的继续阶段时就是既遂。具体来说，对现住建筑物放火罪中的烧毁，是指现住建筑物的重要部分开始燃烧、达到燃烧建筑物整体的危险程度时即为既遂；在特殊放火案件中难以判断何时开始燃烧时，目的物重要部分由于产生有毒瓦斯发生公共危险或者由于该部分接触到可燃物，从而导致氧化、形成高温以致发生延烧危险时即为烧毁。① 此外，也有我国大陆学者表达了类似观点，认为无论是具体危险犯还是抽象危险犯，只有当行为的危险性已经接近实害结果，即法定危险已实际发生而实害结果又尚未发生时，才成立危险犯既遂。至于发展到怎样的程度才是接近实害结果，即最严重地威胁着不特定多数人的生命、健康或者公私财产安全，这必须取决于对实害结果的性质、行为本身的特点以及犯罪的对象情况等因素进行的具体分析。②

2. 补充说明

有必要补充说明的是，上文所讨论的各种学说都是在研究放火罪的既

---

① 参见［日］前田雅英《刑法各论讲义》，转引自张明楷《未遂犯论》，中国法律出版社、日本国成文堂 1997 年版，第 169—170 页。

② 参见金泽刚《犯罪既遂的理论与实践》，人民法院出版社 2001 年版，第 108、110—111 页。

遂标准，是建立在犯罪既遂模式论的理论前提下的。由于承认刑法分则条文规定的是犯罪既遂形态的构成要件，所以放火罪在既遂意义上是危险犯，以足以造成实害结果的危险状态发生作为既遂标志，未发生此种危险状态的则是其未完成形态。这一观点无论在大陆法系刑法学界还是我国刑法学界，都得到了普遍支持。比如日本学者认为，各国刑法规定的放火罪，都是结果犯，同时也是危险犯。① 中国台湾学者认为，放火罪属于危险犯，包括具体危险犯和抽象危险犯两类。② 中国大陆刑法学者认为，说放火罪是危险犯，是由于它并未对公共安全造成现实的侵害；说放火罪是结果犯，是由于法律要求发生行为客体烧毁的结果出现作为既遂的标准。③ 而上述各种学说所探讨的就是如何理解"烧毁"才能征表出公共安全法益遭受了足以造成实害结果的危险，从而构成放火罪既遂。由于"足以造成实害结果的危险状态"要达到接近实害犯的危险程度，是一种高度的危险状态，所以刑法理论上往往不赞同独立燃烧说，因为该说相对丧失效用说、重要部分燃烧说和毁弃说而言，对公共安全法益造成的危险程度是最低的，不符合放火罪既遂的危险程度要求，以其作为既遂标准会造成放火罪既遂的前移，使得放火罪未完成形态的成立余地过小。

　　但是在中国大陆刑法学界也有部分学者主张犯罪成立模式论，认为刑法分则条文规定的构成要件是犯罪成立意义上的，是判断行为是否构成犯罪的标准，其是各种犯罪形态的共同基础，而犯罪形态则需在犯罪成立基础上作进一步判断。在他们看来，《刑法》分则第 114 条并不是对放火罪既遂形态构成要件的规定，所表述的"危害公共安全"要素只是放火罪成立的标志，是用来区分罪与非罪的，在放火罪成立的基础上尚需结合放火行为对公共安全法益的侵犯程度，进一步判断其犯罪形态，如果放火行为对公共安全法益造成了实际侵害结果，则成立放火罪既遂，未发生实害结果的则是放火罪的未完成形态。所以与中外刑法理论界通说观点不同，该论者们认为放火罪在既遂意义上是侵害犯，以实害结果的发生作为既遂

---

　　① 参见［日］松生健《危险犯中的危险概念》，转引自张明楷《危险犯初探》，载马俊驹主编《清华法律评论》（总第一辑），清华大学出版社 1998 年版，第 119 页。

　　② 参见林山田《刑法特论》（下册），台湾三民书局股份有限公司 1994 年版，第 429—431、435—449 页。

　　③ 参见李洁《犯罪既遂形态研究》，吉林大学出版社 1999 年版，第 280 页。

标志，未发生实害结果的则是其未完成形态。比如有学者认为，从我国刑法对放火罪的规定看，其可罚根据不仅仅是危险而是对法益的侵害，而是以法益实害作为犯罪的基本结果，因而放火罪属于侵害犯而非危险犯；① 另有学者认为，我国《刑法》第 114 条规定的放火罪的危险犯和第115 条第 1 款规定的放火罪的实害犯之间，应理解为未遂犯和既遂犯之间的关系，② 也就是说放火罪是以实害结果的发生作为既遂标志；还有学者认为，未遂与既遂的区分标准是行为是否造成了行为人所希望的、行为属性所决定的法益侵害结果，③ 我国《刑法》第 114 条是对第 115 条第 1 款的未遂犯的特别规定，④ 也就是说放火罪的危险犯与放火罪的实害犯之间是未遂与既遂关系，那么放火罪就是以实害结果的发生作为既遂标志。

　　但问题是，既然该论者们认为放火罪的既遂标准是实害结果而非危险结果，那为何也参与到了独立燃烧说、丧失效用说、重要部分燃烧说和毁弃说等学说的讨论？这些学说本是将放火罪定位于既遂意义的危险犯，研究以何种程度的危险结果作为其既遂标准。这主要是因为该论者们探讨这些学说并不是在研究放火罪的既遂标准，而是在研究放火罪的成立标准，也就是说放火罪成立所要求的"危害公共安全"应采用哪种学说作为标准。对此其主张者已经做了明确地说明："需要说明的是，上述学说都是从成立犯罪既遂标准的角度进行探讨的。"但是，由于本书认为《刑法》第 114 条规定的是放火等犯罪成立未遂犯的标准，因此本书便将上述学说作为判断是否"危害公共安全"的标准看待。⑤ 而其主张者对"危害公共安全"的理解也做了明确说明："刑法上的'危害公共安全'，是对放火行为的危险性质的要求，以此将放火罪同不构成放火罪的其他放火行为区别开来，而非是指以危害公共安全作为放火罪的既遂条件。"⑥ 由于该论者们主张"危害公共安全"的危险要素只是放火罪成立的标志，是用来

　　① 参见刘之雄《犯罪既遂论》，中国人民公安大学出版社 2003 年版，第 198 页。
　　② 参见黎宏《论放火罪中的危险》，载何鹏、李洁主编《危险犯与危险概念》，吉林大学出版社 2006 年版，第 142 页。
　　③ 参见张明楷《刑法的基本立场》，中国法制出版社 2002 年版，第 223 页。
　　④ 参见张明楷《刑法学》（第四版），法律出版社 2011 年版，第 606 页。
　　⑤ 参见黎宏《论放火罪中的危险》，载何鹏、李洁主编《危险犯与危险概念》，吉林大学出版社 2006 年版，第 137 页。
　　⑥ 刘之雄：《犯罪既遂论》，中国人民公安大学出版社 2003 年版，第 199 页。

区分罪与非罪的，所以这里的"危害公共安全"就是一种低度的危险状态，这就决定了论者们一般会选择独立燃烧说，因为该说相对于丧失效用说、重要部分燃烧说和毁弃说而言，对公共安全法益造成的危险程度是最低的，这就符合了放火罪成立的危险程度要求，以此将非罪行为排除出去。比如其主张者指出，应采用独立燃烧说作为判断放火行为是否危害公共安全的标准。①

　　通过上述分析可以发现，虽然学者们对放火罪的讨论，都围绕独立燃烧说、丧失效用说、重要部分燃烧说和毁弃说等学说展开，但由于所依据的前提理论不一样，就导致学者们运用这些学说研究的内容也不一样：如果以犯罪既遂模式论作为理论前提，进而将放火罪认定为既遂意义的危险犯，那么学者们就会运用这些学说研究放火罪的既遂标准，其中独立燃烧说往往不被刑法理论所采纳；如果以犯罪成立模式论作为理论前提，进而将放火罪认定为既遂意义的侵害犯，那么学者们就会运用这些学说研究放火罪的成立标准，其中独立燃烧说往往会被采纳。有关两种模式的争论并不是本部分所讨论的重点，而且笔者已经在本文第一章中作了重点分析，笔者在这里只是强调，由于理论前提不一样，导致运用这些学说研究的内容不一样，那么就应该将两者区分开来，也就是说既然我们是在讨论放火罪的既遂标准，那就不应该将讨论放火罪的成立标准的观点纳入其中。而且，虽然两者是在研究不同的问题，但运用的学说却是一样的，如果放在一起讨论，很容易会出现混淆和误解，加大放火罪既遂标准的认定难度。

（三）结果犯与抽象危险犯的竞合

　　对于结果犯与抽象危险犯竞合的实质结果犯，应借助行为对法益造成的接近实害犯程度的现实危险来实质解释事实性的物质性结果，此种物质性结果的发生就意味着法益遭受到了足以造成实害结果的现实危险，所以实质解释后确定的物质性结果发生就是该类罪的既遂标准。当然抽象危险犯的危险是由立法直接推定的，不需要在司法上作具体判断，但允许反证行为不具有侵害法益的危险而出罪。下面以我国《刑法》第 127 条第 1

---

① 参见黎宏《论放火罪中的危险》，载何鹏、李洁主编《危险犯与危险概念》，吉林大学出版社 2006 年版，第 137 页。

款规定的盗窃枪支罪①为例来做具体说明。

1. 盗窃枪支罪既遂标准的认定

作为结果犯，盗窃枪支罪是以发生"窃取了枪支"这种物质性结果作为既遂标志，但在我国刑法学界，关于如何理解这种结果产生了失控说、控制说和失控加控制说等多种观点。失控说认为，应当以盗窃行为使枪支所有人或保管人丧失对其控制为既遂标准，至于行为人是否控制了枪支，不影响本罪既遂的成立。因为一旦盗窃行为使枪支脱离了管理人的控制，就可能流散社会，危及公共安全。②控制说认为，应当以行为人实际控制了被盗枪支为既遂标准，如果行为人尚未控制被盗枪支，即使导致管理人失控也不能认定为既遂。因为虽然盗窃行为致使管理人失控，有时也能对公共安全构成一定危险，但立法意图所要防止的是行为人盗窃枪支可能利用其从事违法犯罪所具有的危险。③失控加控制说认为，应当以盗窃行为使枪支所有人或保管人丧失对其控制，并且已经置于行为人的实际控制之下作为既遂标准。所有人或保管人尚未丧失对被盗枪支的控制，或者虽然所有人或保管人丧失了对被盗枪支的控制，但是行为人未能获得实际控制，都是未遂。④

笔者认为，上述关于盗窃枪支罪既遂标准的争论主要是失控说与控制说的对立，因为失控加控制说实质上也是控制说，该说看似是对失控说与控制说的折中，但是其中仍然是控制说在起决定作用，其与控制说的结论是一样的。因为所有人或保管人丧失对被盗枪支的控制时，行为人未必会实际控制被盗枪支，但是当行为人实际控制了被盗枪支时，所有人或保管人必定丧失了对被盗枪支的控制，这就决定了行为人是否实际控制被盗枪支在本罪既遂与否的认定中起到决定性作用，如此一来，失控加控制说实际上成了控制说的翻版。

① 我国《刑法》第127条第1款规定的是盗窃、抢夺枪支、弹药、爆炸物、危险物质罪，其中盗窃、抢夺枪支、弹药、爆炸物罪属于抽象危险犯，盗窃、抢夺危险物质罪属于具体危险犯。由于盗窃、抢夺枪支、弹药、爆炸物罪属于选择性罪名，包括两种可选择的行为方式和三种可选择的行为对象，所以为了方便论述，笔者在此只选择盗窃枪支罪为例来做具体说明。

② 参见鲍遂献、雷东生《危害公共安全罪》，中国人民公安大学出版社1999年版，第274页。

③ 参见刘之雄《犯罪既遂论》，中国人民公安大学出版社2003年版，第222页。

④ 参见林亚刚《危害公共安全罪新论》，武汉大学出版社2001年版，第325—326页。

关于我国刑法盗窃枪支罪的既遂标准，笔者主张控制说。理由如下。

第一，盗窃枪支罪的罪质完全不同于盗窃罪的罪质，这就决定了对本罪既遂标准的认定不能简单地直接比照盗窃罪采取失控说，而应根据本罪的罪质做具体分析。盗窃罪属于侵犯财产的犯罪，保护法益是他人的财产权；同时，盗窃罪是侵害犯，以盗窃行为对他人的财产权造成了实害作为既遂标志。所以，盗窃罪既遂标准的认定必须在实质意义上使他人的财产权遭受实际侵害。根据这一实质标准来确定何为"窃取了财物"，可以看出失控说具有合理性，因为财物管理人丧失了对被盗财物的控制，就足以征表或反证其财产权遭受实际侵害，至于行为人是否控制了被盗财物，并不影响他人财产权已经造成实害的事实。但是，盗窃枪支罪属于危害公共安全的犯罪，保护法益是公共安全；同时，盗窃枪支罪是危险犯（抽象危险犯），以盗窃枪支行为对公共安全法益造成了接近实害结果的高度危险状态作为既遂标志。所以，盗窃枪支罪既遂标准的认定必须在实质意义上使公共安全法益遭受接近实害结果的高度危险。根据这一实质标准来确定何为"窃取了枪支"，可以看出控制说更具有合理性，因为被盗枪支脱离管理人控制时，对公共安全法益的危险性还相对较低，而行为人已经实际控制被盗枪支时，对公共安全法益的危险性则相对较高，所以控制说较为符合本罪既遂的危险程度要求。也就是说当行为人实际控制了被盗枪支时，就足以征表或反证公共安全法益受到了接近实害结果的高度危险。

第二，盗窃枪支罪是结果犯与抽象危险犯的竞合，应借助行为对法益造成的接近实害犯程度的现实危险来实质解释物质性结果，由此种物质性结果来征表法益遭受到了足以造成实害结果的现实危险。在实质意义上，危险犯以足以造成实害结果的危险状态发生作为既遂标志，所谓"足以造成实害结果的危险状态"是指行为对法益造成了接近实害结果的高度危险状态，也就是说法益虽然尚未受到实际侵害，但已经遭受到了接近实际侵害的高度危险。盗窃枪支罪属于危险犯（抽象危险犯），应以盗窃枪支行为对公共安全法益造成了足以造成实害结果的危险状态作为既遂标志，也就是说本罪的既遂必须在实质意义上使公共安全法益遭受接近实害结果的高度危险。根据这一实质标准来确定何为"窃取了枪支"，可以看出控制说更具有合理性。因为失控说要求被盗枪支脱离管理人控制即可，虽然此时被盗枪支由于脱离管理人控制而可能流失到社会中，对公共安全会造成潜在的危险，但这种危险性还是比较低的。因为流失的被盗枪支很可能并没有被他人发现，即使被他人发现，也一般属于偶然拾得，并没有明确的犯罪意图，相对于盗窃枪支的行为人而言，他人利用偶然拾得的枪支实施违法犯罪行为的可能性较低，对公共安全法益的危险性也就较低，所以笔者认为此时尚未达到本罪既遂所要求的危险程度。相比较而言，控制说要求被盗枪支已经被行为人实际控制，而一旦行为人实际控制了被盗枪支，往往就会按照已经拟订好的计划，利用所窃取的枪支实施违法犯罪行为，此时公共安全法益就面临着高度危险，所以笔者认为这比较符合本罪既遂的危险程度要求。也就是说当行为人实际控制了被盗枪支时，就足以征表或反证公共安全法益受到了接近实害结果的高度危险。

2. 补充说明

有必要补充说明的是，上文对盗窃枪支罪既遂标准的讨论是建立在犯罪既遂模式论的理论前提下的。由于承认刑法分则条文规定的是犯罪既遂形态的构成要件，所以盗窃枪支罪在既遂意义上是危险犯，以足以造成实害结果的危险状态发生作为既遂标志，未发生此种危险状态的则是其未完成形态。而失控说和控制说所探讨的就是如何理解"窃取了枪支"才能征表出公共安全法益遭受到了足以造成实害结果的危险状态，从而构成盗窃枪支罪既遂。

但是在我国大陆刑法学界也有部分学者主张犯罪成立模式论，认为刑法分则条文规定的构成要件是犯罪成立意义上的，是判断行为是否构成犯罪的标准，其是各种犯罪形态的共同基础，而犯罪形态则需在犯罪成立基础上作进一步判断。在他们看来，我国《刑法》第 127 条第 1 款并不是对盗窃枪支罪既遂形态构成要件的规定，而是对该罪成立条件的规定，不成文的"危害公共安全"要素①只是盗窃枪支罪成立的标志，是用来区分

---

① 无论是具体危险犯还是抽象危险犯都是以发生危险作为构成要件要素，以此来说明其可罚根据是对法益造成了现实危险，只是在法条表述上前者的危险有明文规定，后者的危险没有明文规定。也就是说具体危险犯的危险属于成文的构成要件要素，在法条当中有诸如"危害公共安全""足以发生……危险""引起……危险"等具体的描述；而抽象危险犯的危险属于不成文的构成要件要素，在法条当中没有具体的描述。如此一来，刑法分则当中哪些是具体危险犯，哪些是抽象危险犯，它们的范围就能相对确定。对此问题的阐述，笔者已经在本书第二章第一节讨论具体危险犯与抽象危险犯的区别时做了详细分析，在此不再赘述。

罪与非罪的，在该罪成立的基础上尚需结合盗窃枪支行为对公共安全法益的侵犯程度，进一步判断其犯罪形态，如果对公共安全法益造成了实害结果，则成立盗窃枪支罪既遂，未发生实害结果的则是盗窃枪支罪的未完成形态。所以与我国刑法学界通说观点不同，该论者认为盗窃枪支罪在既遂意义上是侵害犯，以实害结果的发生作为既遂标志，未发生实害结果的则是其未完成形态。比如其论者指出，当行为具有侵害法益的危险时即成立危险犯，然后再进一步讨论犯罪的既遂形态与未遂形态；[①] 未遂与既遂之分实质上是行为对法益的侵犯程度之分，所以行为是否发生了行为人所追求的、行为性质所决定的法益侵害结果，就成为两者的区分标准。[②] 所以对于盗窃枪支罪而言，不可能认为盗窃枪支的行为"在一般社会生活经验上具有公共危险时，就是既遂"[③]，也就是说盗窃枪支行为具有公共危险时只是意味着盗窃枪支罪成立，只有对公共安全法益造成了侵害结果才构成本罪既遂。

　　既然该论者认为盗窃枪支罪应以实害结果的发生作为既遂标志，那么本罪既遂标准的认定就必须在实质意义上使公共安全法益遭受实际侵害。但问题是，该论者为何也同样采取控制说或失控说认定本罪的既遂，因为无论是控制说还是失控说，在实质意义上都只会对公共安全法益造成危险，而不会对其造成实害，那这岂不有自相矛盾之嫌？比如该论者指出，许多危险犯是以特定具体结果的发生为既遂标准的，例如盗窃枪支罪属于抽象危险犯，只有当行为人控制了枪支或者被害人失去了枪支时，才成立该罪的既遂。[④] 在笔者看来，该论者之所以采取控制说或失控说来认定本罪既遂，是缘于其"替代结果"理论，即用控制说或失控说的"特定具体结果"来替代"法益实害结果"，而此理论的产生则是为了弥补其观点的缺陷。

---

　　① 参见张明楷《危险犯初探》，载马俊驹主编《清华法律评论》（总第一辑），清华大学出版社1998年版，第131页。

　　② 参见张明楷《刑法的基本立场》，中国法制出版社2002年版，第223页。

　　③ 张明楷：《危险犯初探》，载马俊驹主编《清华法律评论》（总第一辑），清华大学出版社1998年版，第130页。

　　④ 参见张明楷《危险犯初探》，载马俊驹主编《清华法律评论》（总第一辑），清华大学出版社1998年版，第130页；张明楷《刑法学》（第四版），法律出版社2011年版，第322、623—624页。

由于该论者主张犯罪成立模式论，并认为盗窃枪支罪是既遂意义上的侵害犯，以发生实害结果作为既遂标志，只要没有造成法益实害的都是未完成形态。本罪的实害结果是行为对不特定多数人的生命、健康或重大公私财产安全造成了现实侵害，可是单纯实施本罪构成要件的行为只能对公共安全法益造成危险，只有使用被盗枪支再去实施危害公共安全的行为才能发生实害结果，但这已经超出了本罪构成要件的内容。由于单纯实施盗窃枪支罪的构成要件行为本身，并不会对公共安全法益造成实害，这就意味着依此观点会导致本罪不存在既遂形态。鉴于这种缺陷，该论者便提出了"替代结果"理论进行补足，主张用"特定的具体结果"来替代"法益实害结果"，只要发生了"特定的具体结果"就可以替代"法益实害结果"的发生，从而标志着犯罪既遂。比如该论者已经明确指出，无论是危险犯还是侵害犯，其既遂标准是危害行为是否发生了行为人追求的、行为性质决定的法益侵害结果。[①] 但又同时认为，就抽象危险犯而言，刑法用另一种侵害结果对抽象危险的认定作了替代，所以替代的侵害结果之发生意味着犯罪既遂，否则是犯罪未遂。例如，盗窃枪支罪是抽象危险犯，但只要发生了行为人控制枪支的侵害结果，就认为犯罪已经既遂；否则便是未遂；就具体危险犯而言，刑法用替代的侵害结果将具体危险类型化，替代的侵害结果之发生才意味着犯罪既遂。例如，盗窃危险物质罪是具体危险犯，如果行为人窃取了危险物质，则发生了替代的侵害结果，属于犯罪既遂，如果已经着手实施盗窃行为，但没有控制危险物质，则未发生替代的侵害结果，属于犯罪未遂。[②] 但是对于这种"替代结果"理论，笔者仍存有疑惑：这种说法的理论根据在哪里？所谓的替代结果，用该论者自己的话说就是"特定的具体结果"，在笔者看来其实就是事实层面的物质性结果，即行为人实际控制了枪支（控制说）或者被害人丧失了对枪支的控制（失控说），而被替代的结果却是价值层面的法益实害结果。但问题是，为什么要由事实层面的物质性结果来替代价值层面的法益实害结果，其理论依据在哪里？而且，两种不同性质的结果能否进行替代，或者

① 参见张明楷《刑法的基本立场》，中国法制出版社 2002 年版，第 223 页；张明楷《危险犯初探》，载马俊驹主编《清华法律评论》（总第一辑），清华大学出版社 1998 年版，第 132 页；张明楷《刑法学》（第四版），法律出版社 2011 年版，第 321 页。

② 参见张明楷《刑法学》（第四版），法律出版社 2011 年版，第 322 页。

说事实能否替代价值，这也是有待商榷的。所以，该论者如果要采取"替代结果"理论对其观点的缺陷进行补足，首先要解决的就是其理论根据问题。

第三节　实质行为犯

一　概述

所谓实质行为犯，是指经过侵害犯或危险犯实质解释后的行为犯。具体包括行为犯与侵害犯的竞合、行为犯与具体危险犯的竞合、行为犯与抽象危险犯的竞合。

行为犯与侵害犯的竞合表现为，只要事实性行为完成即为已足，不要求发生物质性结果，同时要求行为对保护法益造成了现实侵害。比如我国《刑法》第236条规定的强奸罪，该罪要求只要强奸行为完成为已足，同时要求强奸行为对妇女或幼女的性交决定权造成了现实侵害；行为犯与危险犯的竞合表现为，只要事实性行为完成为已足，不要求发生物质性结果，同时要求行为对保护法益虽然没有造成现实侵害，但造成了接近现实侵害的高度危险，其中具体危险犯的危险需要在司法上作具体判断，抽象危险犯的危险由立法直接推定，不需要在司法上作具体判断，但允许反证行为不具有侵害法益的危险而出罪。比如我国《刑法》第123条规定的暴力危及飞行安全罪，该罪要求只要暴力行为完成为已足，同时要求暴力行为对该罪所保护的公共安全法益造成了接近实害结果的高度危险；第133条之一规定的危险驾驶罪，该罪要求只要危险驾驶行为完成为已足，同时要求危险驾驶行为对该罪所保护的公共安全法益造成了接近实害结果的高度危险。前罪属于具体危险犯，后罪属于抽象危险犯，两者的危险判断方法不同。

由此可见，行为犯既可以是侵害犯，也可以是具体危险犯或抽象危险犯；反过来，侵害犯可以是行为犯、具体危险犯或抽象危险犯，也可以是行为犯。所以不能简单地将行为犯与危险犯等同。

二　实质行为犯的既遂标准认定

（一）行为犯与侵害犯的竞合

对于行为犯与侵害犯竞合的实质行为犯，应借助行为对法益造成的现实侵害来实质解释事实性的行为完成，此种行为完成意味着法益遭到了现实侵害，所以实质解释后确定的行为完成就是该类罪的既遂标准。下面以我国《刑法》第 236 条规定的强奸罪为例来做具体说明。

1. 强奸妇女行为（以下简称强奸罪）的既遂标准认定

作为行为犯，强奸罪是以"强奸行为完成"作为既遂标志，但是在国内外刑法理论中，关于如何理解这里的行为完成却产生了接触说、结合说、泄欲说等多种观点。接触说认为，只要男女两性性器官发生实际接触，即为强奸罪的完成。结合说（或插入说）认为，男女两性性器官的实际结合，即为强奸罪的完成。至于男性性器官是全部插入还是一部分插入，在所不问。泄欲说（或射精说）认为，强奸行为人射精而满足其性欲时，即为强奸罪的完成。[①] 无论是大陆法系刑法理论[②]还是我国大陆刑法理论[③]，通说观点都采取结合说。

关于我国刑法强奸罪的既遂标准，笔者赞同通说观点。理由如下：

第一，强奸罪是行为犯与侵害犯的竞合，应借助行为对法益造成的现实侵害来实质解释事实性的行为完成，由此种行为完成来征表保护法益遭受到了现实侵害。强奸罪是侵害犯，以强奸行为对妇女的性交决定权造成了实害作为既遂标志，所以强奸罪的既遂必须在实质意义上使得妇女的性交决定权受到实害。根据这一实质标准来确定何为"强奸行为完成"，可

---

① 参见刘之雄《犯罪既遂论》，中国人民公安大学出版社 2003 年版，第 301 页。

② 参见赵秉志主编《外国刑法各论》（大陆法系），中国人民大学出版社 2006 年版，第 87 页；张明楷《外国刑法纲要》（第二版），清华大学出版社 2007 年版，第 492 页；张明楷《未遂犯论》，中国法律出版社、日本国成文堂 1997 年版，第 140—141 页。

③ 参见陈兴良主编《罪名指南》（上册），中国人民大学出版社 2008 年版，第 684 页；赵秉志主编《侵犯人身权利犯罪疑难问题司法对策》，吉林人民出版社 2001 年版，第 108—109 页；肖中华《侵犯公民人身权利罪》，中国人民公安大学出版社 1998 年版，第 176 页；肖中华《侵犯公民人身权利罪疑难解析》，上海人民出版社 2007 年版，第 166—167 页。

以看出结合说更具有合理性，因为接触说要求男女两性性器官发生接触即可，不要求两性性器官的实际结合，但是所谓"性交"，自然是指男女两性性器官的结合，如果两性性器官只是发生接触，那在实质意义上就仅是意味着妇女的性交决定权面临着侵害的高度危险，但却并没有受到实际侵害，所以接触说并不符合本罪既遂所要求的法益实害结果。相比较而言，结合说要求男女两性性器官发生实际结合，那此时在实质意义上就意味着妇女的性交决定权已然受到了实际侵害，这就符合了本罪既遂所要求的法益实害结果，也就是说当强奸行为使得两性性器官发生了实际结合时，就足以征表或反证妇女的性交决定权遭到了实际侵害。至于行为人是否射精满足了其性欲，这并不影响妇女的性交决定权已经受到侵害的事实，所以泄欲说也不具有合理性。

第二，泄欲说是立足于行为人的犯罪目的来理解强奸罪既遂的，这不符合保护法益的刑法目的。接触说和结合说是以男女两性性器官的接触和结合为既遂标准，泄欲说是以行为人射精满足性欲为既遂标准，两者看似仅体现为一种形式上的差异，但这种形式上的差异则是根源于对强奸罪既遂实质内涵的不同理解。接触说和结合说是立足于刑法的法益保护目的来理解强奸罪既遂的，即强奸罪既遂与否应以妇女的性交决定权是否受到侵犯作为标准；而泄欲说则是立足于行为人的犯罪目的来理解强奸罪既遂的，也即强奸罪既遂与否应以行为人的犯罪目的（泄欲）是否实现作为标准。但是立足于行为人的犯罪目的来理解犯罪既遂的观点是值得商榷的：其一，该观点是站在犯罪人的角度（基于犯罪行为是否满足了自己的需要）而不是立法者的角度（基于法益保护的需要）来认定犯罪的既遂标准，选择的立足点不正确；其二，虽然该观点对犯罪既遂的理解最符合法条用语，但是对法律条文不能仅限于文理解释，最终应符合法益保护的目的解释；其三，在犯罪既遂的认定上，客观主义会认为犯罪行为对法益造成了危险或侵害是既遂，而主观主义则会认为行为人犯罪意思实现时是既遂，因此该观点是主观主义刑法理论的产物，在坚守客观主义立场、限制刑罚权滥用的今天，不应采纳这种观点。①

---

① 关于此问题的详细阐述，笔者已经在本书第二章第二节中讨论盗窃罪的既遂标准时做了说明，在此不再过多赘述。

2. 奸淫幼女行为的既遂标准认定

关于奸淫幼女行为的既遂标准，大陆法系刑法理论和审判实践都采取了与强奸妇女行为相同的标准，即结合说。① 而我国大陆刑法理论和司法解释都采取了与强奸妇女行为不同的标准，即接触说。比如刑法理论通说认为，幼女不同于妇女，其具有特殊的生理特点，并且相对于妇女，以幼女为对象的强奸行为会对社会造成更严重的危害，鉴于此，刑法有必要对幼女实行特殊保护，在既遂问题上应采取接触说；② 我国相关司法解释也做出了同样规定。③

关于我国刑法奸淫幼女行为的既遂标准，笔者主张结合说。理由如下。

第一，奸淫幼女行为与强奸妇女行为的罪质是相同的，保护法益都是性交决定权，并且都属于侵害犯，以性交决定权受到实害作为既遂标志，由此决定了两者应采取相同的既遂标准。从保护法益来看，性决定权是指按照自己的意志决定性行为的权利，包括性交决定权和其他性决定权。性交决定权仅指决定性交行为的权利，而其他性决定权则指除了性交决定权之外，决定其他性行为的权利。对于这两种类型的性法益，我国刑法主要通过强奸罪和强制猥亵、侮辱罪④、猥亵儿童罪来予以保护。暂不讨论成年男性和幼男而只针对妇女和幼女而言，强奸罪的保护法益是妇女或幼女的性交决定权，强制猥亵、侮辱罪的保护法益是妇女的其他性决定权，猥亵儿童罪的保护法益是幼女的其他性决定权。由此可以看出，对于强奸罪

---

① 参见张明楷《外国刑法纲要》（第二版），清华大学出版社 2007 年版，第 495 页；张明楷《未遂犯论》，中国法律出版社、日本国成文堂 1997 年版，第 140—141 页。

② 参见赵秉志主编《犯罪停止形态适用中的疑难问题研究》，吉林人民出版社 2001 年版，第 442 页；赵秉志主编《侵犯人身权利犯罪疑难问题司法对策》，吉林人民出版社 2001 年版，第 134—135 页；肖中华《侵犯公民人身权利罪》，中国人民公安大学出版社 1998 年版，第 192—193 页；肖中华《侵犯公民人身权利罪疑难解析》，上海人民出版社 2007 年版，第 168 页；金泽刚《犯罪既遂的理论与实践》，人民法院出版社 2001 年版，第 328 页。

③ 参见 1984 年 4 月 26 日公布的最高人民法院、最高人民检察院、公安部《关于当前办理强奸案件中具体应用法律的若干问题的解答》。

④ 2015 年 8 月 29 日通过的《刑法修正案（九）》已将强制猥亵、侮辱妇女罪修改为"以暴力、胁迫或者其他方法强制猥亵他人或者侮辱妇女的"行为。至此，强制猥亵行为的对象由妇女扩大到"他人"，即包括成年男性。

而言，无论是妇女还是幼女，其保护法益都是性交决定权，而不包括其他性决定权，如此一来强奸罪就与强制猥亵、侮辱罪、猥亵儿童罪的保护法益区别开来。从对法益的侵犯样态来看，强奸罪属于侵害犯，无论是强奸妇女还是奸淫幼女，都以强奸行为对妇女或幼女的性交决定权造成了实害作为既遂标志，所以强奸罪的既遂必须在实质意义上使得妇女或幼女的性交决定权受到实害。有所不同的是，由于妇女具有决定性交行为的能力，所以只有行为人采取暴力、胁迫或其他违背妇女意志的手段与其性交，才意味着妇女的性交决定权受到实害，否则就是不违背其意志的自愿性交行为，不构成强奸罪；但是幼女缺乏决定性交行为的能力，所以不管行为人有没有采取违背其意志的手段，即使征得幼女同意，只要与幼女发生性交行为，都意味着幼女的性交决定权受到实害。总之，强奸妇女行为和奸淫幼女行为都要在实质意义上使得妇女和幼女的性交决定权受到实害，只是使性交决定权受到实害的行为方式不同而已。综上所述，强奸妇女行为的保护法益是妇女的性交决定权，其属于侵害犯，以强奸行为对妇女的性交决定权造成了实害作为既遂标志；与之相同，奸淫幼女行为的保护法益是幼女的性交决定权，其属于侵害犯，以奸淫行为对幼女的性交决定权造成了实害作为既遂标志。既然两者的罪质是相同的，那么奸淫幼女行为就应该采取与强奸妇女行为相同的既遂标准，即结合说，当奸淫行为使得男性性器官插入幼女性器官时，就足以征表或反证幼女的性交决定权遭受到了实际侵害，构成既遂。

第二，以接触说认定奸淫幼女行为的既遂，会产生诸多问题。其一，接触说会导致将奸淫幼女行为认定为危险犯，而非侵害犯。奸淫幼女行为的保护法益是幼女的性交决定权，所谓"性交"，自然是指男女两性性器官的结合。接触说认为男女两性性器官发生接触即可，不要求两性器官的实际结合，可是如果两性性器官只是发生接触，那在实质意义上就意味着幼女的性交决定权面临着侵害的高度危险，但却并没有发生实害。也就是说按照接触说的观点，奸淫幼女行为的既遂在实质意义上只要求幼女的性交决定权受到危险即可，而不要求受到侵害，如此一来就将奸淫幼女行为认定为危险犯，而非侵害犯，这恐怕是多数学者所不能赞同的。其二，接触说会导致既遂标准提前，不利于鼓励行为人中止犯罪，从而无助于避免幼女的性交决定权遭受实害，有违其特殊保护幼女的初衷。我国有学者质疑道："性器官的接触能否认定为'奸淫'？"[1] 所谓"奸淫"，是一种性交行为，自然应当是指两性性器官的结合，单纯性器官的接触并没有完成性交行为，也就算不上是奸淫。接触说将两性性器官的接触也认定为奸淫，是对"奸淫行为"的含义作了扩大解释，而这种扩大解释使得奸淫幼女的既遂标准提前，进而不利于鼓励行为人中止犯罪。按照结合说，以男性性器官插入幼女性器官为既遂标志，如果行为人本来意欲插入，但基于某种原因又自动放弃，仅有性器官的接触而没有插入，则可以成立强奸罪中止，由此可以鼓励行为人放弃性器官的插入，避免幼女的性交决定权受到实际侵害。但是按照接触说，即使行为人自动放弃性器官的插入而未实际侵害幼女的性交决定权，只是发生了性器官的接触，仍然构成强奸罪既遂，这就不利于鼓励行为人中止奸淫行为，因为不论性器官是接触还是插入都成立既遂，刑罚是一样的，在这种情况下行为人往往会完成其奸淫行为而满足其性欲，幼女的性交决定权就不可避免会受到实害。如此一来，相较于结合说，接触说使得既遂标准过于提前，留给行为人中止犯罪的余地过小，反而更不利于保护幼女的合法权益，这就违背了其特殊保护幼女的初衷。

第三，体现刑法对幼女的特殊保护，未必要通过改变既遂标准来实现。我国刑法理论和司法解释对奸淫幼女的既遂之所以放弃结合说而改采接触说，主要是认为奸淫幼女比强奸妇女具有更严重的社会危害性，为了对幼女实行特殊保护，便将既遂标准前移，以利于更有效地惩治这种行为。但问题是，犯罪既遂标准的设定是由具体犯罪的性质（即所保护法益及其受侵犯的样态）决定的，不能随便将既遂标准前移或推迟，否则会牵一发而动全身。况且，要体现刑法对幼女的特殊保护可以通过其他方法，未必非要以改变既遂标准作为代价。综观大陆法系国家，无论是刑法理论还是审判实践，都普遍认同对幼女实施特殊保护，重点惩治奸淫幼女行为，但是这并不影响其仍然采取与强奸妇女行为相同的既遂标准，究其因在于奸淫幼女与强奸妇女在罪质上是没有区别的，既然如此就没有理由改变其既遂标准。正如有的学者所说，不管是强奸妇女还是奸淫幼女，都以插入说为既遂标准，大陆法系刑法理论和审判实践对此没有任何异议，

---

[1] 张明楷：《未遂犯论》，中国法律出版社、日本国成文堂1997年版，第141页。

这显然是由强奸罪的性质决定的。① 至于在保持既遂标准不变的情况下，如何实现刑法对幼女的特殊保护，大陆法系国家采取的方法是，或者将其独立成罪（如德国、瑞士、意大利等），或者将其作为强奸罪的情形之一（如日本、法国等），同时都规定了比强奸罪更重的刑罚；② 与之相似，我国刑法是将奸淫幼女行为作为强奸罪的情形之一，并且作了"从重处罚"的明文规定。由此看出，"从重处罚"的规定就已经体现了我国刑法对幼女的特殊保护，那又何必将既遂标准前移？而且，在从重处罚之下，再将其既遂标准前移，意味着对犯罪人的双重从重，其合理性何在？如果认为奸淫幼女行为的危害性更大，将其既遂标准前移能够体现刑法对该行为的从重处罚精神，那刑法为什么还要再规定从重处罚？③

（二）行为犯与具体危险犯的竞合

对于行为犯与具体危险犯竞合的实质行为犯，应借助行为对法益造成的接近实害犯程度的现实危险来实质解释事实性的行为完成，此种行为完成就意味着法益遭到了足以造成实害结果的现实危险，所以实质解释后确定的行为完成就是该类罪的既遂标准。当然具体危险犯的危险需要司法机关结合案件情况做具体地认定和考察。下面以我国《刑法》第 123 条规定的暴力危及飞行安全罪为例来做具体说明。

作为行为犯，暴力危及飞行安全罪是以"暴力行为完成"作为既遂标志，但何时才算这里的行为完成却并不明确，对其可以有多种观点的不同理解。比如，第一种观点认为，只要行为人对航空器上的人员实施了暴力行为，无须持续一段过程，就算暴力行为完成；第二种观点认为，行为人对航空器上的人员实施暴力行为，一直持续到引发了航空器上人员的恐慌和骚乱，才算暴力行为完成；第三种观点认为，行为人对航空器上的人员实施暴力行为，一直持续到行为人泄愤或造成被害人伤亡，才算暴力行为完成；等等。

关于我国刑法暴力危及飞行安全罪的既遂标准，笔者主张第二种观点。理由如下。

---

① 参见张明楷《未遂犯论》，中国法律出版社、日本国成文堂 1997 年版，第 141 页。

② 参见赵秉志主编《外国刑法各论（大陆法系）》，中国人民大学出版社 2006 年版，第 90—92 页。

③ 参见刘之雄《犯罪既遂论》，中国人民公安大学出版社 2003 年版，第 304 页。

第一，暴力危及飞行安全罪是行为犯与具体危险犯的竞合，应借助行为对法益造成的接近实害犯程度的现实危险来实质解释事实性的行为完成，并由此种行为完成来征表法益遭受了足以造成实害结果的现实危险。在实质意义上，危险犯以足以造成实害结果的危险状态发生作为既遂标志，所谓"足以造成实害结果的危险状态"是指行为对法益造成了接近实害结果的高度危险状态，也就是说法益虽然尚未受到实际侵害，但已经遭受到了接近实际侵害的高度危险。暴力危及飞行安全罪属于危险犯（具体危险犯），应以暴力行为对公共安全法益造成了足以造成实害结果的危险状态作为既遂标志，也就是说暴力危及飞行安全罪的既遂必须在实质意义上使公共安全法益受到接近实害结果的高度危险。根据这一实质标准来确定何为"暴力行为完成"，可以看出第二种观点更具有合理性。因为第一种观点只是要求行为人对航空器上的人员实施了暴力行为即可，不需要有一定的持续过程，虽然从行为人开始实施暴力行为时起，公共安全法益就面临侵害的危险，但此时所遭受的危险还相对较低，并不符合本罪既遂的危险程度要求。若以其作为既遂标准会使得本罪的既遂时间过于提前，导致本罪未完成形态的成立余地过小，而且若暴力行为对公共安全法益只造成了较低的危险便以既遂论处，有违刑罚比例原则，这会造成量刑过于严苛。相较而言，第二种观点要求行为人实施的暴力行为持续到引发了航空器上人员的恐慌和骚乱，而航空器上人员的恐慌和骚乱会危及飞行安全，这就意味着此时公共安全法益面临侵害的高度危险，符合了本罪既遂的危险程度要求，也就是说当行为人实施的暴力行为引发了航空器上人员的恐慌和骚乱时，就足以征表或反证公共安全法益遭受到了接近实害结果的高度危险。以其作为既遂标准能够避免过早地认定本罪既遂，从而为本罪未完成形态的成立留有余地，而且量刑也较为适度，符合刑罚比例原则。至于行为人是否已经泄愤，或者是否造成了被害人伤亡，都不影响暴力行为已经造成公共安全法益受到高度危险的事实，所以第三种观点也不具有合理性。

第二，第三种观点是立足于行为人的犯罪目的来理解暴力危及飞行安全罪既遂的，这不符合保护法益的刑法目的。第一种观点不要求暴力行为有一定持续过程，第二种观点要求暴力行为持续到引发了航空器上人员的恐慌和骚乱，第三种观点要求暴力行为持续到行为人泄愤或造成被害人伤亡。这看似仅是暴力行为持续过程长短的不同，但这种不同实际是根源于对本罪既遂实质内涵的不同理解。前两种观点是立足于刑法的法益保护目的来理解本罪既遂的，即本罪既遂与否应以公共安全法益是否受到侵害的高度危险作为标准；而第三种观点则是立足于行为人的犯罪目的来理解本罪既遂的，即本罪既遂与否应以行为人的犯罪目的（单纯泄愤或者被害人伤亡）是否实现作为标准。但是立足于行为人的犯罪目的来理解犯罪既遂的观点是值得商榷的：其一，该观点是站在犯罪人的角度（基于犯罪行为是否满足了自己的需要）而不是立法者的角度（基于法益保护的需要）来认定犯罪的既遂标准，选择的立足点不正确；其二，虽然该观点对犯罪既遂的理解最符合法条用语，但是对法律条文不能仅限于文理解释，最终应符合法益保护的目的解释；其三，在犯罪既遂的认定上，客观主义会认为犯罪行为对法益造成了危险或侵害是既遂，而主观主义则会认为行为人犯罪意思实现时是既遂，因此该观点是主观主义刑法理论的产物，在坚守客观主义立场、限制刑罚权滥用的今天，不应采纳这种观点。①

（三）行为犯与抽象危险犯的竞合

对于行为犯与抽象危险犯竞合的实质行为犯，应借助行为对法益造成的接近实害犯程度的现实危险来实质解释事实性的行为完成，此种行为完成意味着法益遭受到了足以造成实害结果的现实危险，所以实质解释后确定的行为完成就是该类罪的既遂标准。当然抽象危险犯的危险是由立法直接推定的，不需要在司法上作具体判断，但允许反证行为不具有侵害法益的危险而出罪。下面以我国《刑法》第305条规定的伪证罪②为例来做具体说明。

作为行为犯，伪证罪是以"伪证行为完成"作为既遂标志，但是在大陆法系刑法理论中，关于如何理解这里的行为完成却产生了两种不同的观点。第一种观点认为，虽然证言是在某段时间内持续做出的，从开口到陈述终了是一个统一的证言，但是虚伪陈述在陈述终了之前就有可能存

---

① 关于此问题的详细阐述，笔者已经在本书第二章第二节中讨论盗窃罪的既遂标准时做了说明，在此不再过多赘述。

② 我国《刑法》第305条规定的伪证罪的主体包括了证人、鉴定人、记录人和翻译人，为了方便论述，笔者在此仅选择以证人为主体做具体说明。

在，所以对一个统一的证言可区分为多个部分，一个部分的虚伪陈述终了，即为既遂。这意味着，如果行为人在证言的第一部分做了虚伪陈述，那就已经既遂。第二种观点认为，证人在一次询问过程中所做的陈述是一个统一的证言，应将其作为一个整体来观察，所以，一次询问过程中的陈述全部终了时才为既遂。① 而我国大陆刑法理论则一般将其笼统解释为法定的伪证行为完成。比如有学者认为，伪证罪作为行为犯，以伪证行为的完成作为犯罪既遂的标志，具体来说，做虚假证明的伪证行为以虚假证明是否已向司法机关提供完毕作为既遂与未遂的区分标志。② 还有学者指出，伪证罪属于行为犯，以刑法分则规定的构成要件行为完成为既遂标志，因而"只要行为人以犯罪意图实施法定伪证行为的，就要以伪证罪既遂论处"③。

关于我国刑法伪证罪的既遂标准，笔者主张大陆法系刑法理论中的第二种观点。理由如下：伪证罪是行为犯与抽象危险犯的竞合，应借助行为对法益造成的接近实害犯程度的现实危险来实质解释事实性的行为完成，由此种行为完成来征表法益遭受到了足以造成实害结果的现实危险。在实质意义上，危险犯以足以造成实害结果的危险状态发生作为既遂标志，所谓"足以造成实害结果的危险状态"是指行为对法益造成了接近实害结果的高度危险状态，也就是说法益虽然尚未受到实际侵害，但已经遭受到了接近实际侵害的高度危险。伪证罪属于危险犯（抽象危险犯），虽然不要求伪证行为现实侵害了司法公正性，但要求对司法公正性造成了接近实害的高度危险，也就是说伪证罪的既遂必须在实质意义上使司法公正性面临即将受到侵害的高度危险。根据这一实质标准来确定何为"伪证行为完成"，可以看出第二种观点更具有合理性。因为第一种观点认为，只要行为人在证言的某一个部分做了虚伪陈述就已经既遂，而无须全部虚伪陈述终了。虽然行为人在证言的某一个部分做虚伪陈述时，对案件结论有一

---

① 参见张明楷《未遂犯论》，中国法律出版社、日本国成文堂 1997 年版，第 193—194 页；赵秉志主编《外国刑法各论》（大陆法系），中国人民大学出版社 2006 年版，第 452 页。

② 参见赵秉志主编《犯罪停止形态适用中的疑难问题研究》，吉林人民出版社 2001 年版，第 543 页。

③ 参见金泽刚《犯罪既遂的理论与实践》，人民法院出版社 2001 年版，第 88、103、416 页。

定的影响，但此时行为人的虚伪陈述还只是其中一部分，其导致司法机关误判的可能性还相对较低，也就是说此时司法公正性虽已遭受侵害的危险，但危险性还相对较低，并不符合本罪既遂的危险程度要求。若以其作为既遂标准会使得本罪的既遂时间过于提前，导致本罪未完成形态的成立余地过小。相较而言，第二种观点认为，只有一次询问程序中的虚伪陈述全部终了时才是既遂，由于此时行为人的虚伪陈述已经全部完成，其对案件结论的影响较大，导致司法机关误判的可能性也相对较高，可以说司法公正性在此刻面临着侵害的高度危险，符合了本罪既遂的危险程度要求，也就是说当行为人的虚伪陈述全部终了时，就足以征表或反证司法公正性遭受到了接近实害结果的高度危险。以其作为既遂标准能够避免过早地认定本罪既遂，从而为本罪未完成形态的成立留有余地。

此外，只要行为人的虚伪陈述已经全部终了了，就意味着司法公正性受到了高度危险，构成伪证罪既遂。至于行为人意图陷害他人或者隐匿罪证的犯罪目的是否实现，则并不影响伪证罪既遂的成立。

第三章　犯罪既遂标准认定的疑难问题

第一节　危险犯的既遂

一　危险犯概念的界定

（一）学界不同观点的争论

无论在我国刑法学界还是大陆法系刑法学界，关于危险犯概念的争论一直聚讼不休，分歧颇大。与结果犯与行为犯概念的争论一样，由于学者们界定危险犯概念的立足点是不一样的，导致对话的双方不是处在同一个层面上，这样只能是在自己所处的层面上自说自话，不利于抓住观点分歧之所在。所以应该先缕清概念界定的立足点，然后在各个不同的立足点上比较分歧观点，这样才能抓住问题的关键。笔者认为关于危险犯的概念主要有以下三个层面的分歧：第一，危险犯是犯罪成立的标准还是犯罪既遂的标准；第二，危险犯是形式概念还是实质概念，抑或是事实判断还是价值判断；第三，危险犯的危险是作为结果的危险还是行为属性的危险。

1. 危险犯是犯罪成立的标准还是犯罪既遂的标准

犯罪成立标准说认为，危险犯是以危险的发生作为犯罪成立的标志，未发生危险的则犯罪不成立。此种观点主要在我国大陆刑法学界得到部分学者的支持，比如有学者认为，侵害法益的危险是危险犯的成立要件，即只有当行为具有侵害法益的危险时，才可能成立危险犯，不应以行为是否具有侵害法益的危险作为危险犯既遂与未遂的区分标准；[①]也有学者认

---

① 参见张明楷《危险犯初探》，载马俊驹主编《清华法律评论》（总第一辑），清华大学出版社1998年版，第131页。

为，危险状态并非是认定危险犯既遂的标准，而只是其成立要件。例如盗窃、抢夺危险物质罪，该罪是以构成要件行为危害了公共安全作为其犯罪成立要件的，也就是说如果构成要件行为并不危害公共安全，就不构成该罪；① 还有学者认为，在危险犯中，法定危险状态的出现与否并非既遂与未遂的区分标准，而是犯罪成立与不成立的标准。②

犯罪既遂标准说认为，危险犯是以足以造成实害结果的危险状态发生作为犯罪既遂的标志，未发生此种危险状态的则是犯罪未遂。无论在大陆法系刑法学界③还是我国刑法学界，此种观点均是通说，比如日本学者认为，在危险犯中，其犯罪构成要件被完全实现了的场合就是危险犯的既遂犯，而对其未遂犯的处罚则是危险犯的侵害危险就要发生之前的阶段，即未完成阶段的行为。④ 中国台湾有学者认为，就侵害犯而言，其犯罪之完成以侵害法益为必要，应当以是否侵害了法益来认定其既遂与未遂；而就危险犯而言，只要行为对法益造成了侵害危险就意味着犯罪完成。由此可见，对于决定犯罪既遂与未遂的时期来说，侵害犯与危险犯的区别具有重要意义；⑤ 我国大陆刑法学界通说认为，危险犯是以行为人实施的危害行为足以造成某种实害结果的危险状态作为既遂标志的犯罪。⑥

2. 危险犯是形式概念还是实质概念

无论是大陆法系刑法学界还是我国刑法学界，通说认为危险犯是与侵

---

① 参见刘明祥《论危险犯的既遂、未遂与中止》，《中国法学》2005 年第 6 期。

② 参见黎宏《论未遂犯的成立要件》，《云南大学学报》（法学版）2004 年第 2 期。

③ 在此需要说明的是，大陆法系刑法学者虽然经常会从犯罪成立的角度来界定危险犯概念，但这种表述与犯罪既遂标准说并不冲突，实质上两者是一致的。大陆法系的刑法学者普遍认为，刑法分则所规定的基本构成要件是针对单独既遂犯的，未遂犯是因为符合了刑法总则对基本构成要件加以修正的构成要件，从而得以成立犯罪。所以刑法分则的构成要件就是犯罪既遂的构成要件，他们所说的犯罪成立其实指的是既遂形态下的犯罪成立，而这完全不同于我国大陆刑法学者所界定的犯罪成立概念。在大陆法系刑理论中，行为成立犯罪也就是成立犯罪既遂，这也就意味着学者们在界定危险犯概念时即使从犯罪成立的角度，其实质上仍然是犯罪既遂标准。

④ 参见［日］野村稔《刑法总论》，全理其、何力译，法律出版社 2001 年版，第 322—323 页。

⑤ 参见陈朴生、洪福增《刑法总则》，台湾五南图书出版公司 1982 年版，第 160 页。

⑥ 参见高铭暄主编《新编中国刑法学》（上册），中国人民大学出版社 1998 年版，第 208 页；马克昌主编《犯罪通论》，武汉大学出版社 1999 年版，第 500 页；赵秉志主编《刑法新教程》（第四版），中国人民大学出版社 2012 年版，第 157 页；姜伟《犯罪形态通论》，法律出版社 1994 年版，第 117 页；鲜铁可《新刑法中的危险犯》，中国检察出版社 1998 年版，第 27—28 页。

害犯相对应的概念，是依据行为对保护法益造成了实害还是危险而进行的划分，因而是价值层面的实质概念。但也有不同的观点认为，危险犯不仅指价值层面的实质概念，其首先应是事实层面的形式概念，或者危险犯就是指事实层面的形式概念。比如有学者认为，危险犯是指通过造成危险状态充足犯罪观念形象（即事实判断）并对法益造成侵害危险（即价值判断）的危害行为类型，这是由我国的四要件犯罪论体系采用事实与价值综合评价的方法决定的。① 还有学者认为，我国刑法中的行为犯概念应从两个方面加以把握，一是应以其法律规定中的形式概念为特定的表达方式，二是应以犯罪既遂为标准概括其法律特征，即行为犯是指根据刑法分则规定的构成要件，该罪构成既遂只以行为的实施为标准。结果犯是除行为犯之外的另一种犯罪形态，是指根据事实判断，该罪构成既遂以一定的结果出现为标准，其核心内容是结果的实害性与危险的具体性。② 可以推知，论者对危险犯概念的界定与行为犯一样，也是从形式概念和既遂标准两方面来把握的。

3. 危险犯的危险是作为结果的危险还是行为属性的危险

第一种观点认为，只有行为对法益造成了现实的危险状态才属于危险犯，也就是说危险犯的危险是作为结果的危险，即行为所造成的对法益的威胁状态，这种威胁状态已经超出行为自身，具有了外在于行为的结果性质。比如日本有学者认为，危险犯中的危险是指作为结果的危险；③ 中国台湾学者认为，构成要件行为仅需要对保护法益造成危险结果即可成立的犯罪，称为危险犯；根据保护法益的受侵害程度，结果可分为实害结果与危险结果，其中危险结果是指构成要件行为仅对法益造成危险状态，即仅有发生实害之虞。④ 中国大陆有学者认为，不能把一切危险都看成是危险犯的危险，危险犯的危险只是作为结果的危险，而非作为行为的危险；⑤

---

① 参见李林《危险犯与风险社会刑事法治》，西南财经大学出版社 2012 年版，第 16、26 页。

② 参见郑飞《行为犯论》，吉林人民出版社 2004 年版，第 79—91 页。

③ ［日］前田雅英：《刑法的基础——总论》，转引自张明楷《危险犯初探》，载马俊驹主编《清华法律评论》（总第一辑），清华大学出版社 1998 年版，第 120 页。

④ 参见林山田《刑法通论》（上册），北京大学出版社 2012 年版，第 127、156 页。

⑤ 参见鲜铁可《新刑法中的危险犯》，中国检察出版社 1998 年版，第 6—7 页。

第二种观点认为，只有行为具有使法益遭受侵害的可能性才属于危险犯，也就是说危险犯的危险是行为属性的危险。比如德国学者认为，危险犯中的危险是指行为的危险。① 日本学者认为，具体危险犯的危险属于行为的危险，同样地，抽象危险犯的危险也属于行为的危险。② 中国大陆学者认为，在通常情况下应将危险理解为行为的危险，因为其一，行为所造成的危险状态取决于行为的危险；其二，由于这两种危险不能被明确区分，故可以根据行为的危险来判断行为所造成的危险状态；其三，如此理解符合我国的目前实际。③

第三种观点认为，只要对法益造成了侵害的危险都可认定为危险犯，不应限制危险的性质，也就是说危险犯的危险既可以是作为结果的危险，也可以是行为属性的危险。比如有日本学者认为，具体危险犯中的危险属于作为结果的危险，而抽象危险犯中的危险属于行为的危险。④ 也有日本学者认为，不要求危害行为实际侵害了法益，仅以发生侵害的危险就足以成立的犯罪，称为危险犯。⑤ 中国大陆学者认为，危险犯是指不必非要构成要件行为对法益造成实害结果才构成犯罪，而仅要求其对法益造成了侵害危险就足以成立的犯罪。⑥

（二）评析及概念界定

围绕着危险犯概念的争论，刑法学界主要存在以上三个层面的分歧，这些分歧的解决就成为正确界定危险犯概念的关键。下面笔者分别予以评析，并进行危险犯概念的界定。

---

① 参见［日］山口厚《危险犯的研究》，转引自张明楷《危险犯初探》，载马俊驹主编《清华法律评论》（总第一辑），清华大学出版社 1998 年版，第 120 页。

② 参见［日］松生建《论危险犯的危险》，转引自鲜铁可《新刑法中的危险犯》，中国检察出版社 1998 年版，第 44 页。

③ 参见张明楷《危险犯初探》，载马俊驹主编《清华法律评论》（总第一辑），清华大学出版社 1998 年版，第 120—121 页。

④ 参见［日］松生建《论危险犯的危险》，转引自鲜铁可《新刑法中的危险犯》，中国检察出版社 1998 年版，第 44 页。

⑤ 参见［日］木村龟二主编《刑法学词典》，顾肖荣、郑树周译校，上海翻译出版公司 1991 年版，第 158 页。

⑥ 参见杨春洗、高铭暄、马克昌等主编《刑事法学大辞书》，南京大学出版社 1990 年版，第 513 页。

1. 危险犯是犯罪既遂的标准, 而非犯罪成立的标准

笔者认为, 这两类观点的分歧主要是根源于犯罪成立模式论与犯罪既遂模式论之间的争论。犯罪成立模式论认为, 我国的犯罪构成是以犯罪成立为模式构建的, 而犯罪形态应在犯罪成立的基础上作进一步判断。在这一理论前提之下, 其主张者就会从犯罪成立的角度界定危险犯的概念, 然后在犯罪成立的基础上再进一步判断犯罪形态的问题。犯罪既遂模式论认为, 我国的犯罪构成是以既遂形态为模式构建的, 而未完成形态犯罪则是对基本模式的修正。在这一理论前提之下, 其主张者就会从犯罪既遂的角度界定危险犯的概念。关于这两种模式之间的优劣对比, 笔者已经在第一章中用较大篇幅做了论述, 在此不再赘述。由于笔者赞同犯罪既遂模式论, 在危险犯的概念界定上自然支持犯罪既遂标准说。

此外特别需要予以澄清的是, 犯罪既遂标准说是主张以"足以造成实害结果的危险状态"作为既遂的标志, 也就是说区分既遂与未遂的危险状态要达到接近实害犯的程度, 是一种高度的危险状态。我们通常说"发生危险状态的是犯罪既遂, 未发生危险状态的是犯罪未遂", 而所谓"未发生危险状态"并不是指没有发生任何侵害法益的危险, 而是指没有发生既遂犯所要求的高度危险, 这也就意味着未遂犯也具有侵害法益的危险, 犯罪既遂与未遂的区分实质上是危险程度的差异。所以犯罪成立标准说所质疑的, 犯罪既遂标准说是将没有侵害法益危险的行为认定为未完成形态, 这其实是一种误解。这种误解根源于混淆了两类观点对危险状态之危险程度的不同要求: 犯罪既遂标准说是从犯罪既遂的角度界定危险犯, 因而危险犯是一种高度的危险状态, 而犯罪成立标准说是从犯罪成立的角度界定危险犯, 因而危险犯是一种低度的危险状态。

具体分析如下。在犯罪既遂标准说看来, 犯罪构成是以既遂形态为模式构建的, 是由刑法分则就某一犯罪的单独既遂状态所规定的基本犯罪构成, 是对犯罪行为完整形态的描述。犯罪行为的完整形态是一个从犯罪行为开始实施直至最终完成的过程, 也是一个法益受到侵害的危险逐渐增大直至最终受到侵害的过程。在这一过程发展的不同阶段, 法益受到的危害程度是不一样的, 所以采取的制裁方法也不一样。本来犯罪既遂处罚的是实害犯, 实害犯发生之前的危险犯都应按犯罪未遂处罚, 可为了提前保护重大法益, 开始把犯罪既遂的防卫线前移至接近实害犯程度

的危险犯，① 也就是说只要达到接近实害犯程度的危险状态就足以构成犯罪既遂，不必等到实害结果的发生，此种危险状态发生之前的危险犯都按犯罪未遂处罚。这正如学者所言，既然刑法规范的机能是保护重要生活利益，那么就应该把既遂犯规定为已经实际侵害了法益的实害犯，但由于某些特殊情况，刑法将实害发生之前的阶段规定为危险犯，当完全实现了其构成要件时即可认定为危险犯的既遂形态。而其未遂形态就是这些实害犯和危险犯各自的侵害就要发生之前的阶段，即未完成阶段的行为。② 由此可见，自实行行为开始实施起，侵害法益的危险状态就已经出现，只不过这种危险相对而言还比较弱，随着行为的发展，法益受到侵害的危险也越来越大，直至达到接近侵害犯程度的危险状态（危险犯）或者对法益造成侵害（侵害犯）。所以笔者在此澄清以下两点：第一，区分既遂与未遂的危险状态要达到接近实害犯的程度，是一种高度的危险状态。正如学者所言，既遂的危险状态不同于未遂的危险状态，它是指足以造成犯罪行为内在、合乎规律地引起终局的实害结果发生的紧迫性与现实性的危险状态，是危险度、紧迫度、现实度最高的危险状态，是最接近实害结果发生的危险状态。③ 第二，未遂犯也同样存在危险状态，只是没有达到既遂所要求的接近实害犯的危险程度而已，这种危险也是处罚未遂犯的主要依据。所谓的"未发生危险状态"并不是指没有发生任何侵害法益的危险，而是指没有发生既遂犯所要求的高度危险。笔者认为，未遂犯的处罚根据是行为所造成的对法益的现实危险状态，④ 所以无论如何不可能将没有任何侵害法益危险的行为认定为犯罪的未完成形态，这不符合处罚未遂犯的

---

　　① 既遂形态的危险犯必须达到接近侵害犯的危险程度，笔者已经在前文第二章第一节中，从危险递增理论、刑法谦抑性原则、司法实践的可操作性、刑法分则条文的分析这四个方面做了阐释，在此不再赘述。

　　② 参见［日］野村稔《刑法总论》，全理其、何力译，法律出版社2001年版，第322—323页。

　　③ 参见彭文华《犯罪既遂原理》，中国政法大学出版社2013年版，第330—333页。

　　④ 关于未遂犯的处罚根据，刑法理论上有新派主张的主观未遂论与旧派主张的客观未遂论之争，客观未遂论内部有形式客观说与实质客观说之分，而实质客观说内部又分为行为危险说、危险结果说与综合的危险说。具体参见张明楷《未遂犯论》，中国法律出版社、日本国成文堂1997年版，第30—38页。客观未遂论内部的不同争论，源自对违法性本质的看法不同。笔者是结果无价值论者，支持实质客观说的危险结果说，即未遂犯的处罚根据是发生了侵害法益的客观危险，而这种危险是作为结果的危险，也就是行为所造成的对法益的现实危险状态。

根据，更违背刑法的保护法益的目的。

　　而在犯罪成立标准说看来，犯罪构成是以犯罪成立为模式构建的，是判断行为是否构成犯罪的标准，犯罪形态是在犯罪成立基础上的进一步判断，所以犯罪构成是各种犯罪形态的共同基础，包括预备、未遂、中止和既遂所有犯罪形态在内。在这一理论前提下，危险犯就是以危险的发生作为犯罪成立的标志，未发生危险的则犯罪不成立，然后在危险犯成立的基础上再进一步判断危险犯的犯罪形态。由此看出，危险犯作为其犯罪形态的基础，必然是一种低度的危险状态，只有这样才能涵盖包括犯罪预备在内的所有犯罪形态。任何犯罪在本质上都是侵害或威胁法益的行为，如果某种行为根本不会对法益造成危险，那该行为就不应认定为犯罪，而这种低度的危险状态就是成立犯罪所要求的基本的危险性，否则会因为没有侵害法益的危险而出罪。然后在具备了基本的危险性基础上，再判断对法益的侵害状态，造成实害的就构成既遂，实害发生前的所有程度的危险状态都按未完成形态处理。所以，犯罪成立标准说界定的危险犯是一种低度的危险状态，未发生这种危险状态的行为，会因为没有发生侵害法益的危险而出罪。这从其主张者的论述中就可以看出来，比如有学者指出，刑法对放火罪、破坏交通工具罪等犯罪在罪状上的危险性要求，实际上是对犯罪性质的说明，其目的在于从实质上明确这类犯罪与非罪、他罪的界限，也就是说将放火罪同不危害公共安全的放火行为区分开来，将破坏交通工具罪同不危害交通安全的破坏行为以及违反《治安管理处罚法》的破坏行为区别开来。[①] 所以这类犯罪的危险是对行为构成犯罪在危险程度上的要求，而其既遂标准则是犯罪行为对刑法保护的特定权益是否造成实际损害。[②]

　　可是犯罪成立标准说的主张者却将这两类不同含义的危险犯相等同，并且根据自己界定的危险犯概念来批驳犯罪既遂标准说的主张。例如，有学者质疑道：将法律关于行为性质的危险理解为既遂标准，会使得这类犯罪同非罪、他罪之间的实质界限不复存在。以破坏交通工具罪为例，按此观点，行为人实施的行为不足以使交通工具发生倾覆、毁坏危险的，即成

---

　　① 参见刘之雄《刑罚根据完整化上的犯罪分类——侵害犯、危险犯、结果犯、行为犯的关系论纲》，《中国法学》2005 年第 5 期。

　　② 参见刘之雄《关于故意犯罪既遂标准的再思考》，《法商研究》1998 年第 6 期。

立该罪的未遂。这样一来，拆除汽车发动机的点火装置、毁坏火车座椅等行为都会构成该罪的未遂，而这明显是不合理的;① 还有学者同样说道，足以使交通工具发生倾覆、毁坏危险是破坏交通工具罪的成立条件，所以如果行为人实施的行为不足以使交通工具发生倾覆、毁坏危险的，就根本不成立该罪，由此可知，破坏汽车挡风玻璃的行为，因不具有上述危险而不成立该罪。② 可问题是，犯罪既遂标准说的主张者从未将拆除汽车发动机的点火装置、毁坏火车座椅、破坏汽车挡风玻璃等没有任何侵害法益危险的行为认定为破坏交通工具罪（未遂）。论者其实是先将"危害公共安全""足以使交通工具发生倾覆、毁坏危险"界定为低度的危险状态，然后批驳说未发生这种危险状态的应不构成犯罪，而不是犯罪未遂。可是犯罪既遂标准说主张者是将"危害公共安全""足以使交通工具发生倾覆、毁坏危险"界定为接近实害犯的高度危险状态，而未发生这种危险状态并不是指没有发生任何侵害法益的危险，而是指没有发生既遂犯所要求的高度危险，但仍然具有侵害法益的危险，所以构成犯罪未遂。

综上所述，在犯罪既遂标准说看来，没有发生危险状态（高度）时，危险犯同样是可以成立的，只不过成立的不是危险犯的既遂形态，而是未完成形态，因此，危险状态（高度）是危险犯既遂的标志。而在犯罪成立标准说看来，危险状态（低度）是否发生乃是危险犯是否成立的标志，危险状态（低度）没有发生时是绝对不成立危险犯的。可见，同样是危险状态，同样是危险犯，但由于前提理论的不同可导致概念的内涵大相径庭，争论双方从自身的视角出发来阐述观点，也都能得以自圆其说。但是如果没有了解清楚分歧观点的真实含义就进行批驳，那这种批驳难免会陷入自说自话，争论的意义也将大打折扣。

2. 危险犯是实质概念，而非形式概念

首先，笔者认为认定事实层面的危险状态是值得商榷的。事实层面的危险状态是与物质性结果或非物质性结果相对应的，是指产生物质性结果或非物质性结果的危险。比如破坏交通工具罪，物质性结果是交通工具遭

---

① 参见刘之雄《刑罚根据完整化上的犯罪分类——侵害犯、危险犯、结果犯、行为犯的关系论纲》，《中国法学》2005 年第 5 期。

② 参见张明楷《危险犯初探》，载马俊驹主编《清华法律评论》（总第一辑），清华大学出版社 1998 年版，第 131 页。

到破坏，与此相对的是交通工具被破坏的危险；再如生产有毒、有害食品罪，物质性结果是有毒、有害食品被生产出来，与此相对的是有毒、有害食品被生产出来的危险；再如放火罪，物质性结果是目的物烧毁，与此相对的是目的物烧毁的危险。可是这些所谓的危险其实都是蕴含在事实性行为当中的，体现在事实性行为的实施过程中，破坏交通工具行为的实施就蕴含了交通工具最终遭到破坏的危险，生产有毒、有害食品的过程就蕴含了食品被最终生产出来的危险，将目的物点燃的过程就蕴含了目的物最终被烧毁的危险。事实层面的危险状态实质上就是事实性行为本身，没有独立存在的价值，只要通过事实性行为的实施就能证明其存在，因此笔者认为只要认定事实性行为本身就可以了。也有学者同样质疑道，在危险犯的场合，其危险存在着是对犯罪客体的危险还是对行为客体的危险问题，如果是对行为客体的危险，其规定的意义是值得研究的，而且也不符合立法意图。① 退一步讲纵使独立认定这种危险状态，但无论是立法规定还是司法证明都是无法做到的，笔者在本文的第二章第一节论述非物质性结果时，就谈到由于非物质性结果抽象性、无形性、不易测量的特点，导致其在立法上根本无法用法律条文进行描述，在司法证明上也相当困难和复杂，因而笔者不赞同将其作为法定结果，而是主张只规定行为本身。与此同理，笔者也同样认为产生物质性结果或非物质性结果的危险状态在立法上无法描述、在司法上不易证明，因而不宜在事实层面进行认定。

其次，笔者认为之所以有学者将危险犯界定为事实层面的形式概念，是将刑法分则中表述的实质概念的危险犯，进行了形式化的理解。在刑法分则中表述有"危害公共安全""足以发生……危险"等的犯罪，这种危险是指行为对具体犯罪所保护的法益造成侵害的危险，而不是行为造成某种物质性结果或非物质性结果的危险。例如放火罪，"危害公共安全"是指对该罪所保护的公共安全法益造成侵害的危险，而不是目的物烧毁的危险；再例如破坏交通工具罪，"足以使交通工具发生倾覆、毁坏危险"是指对该罪所保护的公共安全法益造成侵害的危险，虽然其表述为交通工具发生倾覆、毁坏，但交通工具倾覆、毁坏实际指的是公共安全法益遭到实害，而不是指交通工具遭到物质性破坏。

---

① 参见李洁《犯罪既遂形态研究》，吉林大学出版社 1999 年版，第 37、269 页。

最后，通过分析其主张者的论述也能看出矛盾之处。比如其主张者认为，我国刑法学界主要从事实和价值两个方面对"危险"进行界定，前者是指实害结果的可能性，后者指法益侵害的可能性。[①] 至于如何在事实层面判断这种危险状态，主张者举例中说道，需要根据破坏的对象来判断破坏交通工具行为是否足以导致交通工具倾覆，也就是说，如果破坏对象是窗户或挡风玻璃，则不能导致交通工具倾覆；如果破坏对象是刹车装置，则具有导致交通工具倾覆的危险状态；[②] 再以生产有毒、有害食品罪为例，只要行为人在食品中加入非食品原料，就造成了实害结果发生的可能性，即使该食品尚未销售，因为行为人肯定要销售所生产的有毒、有害食品，而消费者一旦食用则必然会损害其生命、健康。[③] 可问题是，主张者举例所论证的仍然是在价值层面对法益侵害危险的判断，而不是其所标榜在事实层面对发生物质性结果危险状态的判断。在破坏交通工具罪中，如果要判断事实层面发生物质性结果的危险状态，那就应该论证如何判断交通工具遭到破坏的危险，可是论者的论述并不是在判断这种危险，反而是在判断公共安全法益的侵害危险，因为不管破坏窗户或挡风玻璃，还是刹车装置，都是对交通工具造成了物质性破坏结果，但两者对公共安全法益的侵害危险却不一样，前者不可能导致交通工具倾覆，也就是说不具有侵害公共安全法益的危险，而后者则能够导致交通工具倾覆，也就是说具有侵害公共安全法益的危险。同样，在生产有毒、有害食品罪中，如果要判断事实层面发生物质性结果的危险状态，那就应该论证如何判断有毒、有害食品生产出来的危险，可是从论者的论述中很明显能看出来，其是在判断行为对公共生命健康安全法益的侵害危险。

3. 危险犯的危险是作为结果的危险，而非行为属性的危险

笔者认为，首先应当摒弃第三种观点。刑法中的危险包括行为人的危险与行为的危险，危险犯的危险属于行为的危险。而行为的危险又分为行为属性的危险和作为结果的危险，前者是指行为本身所具有的导致侵害结果发生的可能性，不属于结果；后者是指行为所造成的对法益的威胁状

①　参见李林《危险犯与风险社会刑事法治》，西南财经大学出版社 2012 年版，第 61 页。
②　参见李林《危险犯与风险社会刑事法治》，西南财经大学出版社 2012 年版，第 63 页。
③　参见李林《危险犯与风险社会刑事法治》，西南财经大学出版社 2012 年版，第 65 页。

态，属于结果。① 由此可见，行为属性的危险和作为结果的危险是两类不同性质的危险，如果不做区分地统称为危险犯，就会混淆这两类不同性质的危险，忽视了两者之间的差异，实不足取。而且，这两类不同性质的危险涉及行为无价值论与结果无价值论的学派之争，行为无价值论者认为，危险是行为的属性，即危险性；而结果无价值论者则认为，危险是外在于行为的结果的属性，即结果所造成的危险。② 学者们立场的不同会直接影响对危险性质的态度，这也进一步说明了区别两类危险的必要性。

既然肯定了行为属性的危险和作为结果的危险有必要进行区分，不能笼统归入危险犯，那接下来就要讨论哪种性质的危险属于危险犯。笔者赞同危险犯的危险是作为结果的危险，而非行为属性的危险。理由之一，危险犯作为价值层面的实质概念，其并不是一个孤立的存在。根据行为与法益的关系，可以将犯罪划分为形式犯与实质犯、侵害犯与危险犯、具体危险犯与抽象危险犯，后一对概念被前一对概念所包含。由于危险犯处于一个复杂关系当中，所以对其危险性质的界定应当能够妥善处理好与其他概念的关系，防止概念间的重叠或矛盾。笔者主张危险犯的危险是作为结果的危险，而行为属性的危险属于形式犯。有关形式犯与实质犯、侵害犯与危险犯的概念界定，笔者已经在本文的第二章第一节做了详细探讨，总而言之，形式犯只是具有侵害法益的可能性，并不会对法益造成现实的侵害结果或危险结果；而实质犯却会对法益造成现实的侵害结果或危险结果。其中对法益造成现实侵害结果的就是侵害犯；虽然没有侵害法益，但对法益造成了现实危险结果的就是危险犯。所以侵害犯与危险犯是实质犯的下位概念，要求对法益造成某种现实结果，那么危险犯的危险应是作为结果的危险，而不是行为属性的危险，否则就混淆了危险犯与形式犯的概念。理由之二，结果无价值论者认为危险是作为结果的危险，不承认行为属性的危险。由于笔者是结果无价值论者，并且是站在结果无价值论的立场上来论述本书的观点，因此笔者只承认作为结果的危险，不承认行为属性的危险，并否定形式犯概念，自然主张危险犯的危险是作为结果的危险。当

---

① 参见张明楷《刑法学》（第四版），法律出版社 2011 年版，第 166 页。
② 参见［日］野村稔《刑法中的危险概念》，载［日］西原春夫主编《日本刑事法的形成与特色——日本法学家论日本刑事法》，李海东等译，中国法律出版社、日本国成文堂 1997 年版，第 272—273 页。

然，笔者虽不承认形式犯概念，但仍然认为有必要弄清形式犯与实质犯的区分标准，因为这样有助于界定危险犯的危险性质。形式犯与实质犯的区别在于危险性质不同，按照这种划分标准，作为实质犯的下位概念，危险犯的危险就只能解释为作为结果的危险，而不能解释为行为属性的危险，或者不做区分将行为属性的危险与作为结果的危险一并解释进来，这样一来就混淆了两类不同性质的危险。

二　危险犯的既遂标准

（一）危险犯既遂标准的理论争论

无论在大陆法系刑法学界还是我国刑法学界，通说认为危险犯以足以造成实害结果的危险状态发生作为犯罪既遂的标志，未发生此种危险状态的则是犯罪的未完成形态。比如日本学者认为，在危险犯中，其犯罪构成要件被完全实现了的场合就是危险犯的既遂犯，而对其未遂犯的处罚则处罚的是危险犯的侵害危险就要发生之前的阶段，即未完成阶段的行为；[1] 中国台湾有学者认为，就侵害犯而言，其犯罪之完成以侵害法益为必要，应当以是否侵害了法益来认定其既遂与未遂；而就危险犯而言，只要行为对法益造成了侵害危险就意味着犯罪完成。由此可见，对于决定犯罪既遂与未遂的时期来说，侵害犯与危险犯的区别具有重要意义；[2] 我国澳门学者认为，刑罚法规只要求实施的危险行为造成了实害结果发生的危险状态，而不需要等待实害结果的发生即可构成既遂的犯罪，称为危险犯。[3] 我国大陆刑法学界通说认为，危险犯是以行为人实施的危害行为足以造成某种实害结果的危险状态作为既遂标志的犯罪。[4]

---

① 参见［日］野村稔《刑法总论》，全理其、何力译，法律出版社 2001 年版，第 322—323 页。

② 参见陈朴生、洪福增《刑法总则》，台湾五南图书出版公司 1982 年版，第 160 页。

③ 参见燕人、东山《澳门刑法总则概论》，澳门基金会 1997 年版，第 65—66、69 页。

④ 参见高铭暄主编《新编中国刑法学》（上册），中国人民大学出版社 1998 年版，第 208 页；马克昌主编《犯罪通论》，武汉大学出版社 1999 年版，第 500 页；赵秉志主编《刑法新教程》（第四版），中国人民大学出版社 2012 年版，第 157 页；姜伟《犯罪形态通论》，法律出版社 1994 年版，第 117 页；鲜铁可《新刑法中的危险犯》，中国检察出版社 1998 年版，第 27—28 页。

但是，也有不少我国大陆刑法学者对通说的观点提出质疑，主张危险犯应以实害结果的发生作为犯罪既遂的标志，未发生实害结果的则是犯罪的未完成形态；如果立法对其犯罪的既遂形态与未完成形态分别设立了独立的法定刑，则不再适用刑法总则的处罚规定，此时危险犯和与之相对应的实害犯只是同一罪名的未完成形态和既遂形态而已。比如有学者认为，危险犯是否既遂要看行为人所追求的、行为性质所决定的危害结果是否发生；① 《刑法》第 116 条、第 117 条、第 118 规定之罪与第 119 条第 1 款规定之罪是同一犯罪的其他形态与既遂形态的关系。② 也有学者认为，犯罪既遂与否的判断标准是，具体犯罪中刑法规范意图保护的法益是否受到了实际损害。危险犯并不属于既遂犯，而只不过是与之相对应的实害犯的未遂犯。危险犯仅仅是法律对某些具有特别重大危害的实害犯的未遂形态的一种专门规定及称谓而已，无非是要突出打击的重点。③ 还有学者认为，危险犯和与其相应的实害犯之间是未遂犯和既遂犯的关系，也就是说《刑法》第 114 条规定的放火罪的危险犯和《刑法》第 115 条第 1 款规定的放火罪的实害犯之间，理解为未遂犯和既遂犯之间的关系，更妥当一些。其他条款，如第 116 条、第 117 条、第 118 条规定的危险犯与第 119 条规定的实害犯之间也存在类似关系。④ 类似的观点还有，危险犯并非犯罪的既遂形态，而只是与之对应的实害犯的未遂犯而已。就我国刑法规定的破坏交通工具罪而论，第 116 条规定之罪与第 119 条规定之罪是同一罪名的未遂形态和既遂形态，换言之，第 116 条规定的危险犯为该罪的未遂形态，而第 119 条规定的实害犯为该罪的既遂形态。⑤

（二）评析及本书观点

1. 对后一种观点的评析

笔者不赞同后一种观点，理由如下。

---

① 参见苏彩霞、齐文远《我国危险犯理论通说质疑》，《环球法律评论》2006 年第 3 期。

② 参见苏彩霞《危险犯及其相关概念之辨析——兼评刑法分则第 116 条与第 119 条第 1 款之关系》，《法学评论》2001 年第 3 期。

③ 参见冯亚东、胡东飞《犯罪既遂标准新论——以刑法目的为视角的剖析》，《法学》2002 年第 9 期。

④ 参见黎宏《论放火罪中的危险》，载何鹏、李洁主编《危险犯与危险概念》，吉林大学出版社 2006 年版，第 139—146 页。

⑤ 参见陈航《对"危险犯属于犯罪既遂形态"之理论通说的质疑》，《河北法学》1999 年第 2 期。

第一，该观点是在犯罪成立模式论的理论前提下衍生出来的当然结论，而笔者对其前提理论就是不赞同的。犯罪成立模式论认为，犯罪构成是犯罪成立意义上的，是判断行为是否构成犯罪的标准，与犯罪形态是两个不同层面的概念，行为符合犯罪构成就意味着犯罪成立，至于犯罪行为处于何种形态则不是犯罪构成理论所要解决的问题，而应由犯罪成立之后犯罪停止形态理论来完成，所以犯罪形态是在犯罪成立基础上的进一步判断；而在法定刑的适用上，其认为刑法分则规定的法定刑不仅适用于犯罪的既遂形态，而且适用于犯罪的未完成形态，是各种犯罪形态共同适用的法定刑。在此理论前提之下，其主张者就会从犯罪成立的角度界定危险犯的概念，认为危险犯是以危险的发生作为犯罪成立的标志，未发生危险的则犯罪不成立，所以刑法分则条文中表述的危险要素只是犯罪成立的标志。然后在此基础上需要结合行为对法益的侵犯程度，进一步判断其犯罪形态，如果行为对法益造成了实际侵害结果，则犯罪既遂，未发生实害结果的则是犯罪的未完成形态。同时，所有犯罪形态都共同适用刑法分则中规定的法定刑，并结合刑法总则的规定对未完成形态从宽处罚。除此之外，还有一种特殊情况，本来所有犯罪形态都共同适用刑法分则规定的法定刑，并结合刑法总则的规定对未完成形态从宽处罚，但是如果立法对犯罪的既遂形态与未完成形态分别设立了独立的法定刑，例如《刑法》分则第 114 条与第 115 条第 1 款等类似情况，那就直接依照独立的法定刑裁量即可，而不再适用刑法总则关于未完成形态的处罚规定，这也就意味着两法条之间只是同一罪名的未完成形态和既遂形态而已。通过上文分析可见，该种观点之所以会对危险犯既遂标准的通说提出质疑，主要是根源于其与通说的前提理论不同：该观点的前提理论是犯罪成立模式论，而通说的前提理论是犯罪既遂模式论。前提理论本身就不同，则由其衍生出来的危险犯既遂标准就必然也不一样。关于这两种前提理论的优劣对比，笔者已经在第一章中用了较大篇幅做了论述，在此不再赘述。由于笔者支持犯罪既遂模式论，所以不赞同该观点关于危险犯既遂标准的认定。

第二，该观点会导致某些危险犯不存在既遂形态。该观点以发生实害结果作为犯罪既遂标准，只要没有造成法益侵害都是犯罪的未完成形态，但是由于刑法中有些危险犯不存在实害结果，所以不宜以法益侵害作为既遂标准，否则会导致这些危险犯不存在既遂形态。比如颠覆国家政权罪，该罪的实害结果是国家政权被颠覆、社会主义制度被推翻，按此观点如果没有发生该结果，成立未遂犯，但是即使发生该结果，行为人作为开国功臣也不可能会因此遭受刑法处罚，这样该罪就不存在既遂犯了。再比如危害公共安全罪中有关枪支弹药类的犯罪，该类罪的实害结果是行为对公共安全法益造成了现实侵害，可是该类罪的行为完成并不会对公共安全造成现实的侵害，只有使用枪支弹药再去实施危害公共安全的行为才能发生侵害结果，但这已经超出了该罪的内容，因而该罪行为本身不会发生实害结果，若按此观点会导致该罪不存在既遂形态。

也许此观点的主张者意识到了这种缺陷，就提出了"替代结果"进行补足，比如有学者认为，就抽象危险犯而言，刑法用另一种侵害结果对抽象危险的认定作了替代，所以替代的侵害结果之发生意味着犯罪既遂，否则是犯罪未遂。例如，盗窃枪支、弹药罪是抽象危险犯，但只要发生了行为人控制枪支、弹药的侵害结果，就认为犯罪已经既遂；否则便是未遂；就具体危险犯而言，刑法用替代的侵害结果将具体危险类型化，替代的侵害结果之发生才意味着犯罪既遂。例如，盗窃危险物质罪是具体危险犯，当行为人窃取了危险物质时，就发生了替代的侵害结果，构成犯罪既遂；否则为犯罪未遂。[①] 但是对于这种"替代结果"，笔者仍然存有疑惑：一方面，这种说法的理论根据在哪里？论者所说的"替代结果"其实是事实层面的物质性结果，比如行为人控制了枪支、弹药的结果，行为人控制了危险物质的结果。可是论者也说过，犯罪既遂与未遂之间实质上是行为对法益的侵犯程度之分，所以犯罪行为是否造成了行为人希望发生的、由行为属性决定的法益实害结果，就成为两者的区分标准。[②] 也就是说其认为危险犯应以实害结果的发生作为犯罪既遂的标志，而这是价值层面的法益侵害结果。问题是，为什么要由事实层面的物质性结果来替代价值层面的法益侵害结果，其理论依据在哪里？而且，两种不同性质的结果能否进行替代，或者说事实能否替代价值，这也是有待商榷的。所以，论者如果要采取"替代结果"概念对其观点的缺陷进行补足，首先要解决的就

---

① 参见张明楷《刑法学》（第四版），法律出版社 2011 年版，第 322 页。

② 参见张明楷《刑法的基本立场》，中国法制出版社 2002 年版，第 223 页。

是其理论根据问题。另一方面，即使我们暂且抛开"替代结果"的理论根据问题，这种观点也无法周全解释所有的危险犯。因为这一理论的前提是在危险犯中存在可以替代法益侵害的物质性结果，但是并不是所有的危险犯都存在这样的"替代结果"。比如危险驾驶罪，这是典型的抽象危险犯，但是法条中只规定有危险驾驶行为，并不存在物质性结果这一要素，也就是说这里是不存在"替代结果"的，那么该罪仍然是以实害结果的发生作为既遂标志，即危险驾驶行为对不特定多数人的生命、健康或重大公私财产安全造成了现实侵害，但这已经超出了该罪的内容，所以还是无法克服其观点的缺陷。此外，也有学者鉴于"替代结果"不够周延，对其进行了补充：法定的犯罪行为是否实行完成，属于危险犯中行为犯的既遂标志；而犯罪结果是否发生，属于危险犯中结果犯的既遂标志。① 笔者认为，该观点是以事实层面的物质性结果发生和事实层面的行为完成，来替代价值层面的法益侵害结果发生，这仍然面临着理论根据问题以及事实替代价值的合理性问题。

2. 对通说观点的评析

笔者基本赞同通说观点，理由如下。

第一，通说观点是在犯罪既遂模式论的理论前提下衍伸出来的当然结论，笔者对其前提理论是赞同的。犯罪既遂模式论认为，犯罪构成是既遂形态意义上的，是就某一犯罪的单独既遂状态规定的基本犯罪构成，由刑法分则予以规定；而为适应犯罪行为的其他不同犯罪形态，由刑法总则对基本犯罪构成加以修正而形成修正的犯罪构成。在此理论前提之下，其主张者就会从犯罪既遂的角度界定危险犯的概念，认为危险犯是以足以造成实害结果的危险状态作为犯罪既遂的标志，未发生此种危险状态的则是犯罪的未完成形态。由于笔者对这种前提理论持肯定态度，认为其具有较大的合理性，所以在危险犯既遂标准的认定上自然赞同通说观点。

第二，通说观点符合危险犯的立法理由，有利于周延保护重大法益。犯罪行为从开始实施到最终完成是一个法益受到侵害的危险逐渐增大直至最终遭受侵害的过程，在这一过程发展的不同阶段，法益受到的侵犯程度是不一样的。本来犯罪既遂处罚的是实害犯，实害犯发生之前的危险犯都

---

① 参见刘明祥《论危险犯的既遂、未遂与中止》，《中国法学》2005 年第 6 期。

按犯罪未完成形态处罚，可是有些危险一旦发展为实害，其对公众的生命、健康、财产造成的损失将不可估量，所以必须在形成实害前对危险本身进行刑法规制，以实现对重大法益的提前保护。为了提前保护重大法益，就有必要将犯罪既遂的防卫线前移至实害即将发生之前的危险犯，也就是说只要达到了足以造成实害结果的危险状态就构成犯罪既遂，不必等到实害结果的发生，而此种危险状态发生之前的危险犯都按犯罪未完成形态处罚。对于危险犯的这种立法价值，中外学者大都持肯定态度，比如德国学者 Herzog 指出，危险刑法开始着重对行为的非价判断，而不再耐心等待实际损害结果的发生，从而以制裁手段恫吓、震慑带有社会风险的行为。① 日本学者指出，既然刑法规范的机能是保护重要生活利益，那么就应该把既遂犯规定为已经实际侵害了法益的实害犯，但由于某些特殊情况，刑法就将实害发生之前的阶段规定为危险犯，当完全实现了其构成要件时即可认定为危险犯的既遂形态。而其未遂形态就是这些实害犯和危险犯各自的侵害就要发生之前的阶段，即未完成阶段的行为。② 中国大陆学者认为，为了预防威胁公众生命、健康安全的危险，现代刑法把犯罪结果的含义由对法益的侵害扩张解释为对法益的危险，从此危险犯成为规定公害犯罪的重要形式，而侵害结果也不再是成立犯罪的必备要件。成立犯罪的界线不断前移的事实反映了当代刑法容忍度的降低，由此造成犯罪圈的扩张。③

第三，笔者认为批评者对通说观点的质疑并不成立。质疑之一：批评者认为，按照通说，同一种罪名的危险犯和实害犯会有两个不同的既遂标准，导致在同一问题上持双重标准。④ 笔者认为，如果基本犯是危险结果，当行为人实施了基本犯罪行为却造成了实害结果的发生，并且刑法因此对其加重了法定刑，那么与危险犯相对应的实害犯就是结果加重犯。基

---

① 参见 ［德］ Herzog, Gesellschaftliche Unsicherheit und strafrechtliche Daseinsvorsorge, 1991, S. 71. 转引自林东茂《危险犯与经济刑法》，台湾五南图书出版公司 1996 年版，第 15 页。

② 参见 ［日］ 野村稔《刑法总论》，全理其、何力译，法律出版社 2001 年版，第 322—323 页。

③ 参见劳东燕《公共政策与风险社会的刑法》，《中国社会科学》2007 年第 3 期。

④ 参见陈航《对"危险犯属于犯罪既遂形态"之理论通说的质疑》，《河北法学》1999 年第 2 期；李居全《关于犯罪既遂与未遂的探讨》，《法商研究》1997 年第 1 期。

本犯属于普通构成要件，结果加重犯属于加重构成要件，都以实质构成要件说作为既遂标准，所以虽然共用同一种罪名，但其危险犯和实害犯分别属于普通构成要件和加重构成要件，有两个不同的既遂标准就是理所当然的事情，并不会导致在同一问题上持双重标准。正如学者所言，罪名并非与犯罪构成要件属于同一个层面的问题，罪名只是对刑法条文的概括，以基本犯和加重犯为例，既可以将基本犯与加重犯简约地概括为同一罪名，也可以将它们复杂地概括为不同罪名，但这并不会引起构成要件内容的变化。由于加重犯的构成要件已不同于基本犯，自然两者的既遂标准也就不一样。①

　　质疑之二：批评者认为，由于未遂犯是公认的危险犯，那么当然可以认为危险犯就是未遂犯；未遂犯是公认的危险犯，但是如果认为危险犯是既遂犯，就导致未遂犯成为既遂犯，这是不能被接受的结论。② 笔者认为批评者的此点质疑有以下两个方面的缺陷：一方面，"未遂犯是危险犯"的观点在中外刑法理论界仍然是存有争论的。未遂犯是否是危险犯的争论根源于结果无价值论与（二元）行为无价值论在未遂犯处罚根据上的不同观点。结果无价值论者认为，未遂犯的处罚根据是行为对法益所造成的现实的、客观的危险状态，是作为结果的危险（即客观未遂论的危险结果说），③ 所以未遂犯就是危险犯。此观点在日本学界具有很大势力，得到平野龙一、前田雅英、曾根威彦、山口厚等学者的支持。④ 在我国也得到很多学者支持，比如有学者指出，未遂犯是危险犯，这是因为未遂犯与危险犯的处罚根据完全相同，即都是因为行为具有侵害法益的危险而受处罚。⑤ 而（二元）行为无价值论者认为，未遂犯的处罚根据是行为本身所具有的造成法益侵害结果的危险性，是行为属性的危险（即客观未遂论

---

　　①　参见王志祥《犯罪既遂新论》，北京师范大学出版社 2010 年版，第 311 页。

　　②　参见张明楷《危险犯初探》，载马俊驹主编《清华法律评论》（总第一辑），清华大学出版社 1998 年版，第 130 页；陈航《对"危险犯属于犯罪既遂形态"之理论通说的质疑》，《河北法学》1999 年第 2 期。

　　③　参见张明楷《行为无价值论与结果无价值论》，北京大学出版社 2012 年版，第 213 页；张明楷《未遂犯论》，中国法律出版社、日本国成文堂 1997 年版，第 36 页。

　　④　参见张明楷《未遂犯论》，中国法律出版社、日本国成文堂 1997 年版，第 36 页。

　　⑤　参见张明楷《危险犯初探》，载马俊驹主编《清华法律评论》（总第一辑），清华大学出版社 1998 年版，第 129 页。

的行为危险说)，① 所以未遂犯不是危险犯。此观点在德国刑法学界得到大多数学者的支持，比如罗克信教授指出，如果没有实现侵害犯的结果无价值，但是存在行为无价值，则成立未遂犯。② 在日本也有部分学者主张此观点，比如有学者明确指出，未遂犯处罚的理由在于，行为人实施了从法益保护的见地受到否定评价、被禁止的规范违反行为。③ 在我国也有学者认为，不法的意义并不仅限于结果的无价值，而同时也决定于行为的无价值。如果没有实现侵害犯的结果无价值，但存在行为的无价值，则成立未遂犯。④ 还有学者认为，未遂犯不是危险犯，未遂犯的危险仍然蕴含于行为内部而尚未现实地作用于法益，只能是行为的危险，而危险犯的危险作为与行为相对独立的表现行为对法益发生作用状况的现象而存在，已有资格作为刑法上的结果。⑤ 由此可见，所谓"未遂犯是公认的危险犯"也主要是结果无价值论者的观点，（二元）行为无价值论者是否认此种观点的，⑥ 所以批评者以此作为立论根据是有所偏颇的。

另一方面，即使在结果无价值论者看来未遂犯是公认的危险犯，但也并不必然推出危险犯就是未遂犯的结论。由于结果无价值论者认为，刑法的目的是保护法益，违法性的本质是对法益的侵害或危险，所以对于既遂

---

① 参见张明楷《行为无价值论与结果无价值论》，北京大学出版社 2012 年版，第 211 页；张明楷《未遂犯论》，中国法律出版社、日本国成文堂 1997 年版，第 36 页。

② 参见［德］Claus Roxin, Strafrecht Allgemeiner Teil, Band I, 4. Aufl., C. H. Beck, 2006, S. 321. 转引自张明楷《行为无价值论与结果无价值论》，北京大学出版社 2012 年版，第 211 页。

③ 参见［日］井田良《讲义刑法学·总论》，转引自张明楷《行为无价值论与结果无价值论》，北京大学出版社 2012 年版，第 211 页。

④ 参见周光权《违法性判断的基准与行为无价值论——兼论当代中国刑法学的立场问题》，《中国社会科学》2008 年第 4 期。

⑤ 参见王志祥《危险犯研究》，中国人民公安大学出版社 2004 年版，第 189 页。

⑥ 需要说明的是，即使有（二元）行为无价值论者也承认未遂犯是危险犯，但他们所主张的未遂犯形态下的危险犯与既遂犯形态下的危险犯并非同一性质，前者仍然是作为行为属性的危险，后者才是作为结果的危险，也就是说他们是将两种不同性质的危险都称为危险犯。如果按照通行观点从结果的意义上来界定危险犯的话，那么他们实质上也是不承认未遂犯是危险犯的。比如日本学者泷川幸辰是（二元）行为无价值论者，他主张未遂犯是危险犯，但同时认为充当未遂的处罚基础的危险性，不是作为法益侵害程度的危险性，而是实现了符合构成要件行为的客观危险性，充当既遂的处罚基础的危险性则是作为法益侵害程度的危险性。具体参见［日］泷川幸辰《犯罪论序说》，王泰译，法律出版社 2005 年版，第 122 页。

犯来说，其处罚根据就是行为对法益造成了现实的侵害或危险结果；而对于未遂犯来说，虽然没有发生最终的法益侵害或危险结果，但其行为仍然对法益造成了现实的危险状态，这就是未遂犯的处罚根据。也就是说按照结果无价值论的观点，既遂犯是侵害犯或危险犯，未遂犯则是危险犯，所以危险犯既可以是未遂犯也可以是既遂犯。由此可见，即使在结果无价值论者看来未遂犯是公认的危险犯，但也并不必然推出危险犯就是未遂犯的结论，因为危险犯也可以是既遂犯。此外，即使认为危险犯是既遂犯，也不会由于未遂犯是公认的危险犯而导致其成为既遂犯，因为既遂犯形态下的危险犯与未遂犯形态下的危险犯是不一样的：前者要达到接近实害犯的危险程度，是足以造成实害结果的危险状态，是危险度、紧迫度、现实度最高的危险状态；而后者则是既遂犯的危险状态发生之前的阶段，在危险程度上要低于前者。既然两种形态下的危险犯是不一样的，也就不会导致两种形态相等同的结果。

质疑之三：批评者认为，危险状态出现后，行为人又自动排除危险状态从而避免实害结果发生的，本应成立犯罪中止，但按照通说观点成立危险犯既遂，这不利于鼓励行为人中止犯罪。[①] 笔者认为，批评者之所以将此种情况认定为犯罪中止，这与其主张从犯罪成立的角度界定危险犯概念有关。因为在犯罪成立模式论的理论前提下，批评者从犯罪成立的角度界定危险犯的概念，所以刑法分则条文中表述的危险要素只是犯罪成立的标志。然后在此基础上需要结合行为对法益的侵犯程度，进一步判断其犯罪形态，如果行为对法益造成了实际侵害结果，则犯罪既遂，未发生实害结果的则是犯罪的未完成形态。由此可见，批评者对上述情况的推理过程就是：危险状态的出现标志着犯罪已经成立，其构成何种犯罪形态则需要在此基础上作进一步判断，只有行为对法益造成了实害结果才成立犯罪既遂，未发生实害结果的都是犯罪的未完成形态。如果行为人自动排除危险状态从而避免了实害结果的发生，就意味着行为人是在犯罪既遂前自动中

---

① 参见侯国云《对传统犯罪既遂定义的异议》，《法律科学》1997 年第 3 期；苏彩霞、齐文远《我国危险犯理论通说质疑》，《环球法律评论》2006 年第 3 期；黎宏《论放火罪中的危险》，载何鹏、李洁主编《危险犯与危险概念》，吉林大学出版社 2006 年版，第 144—146 页；张明楷《危险犯初探》，载马俊驹主编《清华法律评论》（总第一辑），清华大学出版社 1998 年版，第 131—132 页。

止了犯罪，从而成立危险犯的犯罪中止。此种推理也反映在批评者的阐述中，比如有学者指出，由于危险只是危险犯的成立要件，所以当行为已经造成了危险，也仅意味着危险犯的成立，而其是否既遂还要看行为人所希望的、行为属性所决定的危害结果是否发生，因而在危险犯成立的基础上，还要具体分析其构成何种停止形态。如果危险状态出现后，行为人又自动排除危险状态从而避免实害结果发生的，说明行为人是在犯罪既遂前自动中止了犯罪，这符合犯罪中止的特征，从而构成该危险犯的中止。① 还有学者以放火罪为例指出，从行为人将目的物点燃时起，危害公共安全的危险状态也随之出现，如果在此之后危险状态发展成他人伤亡或财物损坏的实害结果，就成立实害犯；而如果在造成实害结果之前，行为人根据自己的意志排除危险状态，而有效防止了实害结果发生，就成立犯罪中止。② 由此可见，批评者认为此种情况下出现的"危险状态"只是犯罪成立的标志，进一步发展到实害结果才构成犯罪既遂。笔者已经在上文讨论危险犯概念时做过说明，批评者所主张的标志犯罪成立的"危险状态"是一种低度的危险状态，因为它是各种犯罪形态的共同基础，只有这样才能涵盖包括犯罪预备在内的所有犯罪形态。这种低度的危险状态是成立犯罪所要求的基本的危险性，否则会因为没有侵害法益的危险而出罪。

但问题是，这种低度的危险状态并非通说观点所主张的危险犯既遂标准。通说观点主张危险犯应以"足以造成实害结果的危险状态"作为既遂的标志，也就是说区分既遂与未遂的危险状态要达到接近实害犯的程度，是一种高度的危险状态，所以当这种低度危险状态出现后，并非如批评者误解的"按照通说观点会成立危险犯既遂，不利于鼓励行为人中止犯罪"。笔者认为，对于"危险状态出现后，行为人又自动排除危险状态从而避免实害结果发生的"，按照通说观点可以分为两种情况处理：第一种情况是，在（低度）危险状态出现后，行为人又自动排除此种危险状态从而避免（高度）危险状态发生的，成立危险犯中止。因为通说观点主张危险犯以足以造成实害结果的高度危险状态作为既遂标志，未发生此

---

① 参见苏彩霞、齐文远《我国危险犯理论通说质疑》，《环球法律评论》2006年第3期。

② 参见黎宏《论放火罪中的危险》，载何鹏、李洁主编《危险犯与危险概念》，吉林大学出版社2006年版，第146页。

种危险状态的就成立危险犯的未完成形态，由于行为人是自动放弃犯罪从而避免了足以造成实害结果的危险状态发生，所以成立危险犯中止。从刑法理论来看，通说观点得到了学者们的支持。比如日本学者野村稔教授就指出，刑法将实害发生之前的阶段规定为危险犯，当完全实现了其构成要件时即可认定为危险犯的既遂形态，而其未遂形态就是危险犯的侵害危险即将发生之前的阶段，即未完成阶段的行为。[①] 从刑事立法来看，通说观点也体现在立法规定中。以《日本刑法典》规定的妨害交通罪为例，第125条规定的是该罪危险犯的既遂形态，因为大陆法系刑法理论的共识是刑法分则所规定的基本构成要件是为单独既遂犯设计的，第128条规定的就是危险犯的未完成形态，可见刑事立法对此是予以承认的。[②] 从司法实践来看，通说观点也具有认定的合理性。因为就危险犯而言，犯罪行为开始着手时对法益的危险程度并不高，要经历一个实施的过程才达到足以造成实害结果的高度危险状态，所以在这一过程中完全可能由于行为人意志外或意志内的原因而未发生足以造成实害结果的危险状态，由此成立危险犯的未完成形态。例如刘某为打一把片刀，产生用火车把铁棒压扁的想法，于是用钢丝绳将一根铁棒绑在铁轨上，但是当他将铁棒已捆绑一半时就被发现了。刘某由于意志以外的原因，其行为没有达到足以造成实害结果的高度危险状态，最后法院将刘某的行为定为破坏交通设备罪（未遂）。[③] 假如刘某将铁棒捆绑一半时，又自动放弃了，那就可以成立破坏交通设备罪（中止）。

第二种情况是，在（高度）危险状态出现后，行为人又自动排除此种危险状态从而避免实害结果发生的，成立实害犯中止，即结果加重犯的中止。对于这种情况通说观点内部存在三种观点的分歧：第一种观点认为成立危险犯的既遂，不能成立犯罪中止，但对具有自动防止实害结果发生

---

① 参见［日］野村稔《刑法总论》，全理其、何力译，法律出版社 2001 年版，第 322—323 页。

② 《日本刑法典》第 125 条规定的是"损坏铁道或者其标志，或者以其他方法使火车或者电车的交通发生危险的"的行为，以及"损坏灯塔或者浮标，或者以其他方法使船舰的交通发生危险的"行为。第 128 条规定，第 125 条犯罪的未遂，应当处罚。参见《日本刑法典》（第 2 版），张明楷译，法律出版社 2006 年版，第 48—49 页。

③ 参见鲜铁可《新刑法中的危险犯》，中国检察出版社 1998 年版，第 14 页。

情节的危险犯可以从宽处罚；第二种观点认为成立危险犯的中止；第三种观点认为成立实害犯的中止。① 笔者认为首先应当否定成立危险犯中止的观点。因为按照刑法理论界达成的共识，犯罪停止形态是在犯罪过程中由于某种原因停止下来所呈现的状态，这种停止是终局性的停止，出现了一种犯罪形态后，不可能再出现另一种犯罪形态，所以当足以造成实害结果的危险状态发生后，危险犯就已经既遂了，不可能在危险犯既遂之后再有危险犯中止成立的余地。其次，笔者赞同第三种观点，即成立实害犯（即结果加重犯）的中止。由于刑法分则通过结果加重犯的形式加重处罚其实害犯，所以如果行为人在危险犯既遂后又自动排除危险状态从而避免实害结果发生的，当然可以成立结果加重犯的中止。总而言之，危险状态出现后，行为人又自动排除危险状态从而避免实害结果发生的，按照通说观点根据不同的情况，要么成立危险犯中止，要么成立结果加重犯中止，不管哪种情况都是有利于鼓励行为人中止犯罪的，而并非如批评者所质疑的只能成立危险犯既遂，因为这不利于鼓励行为人中止犯罪。

3. 本书观点

关于危险犯的既遂标准，笔者虽然基本赞同通说的观点，认为危险犯应以足以造成实害结果的危险状态发生作为既遂的标志，未发生此种危险状态的是犯罪的未完成形态，但仍然认为有必要作以下补充说明。

笔者已在本书第二章的第一节中论述过，虽然在价值层面的实质意义上，侵害犯与危险犯确实是以行为对法益造成了实害结果或者足以造成实害结果的危险状态作为既遂标志的犯罪，但是笔者仍然认为其不适宜作为犯罪既遂的类型。因为其一，侵害犯与危险犯是指行为对法益的侵犯样态，是价值层面的实质概念，其只有通过事实层面的客观实体才能征表其存在。而一旦脱离了客观实体，侵害犯与危险犯就只是一种抽象的主观认知，要通过人的理性思维才能把握，较为抽象，也没有明确的标准。如果将侵害犯与危险犯这种抽象的价值本身作为犯罪既遂类型，那么必定会造成既遂认定的主观随意性，在司法实践中也不具有可操作性。其二，犯罪既遂是具有法定性和规范性的，但是侵害犯与危险犯是基于法益保护目的来理解犯罪既遂，只是一种理论学说，并没有进行法律条文的限定，使得

---

① 参见王志祥《危险犯研究》，中国人民公安大学出版社 2004 年版，第 299—301 页。

司法机关的裁判仅仅是依据理论学说而无法律依据，这是违反罪刑法定原则的，不可避免会造成司法权的滥用和对国民人权的侵犯。所以，侵害犯与危险犯不适宜以独立的存在作为犯罪既遂的类型，其具有实质解释功能，应该通过对结果犯与行为犯的实质解释来征表其存在。也就是说在以结果犯与行为犯为本体的基础上，由侵害犯与危险犯对其进行实质解释，以经过实质解释后的结果犯和行为犯作为既遂的类型。

具体到危险犯的既遂标准，虽然在价值层面的实质意义上，其确实是以足以造成实害结果的危险状态发生作为既遂的标志，但"足以造成实害结果的危险状态"这种价值本身并不是一种独立的存在，其需要借助一定实体才能表现出来，而这里的实体就是结果犯要求的"物质性结果发生"或者行为犯要求的"事实性行为完成"。也就是说要由"物质性结果发生"或者"事实性行为完成"来征表"足以造成实害结果的危险状态发生"。所以笔者认为，危险犯的既遂标准在实质意义上是"足以造成实害结果的危险状态发生"，但其要借助形式意义上的"物质性结果发生"或"事实性行为完成"征表出来。

第二节　数额犯的既遂

一　数额犯的既遂标准

（一）数额犯既遂与未遂的理论争论

不同于大陆法系国家"立法定性、司法定量"的立法模式，我国采取了"立法既定性又定量"的立法模式，不仅有《刑法》总则第 13 条但书的原则性规定，而且刑法分则对很多犯罪从数额、情节等方面作了定量规定，由此形成了具有我国刑法特色的数额犯、情节犯。这些定量要素的存在更加剧了我国刑法学界关于犯罪既遂标准的理论纷争，下面笔者以数额犯为代表进行介绍。

在我国刑法学界，数额犯是否存在犯罪未遂形态、如何区分数额犯的既遂与未遂或者说数额犯的既遂标准是什么，对于这些问题一直聚讼不休，存在众多不同的观点。在笔者看来，这些观点看似纷繁复杂、分歧颇大，其实主要根源于两种截然不同的前提理论，在同一种前提理论之下，不同观点之间只是其内部的差异而已。所以笔者首先根据前提理论的不同，将这些观点分为两大类，然后再根据是否承认数额犯存在未遂形态作进一步讨论。

第一类观点的前提理论是犯罪成立模式论，其主要包括三种不同的观点。

第一种观点是否定说，认为数额犯不存在未遂形态。该说将法定数额理解为实际结果数额，认为法定数额是犯罪的成立要件，达到法定数额要求的就构成犯罪，未达到的就不构成犯罪，然后进一步判断犯罪形态，只有既遂形态而无未遂形态。比如有学者认为，数额犯不存在犯罪未遂形态的理由是：其一，为了限制处罚范围，将未达到数额标准的行为排除出犯罪圈，数额犯就规定了一定数额，使其具有划分罪与非罪界限的功能，所以若将不具备数额标准的行为认定为犯罪未遂，就违背了数额犯的设立初衷；其二，我国刑法的许多数额犯是为了明确罪与非罪的界限而由情节犯修改而来，由于情节犯没有未遂形态，只有成立犯罪与否的问题，如果修改为数额犯后承认其存在未遂，就否定了情节犯改革的意图；其三，我国刑法在实践中并非不分轻重地一概处罚未遂犯；其四，由于数额犯的数额具有限制结果的作用，这意味着在财产已被实际控制的情况下，只有达到法定数额标准的，才能构成犯罪。[①] 也有学者以盗窃罪为例指出"数额较大"是一个法定的成罪条件，其决定着犯罪是否成立，因此盗窃罪不存在犯罪未完成形态。在我国，犯罪形态以犯罪成立为基础，犯罪不成立也就无所谓犯罪形态，若承认盗窃罪存在未完成形态，其实是否认了犯罪成立与犯罪形态的时间先后顺序，将两者一次性地同时进行评价。[②] 还有学者认为，是否达到数额较大是盗窃罪成立与否的标准，若盗窃数额未达这一定罪标准（无论是分文未获，还是所窃财物数额较小），根本就不构成盗窃罪，犯罪尚不构成，何谈犯罪未遂？所以就数额犯而言，并无犯罪未遂存在的余地，而只有犯罪是否成立的问题。[③]

---

① 参见唐世月《数额犯论》，法律出版社 2005 年版，第 117—119 页。

② 参见张少会《结果犯类别探析》，《河北法学》2009 年第 12 期。

③ 参见陈洪兵《从我国犯罪概念的定量性探析犯罪未遂问题——兼谈知识产权犯罪未遂形态》，《贵州警官职业学院学报》2002 年第 3 期。

　　第二种观点是肯定说，认为数额犯存在未遂形态。该说将法定数额理解为行为指向数额或者意图侵犯数额，认为法定数额是犯罪的成立要件，达到法定数额要求的就构成犯罪，未达到的就不构成犯罪，然后进一步判断犯罪形态，既有既遂形态也有未遂形态。比如有学者在分析生产、销售伪劣产品罪时，就指出销售金额是犯罪成立要件，其认为刑法为了明确处罚条件和限制处罚范围，才规定了成立该罪所必需的销售金额，这意味着，若未达到销售金额的要求，那么其行为对法益的侵害程度也就尚未达到刑事处罚的要求；该学者还将销售金额理解为行为指向数额，其认为该罪的销售金额，不仅是对该罪结果的要求，还是对该罪的行为内容或行为程度的要求。① 还有学者认为，犯罪数额是犯罪构成要件，这一要件在刑法上既是应然的也是实然的，所谓应然的是指成立数额犯必须达到法定的犯罪数额，法定数额是犯罪的成立要件，所谓实然的是指成立数额犯所要达到的法定数额是行为人意图侵犯的犯罪数额，而非行为人已经侵犯的犯罪数额。在此基础上判断犯罪形态，如果行为人已经实际侵犯了法定数额，就成立犯罪既遂，否则为犯罪未遂。②

　　第三种观点是折中说，认为数额犯是否存在未遂形态需要具体分析。该说将某些数额犯的法定数额理解为实际结果数额，认为其不存在未遂形态，而将某些数额犯的法定数额理解为行为指向数额或意图侵犯数额，认为其存在未遂形态。比如有学者认为，可以将数额犯划分为结果数额犯和行为数额犯，前者以法定数额作为犯罪构成中结果要件的定量标准，对这类数额犯而言，只有在发生了符合法定数额标准的结果的情况下，犯罪才能成立，其不存在犯罪未完成形态；后者以法定数额作为犯罪构成中行为要件的定量标准，对这类数额犯而言，存在着犯罪形态的划分，即在行为数额达到法定定罪标准的情况下，如果行为造成了犯罪的基本结果，就成立犯罪既遂；如果由于行为人意志以外的原因未发生犯罪的基本结果，就成立犯罪未遂。③

---

①　参见张明楷《刑法学》（第四版），法律出版社 2011 年版，第 647 页；张明楷《刑法第 140 条"销售金额"的展开》，载马俊驹主编《清华法律评论》（第二辑），清华大学出版社 1999 年版，第 182—184 页。

②　参见彭文华《犯罪既遂原理》，中国政法大学出版社 2013 年版，第 347 页。

③　参见刘之雄《犯罪既遂论》，中国人民公安大学出版社 2003 年版，第 133 页。

　　第二类观点的前提理论是犯罪既遂模式论。主要包括两种不同的观点：

　　第一种观点是肯定说，认为数额犯存在未遂形态。该说认为法定数额是犯罪既遂的标志，达到法定数额要求的是犯罪既遂，未达到的是犯罪未遂。比如有学者认为，可将数额犯划分为作为结果犯的数额犯和作为行为犯的数额犯两类，对于前者，犯罪数额是认定既遂与未遂的标准，如果由于行为人意志以外的原因，未达到法定的数额要求，就构成犯罪未遂；对于后者，如果由于行为人意志以外的原因，未能达到法定的数额要求，也即未能完成法律要求的行为程度，同样构成犯罪未遂。① 还有学者在具体讨论盗窃罪的既遂与未遂时指出，如果行为人企图窃取数额较大的财物，而且也已实际取得了，就构成盗窃罪既遂；而如果行为人企图窃取数额较大的财物，并且已经着手实行盗窃行为，但由于意志以外的原因而未能窃取到，这里的"未能窃取到"包括了未实际取得任何财物（即分为未得）和虽然取得了财物但其数额较小，这种情况应认定为盗窃罪未遂。②

　　第二种观点也是肯定说，认为数额犯存在未遂形态。该说认为虽然法定数额是犯罪既遂的标志，达到法定数额要求的是犯罪既遂，但是未达到法定数额要求的行为，在情节显著轻微危害不大的情况下不构成犯罪，只有情节严重的才构成犯罪未遂。比如有学者认为，是否齐备了数额犯的所有构成要件要素（包括数额要素），是数额犯既遂与未遂的标准，也就是说，达到法定数额标准的，成立数额犯既遂；否则的话，由于欠缺成立犯罪既遂所必需的要素，而成立数额犯未遂。同时，由于我国《刑法》第13条但书规定的限制，只有当未达到法定数额要求的未遂行为能够排除但书规定的适用时，才成立犯罪未遂。③ 也有学者认为，"数额较大"是犯罪既遂的标准，达到"数额较大"要求的成立犯罪既遂；但是未达到"数额较大"要求的，由于《刑法》第13条的但书规定，并不都构成犯罪未遂。在通常情况下，未达"数额较大"的行为因属于但书规定的情

---

　　① 参见张勇《犯罪数额研究》，中国方正出版社2004年版，第91—92页。

　　② 参见赵秉志《犯罪未遂的理论与实践》，中国人民大学出版社1987年版，第285页；陈兴良主编《刑事司法研究》（第三版），中国人民大学出版社2008年版，第65页。

　　③ 参见王志祥《犯罪既遂新论》，北京师范大学出版社2010年版，第248、253—255、264—265页。

形而不构成犯罪；但在特定情形下，未达"数额较大"的行为具有较大的社会危害性，不属于但书规定的情形，才构成犯罪未遂。[①] 还有学者认为，在造成实害的情况下，未达到数额限度要求的，仅仅是自然意义上的行为未遂，由于立法者将其非犯罪化从而不成立犯罪未遂；在造成法益现实威胁的情况下，并非任何行为都成立犯罪未遂，只有达到数额限度要求的才构成犯罪，否则不构成犯罪。[②]

（二）评析及本书观点

1. 对第一类观点的评析

笔者不赞同第一类观点，理由如下。

第一，第一类观点是在犯罪成立模式论的理论前提下衍伸出来的当然结论，而笔者对其前提理论就是不赞同的。犯罪成立模式论认为，犯罪构成是犯罪成立意义上的，是判断行为是否构成犯罪的标准，与犯罪形态是两个不同层面的概念，行为符合犯罪构成就意味着犯罪成立，至于犯罪行为处于何种形态不是犯罪构成理论所要解决的问题，而应由犯罪成立之后犯罪停止形态理论来完成，所以犯罪形态是在犯罪成立基础上的进一步判断。在此理论前提之下，其主张者就会从犯罪成立的角度来界定法定数额，认为法定数额是犯罪成立的标志，达到法定数额要求的就构成犯罪，未达到的就不构成犯罪，所以刑法分则条文中规定的数额要素只是犯罪成立要件，然后在此基础上进一步判断其犯罪形态。该类观点中的否定说、肯定说和折中说都是以此为前提理论的，即都认为法定数额是犯罪的成立要件，是用来区分罪与非罪的，而三者之所以在具体主张上有较大差异，主要是因为对法定数额的理解不同，这才导致进一步判断犯罪形态时观点各异。具体来说，否定说将法定数额理解为实际结果数额，达到该数额要求的就构成犯罪，且在犯罪形态上只能是既遂形态，而由于未遂形态应以构成犯罪为前提，但是未达到实际结果数额的不构成犯罪，所以就不存在未遂形态；肯定说将法定数额理解为行为指向数额或者意图侵犯数额，而非实际结果数额，这样一来法定数额就成为各种犯罪形态的共同基础，在犯罪成立基础上判断犯罪形态

[①]　参见徐光华《犯罪既遂问题研究》，中国人民公安大学出版社 2009 年版，第 84—87 页。

[②]　参见王昭振《数额犯中"数额"概念的展开》，《法学论坛》2006 年第 3 期。

时，就既可以存在既遂形态也可以存在未遂形态；折中说只是对法定数额做了分情况处理，即按照否定说将某些法定数额理解为实际结果数额，而按照肯定说将某些法定数额理解为行为指向数额或意图侵犯数额，因而是否存在未遂形态就需要具体分析。由此可见，第一类观点的三种学说共同建立在犯罪成立模式论的基础上，具体主张的不同也只是其内部的差异，但是由于笔者并不认为这种前提理论具有合理性，自然就不赞同该类观点对于数额犯既遂与未遂的认定。

第二，否定说完全否认数额犯存在未遂形态，并不具有合理性，也不符合司法解释的规定和司法实践惩治犯罪的需要。由于否定说将法定数额理解为实际结果数额，也就是实际上已经侵犯的数额，未达该数额要求的行为根本就不构成犯罪，从而否认数额犯的未遂形态可以构成犯罪，可是这种完全不承认数额犯存在未遂形态的观点并不具有合理性，其不仅受到了第二类观点的质疑，而且也受到了与其相同前提理论的肯定说和折中说的批判，比如肯定说的主张者批判道，法定数额并非行为人已经侵犯的犯罪数额，而是行为人意图侵犯的犯罪数额，否定说混淆了两者的界限，从而将犯罪既遂与未遂的标准误认为是犯罪成立的标准，其片面之处自不待言；[1] 折中说的主张者批判道，否定说将行为指向数额理解为实际结果数额，导致的后果是否认了行为数额犯存在未遂形态，从而否认了行为数额犯的未遂形态可以构成犯罪，可是这种完全不承认数额犯存在未遂形态的观点是不合法理的，如此理解，有悖于刑法的立法精神。[2] 此外，鉴于司法实践中惩治数额犯未遂形态的需要，我国的司法解释已经明确肯定了数额犯存在犯罪未遂，[3] 在这种情况下，如果刑法理论仍然否定数额犯存在未遂形态，就明显脱离了司法解释的规定和司法实践惩治犯罪的需要。

---

① 参见彭文华《犯罪既遂原理》，中国政法大学出版社 2013 年版，第 347 页。

② 参见刘之雄《犯罪既遂论》，中国人民公安大学出版社 2003 年版，第 134 页。

③ 参见 2013 年 4 月 2 日公布的最高人民法院、最高人民检察院《关于办理盗窃刑事案件适用法律若干问题的解释》第 12 条；2011 年 3 月 1 日公布的最高人民法院、最高人民检察院《关于办理诈骗刑事案件具体应用法律若干问题的解释》第 5 条；参见 2001 年 4 月 9 日公布的最高人民法院、最高人民检察院《关于办理生产、销售伪劣商品刑事案件具体应用法律若干问题的解释》第 2 条。

第三，肯定说将法定数额理解为行为指向数额或者意图侵犯数额，进而承认数额犯存在未遂形态，虽然相比否定说具有合理性，但其仍然存在无法克服的缺陷。首先，将法定数额理解为意图侵犯数额，其缺陷是很明显的。一方面，虽然从行为人的角度看，其在实施犯罪行为时很可能会事先考虑所侵犯的数额，但这种纯粹主观的目标数额是难以查明的，而且在通常情况下行为人意图侵犯的数额并不明确，往往只是一个大概的、模糊的范围，甚至有时连大概的范围都没有，抱着有多少算多少的想法。如果将法定数额理解为这种难以查明也不明确的主观目的数额，且以此作为犯罪的成立要件，根本无法完成罪与非罪的区分。另一方面，刑法条文规定的法定数额是一个规范性要件，是立法者从刑事立法的法益保护目的出发，确定的成立犯罪的定量标准，而不可能站在行为人的立场以其主观目的数额作为犯罪成立的定量标准。

其次，将法定数额理解为行为指向数额，也有其不可避免的缺陷。由于行为指向数额不同于实际结果数额，其能够成为各种犯罪形态的共同基础，因而不会像否定说那样完全排除数额犯的未遂形态；同时，行为指向数额也不同于意图侵犯数额，其是一种反映在行为中能够客观化的数额，因而不会将法定数额主观化而难以认定。相比较而言，行为指向数额具有较大的合理性。但是，其仍然有着不可避免的缺陷：由于法定数额（行为指向数额）是犯罪成立的标志，在达到法定数额要求成立犯罪的基础上，再判断其是既遂形态还是未遂形态，所以法定数额（行为指向数额）是既遂形态与未遂形态的共同基础，而这就决定了犯罪既遂与犯罪未遂的定量标准是同一的，所以其主张者会对我国司法解释提高数额犯未遂的定量标准的做法持否定态度。比如有学者指出，就行为数额犯而言，法定数额标准是犯罪既遂与未遂的共同标准，只要行为数额达到了法定标准，无论行为是既遂还是未遂，都因构成犯罪而予以追究刑事责任；[1] 我国司法解释在"数额较大"这一法定的定罪数额标准之外，将盗窃未遂的定罪数额标准提升为"数额巨大"存在不妥，如此解释会不当拔高法定的定罪数额标准，同时也缺乏法律依据。[2]

---

[1]　参见刘之雄《数额犯若干问题新探》，《法商研究》2005年第6期。

[2]　参见刘之雄《犯罪既遂论》，中国人民公安大学出版社2003年版，第138页。

　　但是笔者赞同司法解释的做法，并认为犯罪既遂与犯罪未遂的定量标准应有所区别，不应采取统一的定量标准。因为犯罪行为从开始实施到最终完成是一个法益受到侵害的危险逐渐增大直至最终遭受侵害的过程，在这一过程发展的不同阶段，法益受到的侵犯程度是不一样的。这就是说，预备行为对法益的危险程度要低于未遂行为，而未遂行为对法益的危险程度要低于既遂行为。正是由于不同阶段的行为对法益的危险程度有明显区别，所以它们的可罚性即科处刑罚的必要性也就不一样。正如德国学者费尔巴哈所言，既遂犯的可罚性大于未遂犯的可罚性；就未遂犯而言，离既遂较近的未遂犯的可罚性大于离既遂较远的未遂犯的可罚性。① 因为未遂行为的可罚性要明显低于既遂行为的可罚性，这就决定了未遂行为成立犯罪的定量标准必然要明显高于既遂行为，这样就能将大量不可罚的未遂行为排除出犯罪圈之外，从而实现两者在处罚范围上的区别。总之，行为在对法益危险程度的高低与行为的可罚性之间呈正比例关系，也与行为的处罚范围呈正比例关系，但是与行为成立犯罪的定量标准呈反比例关系。由此可见，犯罪未遂的定量标准应该要明显高于犯罪既遂的定量标准，以此来严格限制犯罪未遂的处罚范围。此外，这样做不仅顺应了现代世界各国普遍承认应例外性地处罚犯罪未完成形态的潮流，而且更符合我国司法实践情况和司法解释的规定：从我国司法实践来看，并非对所有犯罪都要处罚未遂犯，而只是在少数犯罪中例外地予以处罚。② 而我国司法解释则作了明确规定，例如对于盗窃未遂和诈骗未遂，都只有在情节严重的情况下才能定罪处罚。③ 但是，由于上述主张者前提理论的局限，其不可能承认犯罪既遂与犯罪未遂在定量标准上的区别对待，因为其主张犯罪成立模式论，认为法定数额是犯罪成立的标志，而既遂形态与未遂形态都是在满足法定数额成立犯罪的基础上进一步讨论的，所以无论是既遂还是未遂都应以同样的法定数额作为定量标准。也就是说，前提理论决定了其必然主张

　　① 参见［德］安塞尔姆·里特尔·冯·费尔巴哈：《德国刑法教科书》，徐久生译，中国方正出版社 2010 年版，第 119—120 页。

　　② 参见黎宏《刑法总论问题思考》，中国人民大学出版社 2007 年版，第 420 页。

　　③ 参见 2013 年 4 月 2 日公布的最高人民法院、最高人民检察院《关于办理盗窃刑事案件适用法律若干问题的解释》第 12 条；2011 年 3 月 1 日公布的最高人民法院、最高人民检察院《关于办理诈骗刑事案件具体应用法律若干问题的解释》第 5 条。

犯罪既遂与犯罪未遂在定量标准上的同一，而这就成为其无法避免的缺陷。

第四，折中说将数额犯分为结果数额犯和行为数额犯两种类型，分别采取否定说和肯定说的方法进行处理，这看似全面，但其实只是两种方法的叠加，不仅没有克服否定说和肯定说的缺陷，反而造成两者的缺陷并存于其中。其一，为何某些数额犯的法定数额应理解为实际结果数额，而某些数额犯的法定数额应理解为行为指向数额？论者并没有明确交代这样分类的理论依据。此外，从论者的分类来看，其将销售侵权复制品罪的"违法所得数额巨大"理解为实际结果数额，而将生产、销售伪劣产品罪的"销售金额"理解为行为指向数额，所以前罪属于结果数额犯，不存在未遂形态，后罪属于行为数额犯，存在未遂形态。但是根据我国司法解释的规定，违法所得数额是指获利数额，[①] 也就是全部违法收入扣除成本之后所获得的利润；销售金额是指生产者、销售者出售伪劣产品后所得和应得的全部违法收入，[②] 也就是包括成本和利润在内的全部违法收入。由此可见，违法所得数额是销售金额的一部分，区别只在于是否扣除成本而已。那么为何论者却将违法所得数额理解为实际结果数额，而将销售金额理解为行为指向数额，这是有疑问的。其二，根据折中说，结果数额犯的法定数额是实际结果数额，这类数额犯不存在未遂形态，只有发生符合法定数额标准的结果，犯罪才能成立。但问题是，在其所谓的结果数额犯中，是否一定不存在犯罪未遂？有学者指出，销售侵权复制品罪就存在犯罪未遂，例如行为人以营利为目的，销售侵权复制品，违法所得将肯定在10万元以上，但由于司法机关及时查获而尚未销售，该行为应该以销售侵权复制品罪的未遂犯处罚。[③] 而且，在司法实践中也存在着以该罪未遂定罪处罚的案例，在该案中，被告人为了牟取非法利益，购进大量盗版光碟并销售，后来相关机构人员查获了被告人存放的盗版光碟，法院认为被告人的行为已经构成销售侵权复制品罪，同时鉴于盗版光碟尚未销售属于

---

① 参见1998年12月17日公布的最高人民法院《关于审理非法出版物刑事案件具体应用法律若干问题的解释》第17条。

② 参见2001年4月9日公布的最高人民法院、最高人民检察院《关于办理生产、销售伪劣商品刑事案件具体应用法律若干问题的解释》第2条。

③ 参见彭文华《犯罪既遂原理》，中国政法大学出版社2013年版，第348页。

犯罪未遂，比照既遂犯从轻处罚。① 其三，根据折中说，行为数额犯的法定数额是行为指向数额，这类数额犯通常存在既遂与未遂之分。但问题是，将法定数额理解为行为指向数额，仍然有其不可避免的缺陷，而折中说并没有将其克服。对于这种不可避免的缺陷，笔者已经在上文分析肯定说时做了详细说明，在此不再赘述。

2. 对第二类观点的评析

第二类观点是以犯罪既遂模式论为前提理论的，笔者对其前提理论是赞同的。虽然笔者对第二类观点的前提理论持肯定态度，但仍然不赞同第二类观点，理由如下。

第一，在数额犯既遂标准的认定上，第二类观点采取了我国刑法理论通说（即全部犯罪构成要件齐备说），但是通说并不具有合理性。第一种观点认为法定数额是犯罪既遂的标志，达到法定数额要求的是犯罪既遂，未达到的是犯罪未遂，在这里法定数额成为区分既遂与未遂的标志。这种观点源于认定犯罪既遂标准的理论通说，即只有行为人所实施的犯罪行为齐备了刑法分则所规定的某种犯罪的全部构成要件才构成犯罪既遂，否则是犯罪未遂。就数额犯而言，只有齐备了包括法定数额在内的所有犯罪构成要件才是犯罪既遂；未达到法定数额要求的就是犯罪构成要件不齐备，虽然不成立犯罪既遂，但成立犯罪未遂。第二种观点与第一种观点的理论依据是一样的，只是通过《刑法》第 13 条但书规定对第一种观点进行了修正，将情节显著轻微危害不大的未遂行为予以出罪，从而严格限制犯罪未遂的处罚范围。

但问题是，通说并不具有合理性，已经受到了多数学者的批判，不适宜作为数额犯既遂标准的理论根据。通说来源于大陆法系的构成要件说，以行为符合了构成要件作为犯罪既遂的标志。"构成要件"一词是定位于大陆法系三阶层的犯罪论体系，构成要件只是犯罪论体系中的第一个阶层，判断行为符合构成要件之后，还要经过违法性和有责性的判断，因而行为符合构成要件不意味着犯罪的成立，所以大陆法系犯罪既遂的标准是符合第一个阶层的构成要件，而非是符合整个犯罪论体系。但是大陆法系

---

① 参见张新建《音像市场的刑法保护》，转引自王志祥《犯罪既遂新论》，北京师范大学出版社 2010 年版，第 264 页。

的构成要件说传入我国后却发生了变异，变异的根源则是我国刑法学界对"构成要件"一词产生了误解。我国刑法理论从中华人民共和国成立之初就一直将大陆法系的构成要件误解为犯罪成立意义上的犯罪构成，而且后来随着大陆法系三阶层犯罪论的引入，更加剧了构成要件与犯罪构成这两个用语的混乱。所以我国刑法理论长期以来都是将构成要件与犯罪构成混用的，如此一来就能很容易理解，在将大陆法系关于犯罪既遂标准的构成要件说引入我国时，也是将构成要件这一用语理解为犯罪构成的，由此导致大陆法系的构成要件说引入我国后发生了变异。此时作为我国通说的全部犯罪构成要件齐备说已经不再是大陆法系原本意义上的构成要件说。变异后的通说将犯罪既遂标准认定为行为符合了（既遂）整个犯罪构成，而我国的（既遂）犯罪构成是犯罪成立条件的总和，这就将犯罪既遂标准等同于既遂形态下的犯罪构成。由于通说将犯罪既遂标准认定为行为符合了整个犯罪构成，也就是将犯罪既遂与未遂的区分标准混同于犯罪成立的标准，这就会导致将犯罪构成要件中的犯罪成立要素误解为犯罪既遂与未遂的区分要素，而犯罪成立要素是区分罪与非罪的，并非区分既遂与未遂的。这是因为在犯罪构成要件中，有些构成要件要素具有区分既遂与未遂的功能，比如客观要件，而有些构成要件要素则具有区分罪与非罪的功能，比如罪量、罪过、责任能力等，这些要素就是犯罪成立要素，意味着只有符合了这些要素才成立犯罪，若不符合就根本不成立犯罪。由此可见，通说将犯罪既遂标准认定为行为对（既遂）犯罪构成的符合，造成了犯罪既遂标准与（既遂）犯罪构成的混同，其在我国刑法学界受到普遍质疑，在司法实践中出现适用的不合理，也就成为一种必然。在笔者看来，数额犯中的法定数额是犯罪成立要素，具有区分罪与非罪的功能，也就是说将没有达到法定数额要求的行为排除出犯罪之外，起到限定处罚范围的作用，并非是用来区分既遂与未遂的。若按照通说，就会将法定数额误解为犯罪既遂与未遂的区分要素，所以不能根据通说来认定数额犯的既遂标准。

　　第二，第二类观点将达到法定数额作为犯罪既遂的标志，但这不符合犯罪既遂的实质内涵。立法者在运用法律语言表述某种犯罪行为时，都是以法益保护目的为指导的，所规定的都是侵害法益的犯罪行为，所以每一则法律条文的背后都有保护法益的刑法目的。正因为如此，司法机关在适用法律条文认定犯罪时，必须结合其具体保护的法益进行实质解释，而不应只是把法律条文看作空洞的、文理上的文字。就犯罪既遂而言，其是法律规定的犯罪完成形态，立法者在评价某一犯罪行为的完成形态时，必定是以法益保护的刑法目的为宗旨，将犯罪行为造成法益侵害的时点设置为完成形态。所以从实质上看，既遂、未遂等范畴是对行为侵害法益的发展进程状态的描述，犯罪既遂是最终实现法益侵害的完成形态，而犯罪未遂则是尚未实现法益侵害的未完成形态。这样犯罪既遂的实质内涵，或者说犯罪既遂区别于未遂的本质，就在于具有法益侵害性的行为最终实现了对法益的现实侵害或危险。诚如学者所言，刑法之所以区分犯罪既遂与犯罪未完成形态，是为了从犯罪的发展进程上，将对法益危害程度不同的情形区分开来。所以，立法评价犯罪完成与否的实质根据，必然是犯罪对法益的危害程度。而犯罪既遂作为犯罪发展进程上的最终形态，自然指的是其在法益危害上的完成状态，也就是对刑法规范保护的法益造成了实害结果或者危险结果。①

但是，法定数额是定量要素，在大陆法系国家被称为"可罚的违法性"，指某种行为要成立犯罪必须具备一定严重程度的值得处罚的违法性，也就是对行为违法性的程度要求。这种理论认为，违法性不仅是一个存否的概念，而且是一个附程度的量的概念，刑法上的违法必须达到用刑罚加以制裁的高度，换言之，违法性是一个具有质和量的概念，只有在质上应当受到刑法的制裁，且在量上达到一定的严重程度时，才存在可罚的违法性。② 也就是说，如果某种行为具有了违法性要求的"质"，但没有达到违法性要求的"量"，是不能成立犯罪的。具体来说，数额犯中的法定数额就是对违法性"量"的要求，是在行为具有违法性"质"的基础上，进一步要求必须达到法定数额的违法性"量"才能成立犯罪，从而将没有达到法定数额要求的轻微违法性行为予以出罪。比如盗窃罪，盗窃行为对他人的财产权造成了实害就是违法性要求的质，而数额较大的财产损害就是违法性要求的量。总而言之，犯罪既遂与未遂是对行为侵害法益的发展进程状态的描述，犯罪既遂是最终实现法益侵害的完成形态，犯罪

① 参见刘之雄《犯罪既遂论》，中国人民公安大学出版社 2003 年版，第 84 页。

② 参见李海东主编《日本刑事法学者》（上），中国法律出版社、日本国成文堂 1995 年版，第 204 页。

未遂则是尚未实现法益侵害的未完成形态。行为侵害法益的发展进程是一个法益受到侵害的危险逐渐增大直至最终遭受侵害的过程，而这一过程就是对行为违法性"质"的描述过程。与之不同，法定数额则是在行为具有违法性"质"的基础上，对行为违法性"量"的要求。由此可见，犯罪既遂与法定数额的性质是不同的，并不处于同一个层面，前者是违法性的"质"，后者是违法性的"量"，不能将两者相等同。但是，第二类观点却将达到法定数额作为犯罪既遂的标志，这就将性质不同的两种事物混为一谈，因而不具有合理性。

3. 本书观点

对于数额犯的既遂标准，笔者主张实质构成要件说，以行为符合了经过法益侵害实质解释后的构成要件作为数额犯既遂的标志，也就是说事实性行为完成或结果发生并且对法益造成了现实侵害或危险的就标志着数额犯既遂，否则为未遂。而法定数额则是行为既遂或行为未遂基础上的犯罪成立条件，达到数额要求的就成立犯罪，未达到的就不成立犯罪。具体分析如下。

首先，需要明确行为既遂与犯罪既遂的不同，还要将犯罪构成要件要素中标志犯罪既遂的要素与标志犯罪成立的要素区分开来。笔者已经在本文第一章第三节中提到过行为既遂概念，行为既遂并不等同于犯罪既遂，实质构成要件说首先是行为既遂的标准，在此基础上符合了其他犯罪成立条件时，才最终成为犯罪既遂的标准。笔者之所以提出行为既遂概念，主要是为了揭示犯罪既遂的实质，进而将犯罪构成要件要素中标志犯罪既遂的要素与标志犯罪成立的要素区分开来，防止两者发生混淆而影响犯罪既遂标准的认定。一方面，既遂、未遂范畴是对行为侵害法益的发展进程状态的描述，行为既遂是构成要件行为对法益造成现实的侵害或危险这种完成形态；而行为未遂就是尚未对法益造成现实的侵害或未达到既遂的危险程度。所以行为既遂与未遂区分的实质是，从行为侵害法益的发展进程来看，构成要件行为是否最终完成了对法益的现实侵害或危险（也就是实质构成要件说）。由此看出，犯罪构成要件要素中标志犯罪既遂的要素应是具有法益侵害性质的客观构成要件要素，而不包括其他要素。另一方面，行为既遂是构成要件行为最终完成了对法益的现实侵害或危险，但这里的行为是具有法益侵害性的一般意义上的行为，只有在行为既遂的基础上同时具备其他犯罪成立条件时（比如不属于违法阻却事由、达到可罚的违法性程度、具有有责性等）才能构成犯罪，否则就仅仅是一般性侵害法益的非罪行为。由此看出，即使达到了行为既遂，但由于其他犯罪成立条件的限制，并不是所有已现实侵害法益的行为都构成犯罪，而这些具有出罪或入罪功能的条件就是标志犯罪成立的要素，用以区分罪与非罪，而不是用以区分犯罪既遂与未遂。总而言之，在犯罪构成要件要素中，标志犯罪既遂的要素是行为既遂意义上具有法益侵害性质的客观构成要件要素（即实质构成要件），是用来区分犯罪既遂与未遂等未完成形态的；除了行为既遂意义上侵害法益的客观构成要件要素，其他要素就是标志犯罪成立的要素，是用来区分罪与非罪的。只有将犯罪构成要件要素中这两类不同性质与功能的要素区分开来，才能防止发生混淆，从而准确认定犯罪既遂的标准。这其中最常见的混淆就是，将法定数额这一标志犯罪成立的要素作为犯罪既遂的标准，导致数额犯既遂标准的认定成为我国刑法理论的一个难点，笔者认为只有界分清楚了标志犯罪既遂的要素与标志犯罪成立的要素，才能有效解决这一问题。

其次，对数额犯既遂的认定：若行为符合了数额犯的实质构成要件，就标志着行为既遂；在此基础上达到了法定数额要求的则成立犯罪（既遂），而未达到法定数额要求的则不成立犯罪。一方面，这种认定方法与大陆法系国家对轻微违法行为的处理有异曲同工之处。大陆法系国家采取"立法定性、司法定量"的立法模式，即立法者在界定构成要件行为时，只对行为性质进行考察，不作任何定量限制，凡是符合构成要件行为性质的，无论数额大小、情节如何都属于犯罪行为；但是在司法实务中，会根据可罚的违法性理论将轻微的违法行为予以出罪。按照大陆法系国家的这种立法模式，作为既遂标准的构成要件说也是从行为性质上考察构成要件的，并不包含定量要素，这说明既遂标准是由构成要件的行为性质决定的。所以大陆法系国家从符合构成要件行为性质上认定犯罪既遂，然后在司法中将未达到可罚违法性程度的行为予以出罪，只有达到可罚违法性程度的行为才成立犯罪。我国采取"立法既定性又定量"的立法模式，即立法者在界定构成要件行为时，不仅对行为性质进行考察，还进行定量限制。在笔者看来，我国的立法模式不同于大陆法系国家之处只在于对轻微违法行为的出罪处理是由立法直接规定而非交由司法机关裁量，但在构成要件行为性质的规定上并没有差异。所以说对于数额犯既遂标准的认定仍然要从构成要件行为性质上考察，法定数额只是立法直接规定的一个出罪条件，其决定轻微违法行为的罪与非罪，但不决定数额犯的既遂标准。所以笔者主张，只要行为符合了数额犯的实质构成要件（即从行为性质上考察的构成要件），就标志着行为既遂；在此基础上达到了法定数额要求的则成立犯罪（既遂），而未达到法定数额要求的则不成立犯罪。另一方面，这种认定方法符合我国司法实践情况和司法解释规定。在司法实践中，对于刑法分则中规定有"数额较大"的数额犯，如果犯罪行为实际未达到"数额较大"要求的，通常是不作为犯罪处理的。例如盗窃罪，如果行为人窃取的财物数额没有达到"数额较大"的法定要求，在实践中一般是不作为犯罪处罚的。此外，根据我国司法解释规定，各地区的高级人民法院和人民检察院可根据本地区情况，确定盗窃罪"数额较大"的具体标准，[①] 而各地区的公共厅也制定了相应的立案标准，如果未达到此标准就根本不立案，也就无所谓成立犯罪。

最后，对数额犯未遂的认定：若行为尚未符合数额犯的实质构成要件，则意味着行为未遂；在此基础上达到了定量要求（即不属于《刑法》第13条但书规定）的成立犯罪（未遂），而未达到定量要求的不成立犯罪。一方面，这种认定方法与大陆法系国家对未遂犯的处罚有异曲同工之处。在大陆法系国家"立法定性、司法定量"的立法模式下，既遂犯与未遂犯的区分就是从行为性质上考察构成要件的，并不作定量限制，所以符合构成要件行为的就是既遂犯，尚不符合构成要件行为的就是未遂犯，由于没有定量限制，不论数额大小、情节如何都属于犯罪行为。但在大陆法系国家并不是所有的未遂犯都要处罚，否则会将轻微违法行为予以处刑而造成刑罚的严苛。为了限制未遂犯的处罚范围，大陆法系国家采取分则特殊规定的方式，明确只有刑法分则中特别规定处罚未遂犯的才处罚，由此实现了未遂犯处罚的例外性。对此有学者指出，德日刑法中所指的未遂包括以下两种情形：其一是指犯罪未遂，这意味着刑法对此种未遂是要进

---

① 参见2013年4月2日公布的最高人民法院、最高人民检察院《关于办理盗窃刑事案件适用法律若干问题的解释》第1条第2款。

行处罚的；其二是指行为进程意义上的未遂，这意味着刑法对此种未遂是不进行处罚的。由此可知，德日刑法并不处罚所有犯罪的未遂，其对未遂犯的处罚是例外规定。① 虽然我国采取"立法既定性又定量"的立法模式，但笔者认为对既遂标准的认定仍然要从构成要件行为性质上考察，若行为符合了实质构成要件（即从行为性质上考察的构成要件），就标志着行为既遂；若行为尚未符合实质构成要件，则意味着行为未遂。但是在我国也不是所有的未遂行为都构成犯罪，《刑法》总则第 13 条但书原则上对未遂行为构成犯罪作了定量限定，由此严格限制了犯罪未遂的处罚范围。也就是说在我国刑法中也存在两种情形的未遂，一种是成立犯罪、刑法对之进行处罚的犯罪未遂，另一种是不成立犯罪、刑法不对之处罚的行为未遂。正如学者所言，我国刑法总则原则上处罚犯罪未遂，但事实上犯罪未遂的处罚具有例外性，许多犯罪未遂行为的违法性与有责性没有达到值得科处刑罚的程度，所以必须实质性考察什么样的行为在一般意义上的未遂（即虽然行为人已经着手实行且由于意志以外的原因未得逞，但因为缺乏可罚性，而不是真正意义上的犯罪未遂）情况下，其行为的违法性达到了值得科处刑罚的程度，有以下三种情况：（1）罪质严重的未遂应当以犯罪未遂论处；（2）罪质一般的未遂，只有在情节严重的情况下，才成立犯罪未遂；（3）罪质轻微的未遂不以犯罪论处。② 所以笔者主张，若行为尚未符合数额犯的实质构成要件（即从行为性质上考察的构成要件），就意味着行为未遂；在此基础上达到了定量要求（即不属于《刑法》第 13 条但书规定）的成立犯罪（未遂），而未到达定量要求的不成立犯罪。另一方面，这种认定方法符合我国司法实践情况和司法解释规定。从我国司法实践来看，并非对所有犯罪都要处罚未遂犯，而只是在少数犯罪中例外地予以处罚。③ 此外，笔者主张的这种认定数额犯未遂的方法，也更符合我国司法解释的规定。以盗窃罪为例，分析相关司法解释可以看出，其先从盗窃行为尚未符合盗窃罪的实质构成要件（即从行为性质上考察的构成要件）规定出"盗窃未遂"，这里的"盗窃未遂"是指盗

---

① 参见徐光华《犯罪既遂问题研究》，中国人民公安大学出版社 2009 年版，第 87 页。

② 参见张明楷《刑法学》（第四版），法律出版社 2011 年版，第 310 页。

③ 参见黎宏《刑法总论问题思考》，中国人民大学出版社 2007 年版，第 420 页。

窃行为未遂，而非盗窃罪未遂；① 然后在此基础上进一步规定，只有在情节严重的情况下才成立犯罪，也就是盗窃罪（未遂）。② 同样地，对诈骗罪、生产、销售伪劣产品罪等的司法解释规定也采取了同样的方法。③

二　以我国刑法的盗窃罪为例作具体分析

（一）普通盗窃罪的既遂标准

所谓普通盗窃罪是指我国《刑法》第264条规定的盗窃公私财物，数额较大的行为，这类盗窃罪是以"数额较大"作为定量标准的典型数额犯。

关于盗窃罪的既遂标准，笔者已经在本书第二章第二节中做了具体分析，德日刑法理论的通说是取得说，我国刑法理论和司法解释则主要围绕失控说和控制说展开争论。但是不管采取何种学说作为盗窃罪的既遂标准，都没有涉及法定数额，也就是说法定数额对盗窃罪既遂的认定没有影响。正因为如此，我国有学者提出质疑，认为长期以来，我国刑法学界在讨论盗窃罪既遂与未遂的划分标准时存在激烈争论，虽然提出了众多观点，但是在我国刑法规定盗窃罪存在"数额较大"这一定量要件的情况下，这些观点有一个共同缺陷，那就是都忽略了"数额较大"对盗窃罪既遂判断的影响；④ 还有学者指责：关于盗窃罪既遂标准的众多观点都忽略了我国盗窃罪规定有"数额较大"的特殊要求，其之所以脱离了我国刑法规定的实际情况，乃源于学者们单纯地参照国外刑法理论来讨论我国盗窃罪的既遂与未遂，而不考虑国外刑法规定的盗窃罪是没有数额要求

---

①　参见1992年12月11日公布的最高人民法院、最高人民检察院《关于办理盗窃案件具体应用法律的若干问题的解释》第1条。

②　参见2013年4月2日公布的最高人民法院、最高人民检察院《关于办理盗窃刑事案件适用法律若干问题的解释》第12条。

③　参见1996年12月16日公布的最高人民法院《关于审理诈骗案件具体应用法律的若干问题的解释》第1条；2011年3月1日公布的最高人民法院、最高人民检察院《关于办理诈骗刑事案件具体应用法律若干问题的解释》第5条；2001年4月9日公布的最高人民法院、最高人民检察院《关于办理生产、销售伪劣商品刑事案件具体应用法律若干问题的解释》第2条。

④　参见王志祥《犯罪既遂新论》，北京师范大学出版社2010年版，第242页。

的。① 但是笔者对上述质疑不敢苟同。在大陆法系国家"立法定性、司法定量"的立法模式下，作为既遂标准的构成要件说是从行为性质上考察构成要件的，并不包含定量要素，这说明既遂标准是由构成要件的行为性质决定的。所以大陆法系国家是从符合构成要件行为性质上认定犯罪既遂，然后在司法中将未达到可罚违法性程度的行为予以出罪，只有达到可罚违法性程度的行为才成立犯罪。虽然我国采取"立法既定性又定量"的立法模式，但笔者认为我国的立法模式不同于大陆法系国家之处，只在于对轻微违法行为的出罪处理是由立法直接规定而非交由司法机关裁量，但在构成要件行为性质的规定上并没有差异。所以对于数额犯既遂标准的认定仍然要从构成要件行为性质上考察，法定数额只是立法直接规定的一个出罪条件，其决定轻微违法行为的罪与非罪，但不决定数额犯的既遂标准。总之，尽管我国与大陆法系国家的立法模式不同，但都有一个共同点，那就是"立法定性"，即立法者在界定构成要件行为时都要对行为性质进行考察。恰恰是构成要件的行为性质决定着数额犯的既遂标准，而定量要素只是由立法规定或者由司法裁量的一个出罪条件，并不影响既遂标准的认定。正是因为这个共同点，使得我国学者在讨论数额犯的既遂标准时，可以与大陆法系学者处在同一个语境平台上，参与到大陆法系学者的讨论中，并予以参考和借鉴。

作为典型的数额犯，笔者仍然主张以实质构成要件说作为普通盗窃罪的既遂标准。由于普通盗窃罪是结果犯与侵害犯的竞合，应借助行为对法益造成的现实侵害来实质解释物质性结果，由此种物质性结果来征表保护法益遭受了现实侵害，所以笔者主张失控说。而"数额较大"的法定数额则是盗窃行为既遂基础上的犯罪成立条件，达到数额要求的就成立盗窃罪（既遂），未达到的就不成立犯罪。具体来说，对普通盗窃罪既遂的认定：若盗窃行为使财物管理人丧失了对被盗财物的控制，就标志着盗窃行为既遂；在此基础上，被害人丧失的财物达到了"数额较大"要求的则成立盗窃罪（既遂），而未达到"数额较大"要求的则不成立犯罪。对普通盗窃罪未遂的认定：若盗窃行为尚未使财物管理人丧失对被盗财物的控制，则意味着盗窃行为未遂；在此基础上，情节严重的就成立盗窃罪

---

① 参见薛进展、刘金泽《论盗窃犯罪未遂的定罪处罚》，《犯罪研究》2003 年第 1 期。

（未遂），而情节显著轻微危害不大的则不成立犯罪。

此外，我国司法解释对盗窃罪既遂与未遂的规定也肯定了笔者的观点。根据 1992 年的司法解释，盗窃罪是以盗窃行为造成了公私财物损失作为既遂标准的，① 而"造成公私财物损失"与失控说并没有本质区别，可以理解为该司法解释实质上采取了失控说；而根据 2003 年的座谈会纪要，对盗窃罪的既遂采取了控制说。② 虽然司法解释和座谈会纪要对盗窃罪既遂标准的规定不一致，但是无论采取失控说还是控制说，都说明是从盗窃罪的构成要件行为性质上来认定既遂的，而与法定数额没有关系。2013 年的司法解释是在前两个司法文件明确了以失控说或控制说区分盗窃罪既遂与未遂的基础上，进一步规定对于盗窃行为未遂的，只有在情节严重的情况下，才成立犯罪并以盗窃罪（未遂）定罪处罚，而若情节显著轻微危害不大的则不成立犯罪。③

（二）特殊盗窃罪的既遂标准

所谓特殊盗窃罪是指我国《刑法》第 264 条规定的多次盗窃、入户盗窃、携带凶器盗窃、扒窃的行为，这类盗窃罪没有法定数额的定量要求，因而不同于典型数额犯的普通盗窃罪。

特殊盗窃罪是《刑法修正案（八）》新规定的犯罪类型，体现了摆脱盗窃罪认定"唯数额论"的立法精神。关于特殊盗窃罪的既遂标准，我国刑法理论上也有不少争议。比如有学者认为，特殊盗窃罪是结果犯而非行为犯，所以该罪应以行为人是否取得了值得刑法保护的财物作为区分既遂与未遂的标准，也就是说，行为人实施了特殊盗窃行为但却分文未取，抑或取得的是不值得刑法保护的财物，此种情况应认定为盗窃未遂。同时对于盗窃未遂的，只能将情节严重的认定为盗窃罪的未遂犯，而不能一概都以犯罪论处。④ 也有学者认为，盗窃罪作为财产犯罪，应当以财产

---

① 参见 1992 年 12 月 11 日公布的最高人民法院、最高人民检察院《关于办理盗窃案件具体应用法律的若干问题的解释》第 1 条。

② 参见 2003 年 11 月 13 日发布的最高人民法院《全国法院审理经济犯罪案件工作座谈会纪要》第 2 条。

③ 参见 2013 年 4 月 2 日公布的最高人民法院、最高人民检察院《关于办理盗窃刑事案件适用法律若干问题的解释》第 12 条。

④ 参见张明楷《刑法学》（第四版），法律出版社 2011 年版，第 888 页。

权受到实际侵害作为既遂标准，无论何种类型的盗窃罪，都应无一例外地理解为结果犯，而且是结果犯中的侵害犯。① 还有学者针对扒窃行为指出，就盗窃罪中的扒窃行为而言，扒窃行为本身是刑罚重点，所以行为人只要实施了扒窃行为，就构成本罪既遂，而无须行为人实际控制被盗财物。②

在笔者看来，特殊盗窃罪的立法更能凸显本书所主张的数额犯既遂标准的优势。在犯罪构成要件要素中，标志犯罪既遂的要素是行为既遂意义上具有法益侵害性质的客观构成要件要素（即实质构成要件），用来区分犯罪既遂与未遂；除此之外，其他要素是标志犯罪成立的要素，具有出罪或入罪功能，用来区分罪与非罪。只有将这两类不同性质与功能的要素区分开来，才能防止发生混淆，准确认定犯罪既遂的标准。就普通盗窃罪而言，其属于典型的数额犯，对于数额犯既遂标准的认定仍然要从构成要件行为性质上考察，即以行为符合了实质构成要件区分既遂与未遂；而法定数额则是标志犯罪成立的要素，只是立法直接规定的一个出罪条件，其决定轻微违法行为的罪与非罪，但不决定数额犯既遂与未遂。就特殊盗窃罪而言，其相对普通盗窃罪的特殊之处仅在于，不再将法定数额作为其犯罪成立的要素，也就是说盗窃行为的出罪与入罪不再"唯数额论"；但是特殊盗窃罪的实质构成要件与普通盗窃罪并没有差异，否则就不是盗窃罪了，而这就决定了两者的既遂标准是一样的。

所以笔者仍然主张以实质构成要件说作为特殊盗窃罪的既遂标准，由于特殊盗窃罪仍然是结果犯与侵害犯的竞合，应借助行为对法益造成的现实侵害来实质解释物质性结果，由此种物质性结果来征表保护法益遭到了现实侵害，所以笔者主张失控说。由于特殊盗窃罪没有法定数额的定量要求，所以法定数额不再属于其犯罪成立条件，也就是说在盗窃行为既遂的基础上，不再需要根据是否达到法定数额来判断是否成立犯罪，盗窃行为既遂就意味着盗窃罪既遂。具体来说，对特殊盗窃罪既遂的认定：若盗窃行为使财物管理人丧失了对被盗财物的控制，就标志着盗窃行为既遂；在

---

① 参见付立庆《行为犯概念否定论》，《政法论坛》2013 年第 6 期。

② 参见陈家林《论刑法中的扒窃——对〈刑法修正案（八）〉的分析与解读》，《法律科学》2011 年第 4 期。

此基础上，不论被害人丧失了多少数额的财物都成立盗窃罪（既遂）。对特殊盗窃罪未遂的认定：若盗窃行为尚未使财物管理人丧失对被盗财物的控制，则意味着盗窃行为未遂；在此基础上，情节严重的就成立盗窃罪（未遂），而情节显著轻微危害不大的则不成立犯罪。

结　　论

　　我国刑法学界在犯罪既遂标准这一问题上仍然存有较大争议，犯罪目的实现说、结果说、法益损害说、构成要件齐备说等众多观点各执一词，至今没有达成共识。此外，我国的通说（即全部犯罪构成要件齐备说）其实来源于大陆法系的构成要件说，可通说在我国刑法学界却受到种种诘难，这与大陆法系已达成共识的状况形成了较大反差。我国刑法学界争论不断、通说遭到普遍质疑，这都严重影响了司法实践部门准确认定具体犯罪的既遂标准。如果这一问题在刑法学界无法得到有效解决，任其处于纷争状态，长此以往将不仅有碍我国刑法理论自身的发展完善，更有损我国刑事司法的公正性，所以有必要对此问题进行系统而深入的研究，确立一个较为合理的犯罪既遂标准。

　　通过本书的论述，笔者简要归纳如下几点看法。

　　第一，我国既遂标准的通说之所以会出现诸多缺陷，其根源并不在于犯罪既遂模式论的理论前提不适用于我国，而在于我国刑法学界在引入大陆法系的构成要件说时对其含义产生了误解。大陆法系的构成要件说是指行为符合了构成要件，这里的"构成要件"是指三阶层犯罪论体系的第一个阶层，而不是包括违法性和有责性在内的整个犯罪论体系。而我国刑法学界从中华人民共和国成立之初就一直将大陆法系的构成要件误解为犯罪成立意义上的犯罪构成，构成要件与犯罪构成这两个术语是混用的，所以在将大陆法系的构成要件说引入我国时，也是将构成要件这一用语理解为犯罪构成的，由此导致大陆法系的构成要件说引入我国后发生了变异。变异后的我国通说将犯罪既遂的标准认定为行为符合了（既遂）犯罪构成，而我国的（既遂）犯罪构成是犯罪成立条件的总和，这就将犯罪既遂的标准混同于既遂形态下的犯罪构成。因而我国通说在刑法学界受到普遍质疑，在司法实践中出现适用的不合理，那就成为一种必然。

第二，笔者提倡以实质构成要件说作为犯罪既遂的标准。实质构成要件是结果无价值论立场上的违法类型，即应将构成要件从法益侵害的角度进行实质解释，那么作为既遂标准的实质构成要件说就是指行为符合了经过法益侵害实质解释后的构成要件，也就是说事实性行为完成或结果发生并且对法益造成了现实侵害或危险的就标志着犯罪既遂，否则为犯罪未遂。实质构成要件说首先应是行为既遂的标准，即行为符合了实质构成要件就标志着行为既遂，否则是行为未遂。在此基础上，只有当这里的行为符合了其他犯罪成立条件时，才最终成为犯罪既遂的标准。行为既遂概念中的"行为"是指一般意义上的法益侵害行为，其特点是只强调构成要件行为对法益的侵害性或危险性，因此这里的行为就不仅仅指符合犯罪成立条件的犯罪行为，还包括不符合犯罪成立条件的一般性法益侵害行为。

第三，笔者提倡将犯罪既遂划分为实质结果犯与实质行为犯两种类型，前者是对形式意义的结果犯经过了侵害犯或危险犯的实质解释；后者则是对形式意义的行为犯经过了侵害犯或危险犯的实质解释。其一，对于结果犯与侵害犯竞合的实质结果犯，应借助行为对法益造成的现实侵害来实质解释事实性的物质性结果，此种物质性结果的发生就意味着法益遭受到了现实侵害，所以实质解释后确定的物质性结果发生就是该类罪的既遂标准。其二，对于结果犯与危险犯（包括具体危险犯与抽象危险犯）竞合的实质结果犯，应借助行为对法益造成的接近实害犯程度的现实危险来实质解释事实性的物质性结果，此种物质性结果的发生就意味着法益遭受到了足以造成实害结果的现实危险，所以实质解释后确定的物质性结果发生就是该类罪的既遂标准。其三，对于行为犯与侵害犯竞合的实质行为犯，应借助行为对法益造成的现实侵害来实质解释事实性的行为完成，此种行为完成就意味着法益遭受到了现实侵害，所以实质解释后确定的行为完成就是该类罪的既遂标准。其四，对于行为犯与危险犯（包括具体危险犯和抽象危险犯）竞合的实质行为犯，应借助行为对法益造成的接近实害犯程度的现实危险来实质解释事实性的行为完成，此种行为完成就意味着法益遭受到了足以造成实害结果的现实危险，所以实质解释后确定的行为完成就是该类罪的既遂标准。

第四，虽然在价值层面的实质意义上，危险犯确实是以足以造成实害结果的危险状态发生作为既遂的标志，但"足以造成实害结果的危险状态"这种价值本身并不是一种独立的存在，其需要借助一定实体才能表现出来，而这里的实体就是结果犯要求的"物质性结果发生"或者行为犯要求的"事实性行为完成"，也就是说要由"物质性结果发生"或者"事实性行为完成"来征表"足以造成实害结果的危险状态发生"。所以危险犯的既遂标准在实质意义上是"足以造成实害结果的危险状态发生"，但其要借助形式意义上的"物质性结果发生"或"事实性行为完成"征表出来。

第五，应以实质构成要件说作为数额犯的既遂标准，而法定数额则是行为既遂或行为未遂基础上的犯罪成立条件，达到数额要求的就成立犯罪，未达到的就不成立犯罪。具体来说，对数额犯既遂的认定：若行为符合了数额犯的实质构成要件，就标志着行为既遂；在此基础上达到了法定数额要求的则成立犯罪（既遂），而未达到法定数额要求的则不成立犯罪。对数额犯未遂的认定：若行为尚未符合数额犯的实质构成要件，则意味着行为未遂；在此基础上达到了定量要求（即不属于《刑法》第 13 条但书规定）的成立犯罪（未遂），而未达到定量要求的不成立犯罪。

参考文献

一　中文著作

鲍遂献、雷东生：《危害公共安全罪》，中国人民公安大学出版社1999年版。

陈家林：《外国刑法通论》，中国人民公安大学出版社2009年版。

陈朴生、洪福增：《刑法总则》，台湾五南图书出版公司1982年版。

陈兴良：《本体刑法学》（第二版），中国人民大学出版社2011年版。

陈兴良：《规范刑法学》（上册）（第三版），中国人民大学出版社2013年版。

陈兴良：《刑法哲学》（第五版），中国人民大学出版社2015年版。

陈兴良主编：《刑事司法研究》（第三版），中国人民大学出版社2008年版。

陈兴良主编：《罪名指南》（上册），中国人民大学出版社2008年版。

陈忠林：《意大利刑法纲要》，中国人民大学出版社1999年版。

陈子平：《刑法总论》（2008年增修版），中国人民大学出版社2009年版。

甘添贵：《体系刑法各论（第一卷）》（修订再版），台湾瑞兴图书股份有限公司2001年版。

高铭暄、马克昌主编：《刑法学》（第五版），北京大学出版社、高等教育出版社2011年版。

高铭暄主编：《新编中国刑法学》（上册），中国人民大学出版社1998年版。

高仰止：《刑法总则之理论与实用》，台湾五南图书出版公司1994

年版。

　　韩忠谟：《刑法原理》，北京大学出版社 2009 年版。

　　何秉松主编：《刑法教科书》，中国法制出版社 1997 年版。

　　何鹏、李洁主编：《危险犯与危险概念》，吉林大学出版社 2006 年版。

　　黄开诚：《论犯罪未完成形态的存在范围》，法律出版社 2011 年版。

　　黄荣坚：《基础刑法学》（下）（第三版），中国人民大学出版社 2009 年版。

　　姜伟：《犯罪形态通论》，法律出版社 1994 年版。

　　金泽刚：《犯罪既遂的理论与实践》，人民法院出版社 2001 年版。

　　柯耀程：《刑法的思与辩》，中国人民大学出版社 2008 年版。

　　黎宏：《日本刑法精义》（第二版），法律出版社 2008 年版。

　　黎宏：《刑法总论问题思考》，中国人民大学出版社 2007 年版。

　　李海东：《刑法原理入门（犯罪论基础）》，法律出版社 1998 年版。

　　李海东主编：《日本刑事法学者》（上），中国法律出版社、日本国成文堂 1995 年版。

　　李洁：《犯罪对象研究》，中国政法大学出版社 1998 年版。

　　李洁：《犯罪既遂形态研究》，吉林大学出版社 1999 年版。

　　李立众：《犯罪成立理论研究——一个域外方向的尝试》，法律出版社 2006 年版。

　　李立众：《犯罪未完成形态适用》，中国人民公安大学出版社 2012 年版。

　　李林：《危险犯与风险社会刑事法治》，西南财经大学出版社 2012 年版。

　　林东茂：《危险犯与经济刑法》，台湾五南图书出版公司 1996 年版。

　　林东茂：《刑法综览》（修订五版），中国人民大学出版社 2009 年版。

　　林山田：《刑法特论》（上册）（修订三版），台湾三民书局股份有限公司 1994 年版。

　　林山田：《刑法特论》（下册），台湾三民书局股份有限公司 1994 年版。

　　林山田：《刑法通论》（上册），北京大学出版社 2012 年版。

林亚刚：《危害公共安全罪新论》，武汉大学出版社 2001 年版。

林钰雄：《新刑法总则》，中国人民大学出版社 2009 年版。

刘明祥：《财产罪比较研究》，中国政法大学出版社 2001 年版。

刘树德：《行为犯研究》，中国政法大学出版社 2000 年版。

刘宪权：《中国刑法学讲演录》，人民出版社 2011 年版。

刘宪权主编：《中国刑法学》，上海人民出版社 2008 年版。

刘艳红：《实质犯罪论》，中国人民大学出版社 2014 年版。

刘之雄：《犯罪既遂论》，中国人民公安大学出版社 2003 年版。

马俊驹主编：《清华法律评论》（第二辑），清华大学出版社 1999 年版。

马俊驹主编：《清华法律评论》（总第一辑），清华大学出版社 1998 年版。

马克昌：《比较刑法原理（外国刑法学总论）》，武汉大学出版社 2002 年版。

马克昌主编：《犯罪通论》，武汉大学出版社 1999 年版。

马克昌主编：《刑法》（第三版），高等教育出版社 2012 年版。

孟庆华：《犯罪构成适用重点疑点难点问题判解研究》，人民法院出版社 2006 年版。

彭文华：《犯罪既遂原理》，中国政法大学出版社 2013 年版。

史卫忠：《行为犯研究》，中国方正出版社 2002 年版。

舒洪水：《危险犯研究》，法律出版社 2009 年版。

苏惠渔主编：《刑法学》（第五版），中国政法大学出版社 2012 年版。

唐世月：《数额犯论》，法律出版社 2005 年版。

王志祥：《犯罪既遂新论》，北京师范大学出版社 2010 年版。

王志祥：《危险犯研究》，中国人民公安大学出版社 2004 年版。

王作富主编：《刑法》（第四版），中国人民大学出版社 2009 年版。

吴振兴主编：《犯罪形态研究精要 I》，法律出版社 2005 年版。

鲜铁可：《新刑法中的危险犯》，中国检察出版社 1998 年版。

肖中华：《犯罪构成及其关系论》，中国人民大学出版社 2000 年版。

肖中华：《侵犯公民人身权利罪》，中国人民公安大学出版社 1998 年版。

肖中华：《侵犯公民人身权利罪疑难解析》，上海人民出版社 2007 年版。

徐光华：《犯罪既遂问题研究》，中国人民公安大学出版社 2009 年版。

燕人、东山：《澳门刑法总则概论》，澳门基金会 1997 年版。

杨春洗、甘雨沛、杨敦先等：《刑法总论》，北京大学出版社 1981 年版。

杨春洗、高铭暄、马克昌等主编：《刑事法学大辞书》，南京大学出版社 1990 年版。

张军、姜伟、郎胜等：《刑法纵横谈（总则部分）》（增订版），北京大学出版社 2008 年版。

张军主编：《破坏金融管理秩序罪》，中国人民公安大学出版社 1999 年版。

张明楷：《法益初论》，中国政法大学出版社 2000 年版。

张明楷：《犯罪构成体系与构成要件要素》，北京大学出版社 2010 年版。

张明楷：《犯罪论原理》，武汉大学出版社 1991 年版。

张明楷：《外国刑法纲要》（第二版），清华大学出版社 2007 年版。

张明楷：《未遂犯论》，中国法律出版社、日本国成文堂 1997 年版。

张明楷：《刑法的基本立场》，中国法制出版社 2002 年版。

张明楷：《刑法学》（第三版），法律出版社 2007 年版。

张明楷：《刑法学》（第四版），法律出版社 2011 年版。

张明楷：《行为无价值论与结果无价值论》，北京大学出版社 2012 年版。

张明楷、黎宏、周光权：《刑法新问题探究》，清华大学出版社 2003 年版。

张小虎：《犯罪论的比较与建构》（第二版），北京大学出版社 2014 年版。

张永江：《未遂犯研究》，法律出版社 2008 年版。

张勇：《犯罪数额研究》，中国方正出版社 2004 年版。

赵秉志：《犯罪未遂的理论与实践》，中国人民大学出版社 1987

年版。

赵秉志：《侵犯财产罪》，中国人民公安大学出版社 1999 年版。

赵秉志主编：《犯罪停止形态适用中的疑难问题研究》，吉林人民出版社 2001 年版。

赵秉志主编：《侵犯人身权权利犯罪疑难问题司法对策》，吉林人民出版社 2001 年版。

赵秉志主编：《外国刑法各论》（大陆法系），中国人民大学出版社 2006 年版。

赵秉志主编：《刑法新教程》（第四版），中国人民大学出版社 2012 年版。

赵国强：《澳门刑法概说（犯罪通论）》，社会科学文献出版社 2012 年版。

赵威：《数额犯研究》，辽宁大学出版社 2010 年版。

郑飞：《行为犯论》，吉林人民出版社 2004 年版。

周光权：《刑法总论》（第二版），中国人民大学出版社 2011 年版。

二　中文译著

［苏］A. H. 特拉伊宁：《犯罪构成的一般学说》，薛秉忠等译，中国人民大学出版社 1958 年版。

［德］弗兰茨·冯·李斯特：《德国刑法教科书》，徐久生译，法律出版社 2000 年版。

［德］恩施特·贝林：《构成要件理论》，王安异译，中国人民公安大学出版社 2006 年版。

［德］汉斯·海因里希·耶赛克、托马斯·魏根特：《德国刑法教科书（总论）》，徐久生译，中国法制出版社 2001 年版。

［德］约翰内斯·韦赛尔斯：《德国刑法总论》，李昌珂译，法律出版社 2008 年版。

［德］安塞尔姆·里特尔·冯·费尔巴哈：《德国刑法教科书》，徐久生译，中国方正出版社 2010 年版。

［德］马克思·韦伯：《社会科学方法论》，杨富斌译，华夏出版社

1999 年版。

　　［德］乌尔斯·金德霍伊泽尔：《刑法总论教科书》（第六版），蔡桂生译，北京大学出版社 2015 年版。

　　［德］克劳斯·罗克辛：《德国刑法学总论》（第 2 卷），王世洲等译，法律出版社 2013 年版。

　　［德］克劳斯·罗克辛：《德国最高法院判例刑法总论》，何庆仁、蔡桂生译，中国人民大学出版社 2012 年版。

　　［德］冈特·施特拉腾韦特、洛塔尔·库伦：《刑法总论 I ——犯罪论》，杨萌译，法律出版社 2006 年版。

　　［日］泷川幸辰：《犯罪论序说》，王泰译，法律出版社 2005 年版。

　　［日］小野清一郎：《犯罪构成要件理论》，王泰译，中国人民公安大学出版社 2004 年版。

　　［日］大塚仁：《刑法概说（总论）》，冯军译，中国人民大学出版社 2003 年版。

　　［日］大塚仁：《犯罪论的基本问题》，冯军译，中国政法大学出版社 1993 年版。

　　［日］野村稔：《刑法总论》，全理其、何力译，法律出版社 2001 年版。

　　［日］大谷实：《刑法讲义总论》（新版第 2 版），黎宏译，中国人民大学出版社 2008 年版。

　　［日］大谷实：《刑法总论》，黎宏译，法律出版社 2003 年版。

　　［日］西田典之：《日本刑法总论》，刘明祥、王昭武译，中国人民大学出版社 2007 年版。

　　［日］曾根威彦：《刑法学基础》，黎宏译，法律出版社 2005 年版。

　　［日］西原春夫：《犯罪实行行为论》，戴波、江溯译，北京大学出版社 2006 年版。

　　［日］福田平、大塚仁编：《日本刑法总论讲义》，李乔、文石、周世铮译，辽宁人民出版社 1986 年版。

　　［日］木村龟二主编：《刑法学词典》，顾肖荣、郑树周译校，上海翻译出版公司 1991 年版。

　　［日］西原春夫主编：《日本刑事法的形成与特色——日本法学家论

日本刑事法》，李海东等译，中国法律出版社、日本国成文堂1997年版。

　　［日］山口厚：《刑法总论》（第2版），付立庆译，中国人民大学出版社2011年版。

　　［日］山口厚：《从新判例看刑法》（第2版），付立庆、刘隽译，中国人民大学出版社2009年版。

　　［日］松宫孝明：《刑法总论讲义》（第4版补正版），钱叶六译，中国人民大学出版社2013年版。

　　［日］松原芳博：《刑法总论重要问题》，王昭武译，中国政法大学出版社2014年版。

　　［意］杜里奥·帕多瓦尼：《意大利刑法学原理》，陈忠林译评，中国人民大学出版社2004年版。

三　论文

　　陈航：《对"危险犯属于犯罪既遂形态"之理论通说的质疑》，《河北法学》1999年第2期。

　　陈洪兵：《从我国犯罪概念的定量性探析犯罪未遂问题——兼谈知识产权犯罪未遂形态》，《贵州警官职业学院学报》2002年第3期。

　　陈家林：《论刑法中的扒窃——对〈刑法修正案（八）〉的分析与解读》，《法律科学》2011年第4期。

　　陈兴良：《构成要件论：从贝林到特拉伊宁》，《比较法研究》2011年第4期。

　　陈兴良：《未完成罪研究》，《政法论坛》2000年第3期。

　　陈彦海、张伯仁：《犯罪既遂定义浅探》，《西北政法学院学报》1988年第4期。

　　程仲棠：《从"是"推不出"应该"吗？（上）——休谟法则的哲学根据质疑》，《学术研究》2000年第10期。

　　冯亚东、胡东飞：《犯罪既遂标准新论——以刑法目的为视角的剖析》，《法学》2002年第9期。

　　付立庆：《行为犯概念否定论》，《政法论坛》2013年第6期。

　　付立庆：《应否允许抽象危险犯反证问题研究》，《法商研究》2013

年第 6 期。

高巍：《抽象危险犯的概念及正当性基础》，《法律科学》2007 年第 1 期。

顾俊杰：《中国哲学与传统法律文化》，《比较法研究》1988 年第 3 期。

郭浩、李兰英：《风险社会的刑法调适——以危险犯的扩张为视角》，《河北法学》2012 年第 4 期。

何荣功、罗继洲：《也论抽象危险犯的构造与刑法"但书"之关系——以危险驾驶罪为引例》，《法学评论》2013 年第 5 期。

侯国云：《"构成要件说"作为犯罪既遂判定标准的不合理性——与王志祥博士商榷》，《河南师范大学学报》2006 年第 2 期。

侯国云：《对传统犯罪既遂定义的异议》，《法律科学》1997 年第 3 期。

胡家贵、陈瑞兰：《关于犯罪形态的几个问题》，《政法论坛》1997 年第 6 期。

江河、邓小俊：《以法益侵害说为视角论盗窃罪的既遂与未遂》，《学术交流》2006 年第 7 期。

江岚、赵灿：《抽象危险犯与行为犯之界限——以"抽象危险"的认定为路径》，《湖北大学学报》2012 年第 2 期。

蒋兰香：《对犯罪既遂形态逻辑关系的梳理》，《河北法学》2006 年第 12 期。

劳东燕：《公共政策与风险社会的刑法》，《中国社会科学》2007 年第 3 期。

黎宏：《论抽象危险犯危险判断的经验法则之构建与适用——以抽象危险犯立法模式与传统法益侵害说的平衡和协调为目标》，《政治与法律》2013 年第 8 期。

黎宏：《论放火罪中的危险》，载何鹏、李洁主编《危险犯与危险概念》，吉林大学出版社 2006 年版。

黎宏：《论未遂犯的成立要件》，《云南大学学报》（法学版）2004 年第 2 期。

黎宏：《我国犯罪构成体系不必重构》，《法学研究》2006 年第 1 期。

李居全：《关于犯罪既遂与未遂的探讨》，《法商研究》1997 年第 1 期。

李林：《风险社会背景下我国危险犯立法范式转化研究》，《华中科技大学学报》2012 年第 2 期。

李希慧、童伟华：《论行为犯的构造》，《法律科学》2002 年第 6 期。

刘刚：《危险犯的犯罪形态及其具体认定》，《社会科学家》2010 年第 3 期。

刘明祥：《论危险犯的既遂、未遂与中止》，《中国法学》2005 年第 6 期。

刘明祥：《我国刑法规定的犯罪并非以既遂为模式》，《中南政法学院学报》1990 年第 4 期。

刘涛：《法益 责任 危险——抽象危险犯争议问题探究》，《中国刑事法杂志》2012 年第 9 期。

刘宪权：《故意犯罪停止形态相关理论辨正》，《中国法学》2010 年第 1 期。

刘艳红：《再论犯罪既遂与未遂》，《中央政法管理干部学院学报》1998 年第 1 期。

刘之雄：《关于故意犯罪既遂标准的再思考》，《法商研究》1998 年第 6 期。

刘之雄：《论犯罪既遂与未遂的区分标准》，《法学评论》1989 年第 3 期。

刘之雄：《数额犯若干问题新探》，《法商研究》2005 年第 6 期。

刘之雄：《刑罚根据完整化上的犯罪分类——侵害犯、危险犯、结果犯、行为犯的关系论纲》，《中国法学》2005 年第 5 期。

陆诗忠：《对我国"犯罪既遂标准说"的反思——"犯罪对象侵害说"之倡导》，《安徽大学学报》2012 年第 4 期。

陆诗忠：《对我国犯罪既遂标准理论的检讨》，《法律科学》2012 年第 6 期。

毛毅坚：《论危险犯的中止与既遂》，《政治与法律》2006 年第 2 期。

米传勇：《犯罪既遂标准新论——修正的构成要件齐备说之提倡》，《法律适用》2005 年第 9 期。

聂慧苹：《论危害结果在犯罪构成体系中的地位与功能》，《当代法学》2011 年第 4 期。

彭文华：《论刑事法治视野中的犯罪既遂标准》，《法学评论》2009 年第 2 期。

彭文华：《危害结果概念：反思与重构》，《中国刑事法杂志》2010 年第 8 期。

阮齐林：《中国刑法上的新类型危险犯》，载何鹏、李洁主编《危险犯与危险概念》，吉林大学出版社 2006 年版。

史卫忠：《论我国刑法中行为犯的概念》，《法学家》2000 年第 3 期。

苏彩霞：《"风险社会"下抽象危险犯的扩张与限缩》，《法商研究》2011 年第 4 期。

苏彩霞：《危险犯及其相关概念之辨析——兼评刑法分则第 116 条与第 119 条第 1 款之关系》，《法学评论》2001 年第 3 期。

苏彩霞、齐文远：《我国危险犯理论通说质疑》，《环球法律评论》2006 年第 3 期。

王纪松：《论类型化的犯罪既遂标准》，《中国刑事法杂志》2006 年第 1 期。

王雯汀：《风险社会下抽象危险犯的理论境域》，《河北法学》2013 年第 2 期。

王永茜：《抽象危险犯立法技术探讨——以对传统"结果"概念的延伸解释为切入点》，《政治与法律》2013 年第 8 期。

王昭振：《数额犯中"数额"概念的展开》，《法学论坛》2006 年第 3 期。

王志祥：《结果犯范围的新思考》，《河北法学》2007 年第 3 期。

王志祥：《危险犯概念比较研究》，《法学家》2002 年第 5 期。

王志祥、贾政：《行为犯、结果犯二分法之提倡》，《河北大学学报》2006 年第 2 期。

王志祥、刘江格：《形式犯实质犯区分之争述评》，《河北法学》2004 年第 12 期。

王志祥、吴占英：《危险犯犯罪形态之辨正》，《中国人民公安大学学报》2003 年第 4 期。

王志祥、曾粤兴:《修正的犯罪构成理论之辨正》,《法商研究》2003年第1期。

温建辉:《论犯罪既遂的标准》,《广西社会科学》2012年第1期。

翁伟民:《犯罪既遂标准刍议》,《广西社会主义学院学报》2001年第3期。

夏勇:《中外刑法分则对犯罪形态的规定之比较研究》,《政治与法律》2007年第3期。

肖渭明:《论刑法中危害结果的概念》,《比较法研究》1995年第4期。

肖中华、陈洪兵:《"危险概念是一个危险的概念"——关于狭义危险犯的理论及立法检讨》,《中国刑事法杂志》2005年第6期。

谢杰:《"但书"是对抽象危险犯进行适用性限制的唯一根据》,《法学》2011年第7期。

谢杰、王延祥:《抽象危险犯的反思性审视与优化展望——基于风险社会的刑法保护》,《政治与法律》2011年第2期。

徐德华:《再论犯罪既遂标准——以对犯罪结果的重新解读为切入点》,《学术探索》2008年第8期。

徐光华:《犯罪既遂、未遂与我国刑法分则之规定——以盗窃罪为视角》,《武汉大学学报》2009年第1期。

徐光华:《经济犯罪之犯罪既遂与未遂——以我国刑法分则立法模式为视角》,《政治与法律》2009年第2期。

许海波:《还犯罪既遂以本来面目——对犯罪既遂标准通说的质疑》,《东岳论丛》2004年第5期。

薛进展、刘金泽:《论盗窃犯罪未遂的定罪处罚》,《犯罪研究》2003年第1期。

杨红文:《结果犯研究》,《广西民族大学学报》2006年第5期。

杨兴培:《危险犯质疑》,《中国法学》2000年第3期。

叶高峰、彭文华:《危险犯研究》,《郑州大学学报》2000年第6期。

于阜民、夏戈舒:《犯罪既遂概念:困惑与重构》,《中国法学》2005年第2期。

张红艳:《风险社会中公害犯罪之刑法规制——以抽象危险犯理论为

切入点》,《中州学刊》2009 年第 5 期。

　　张红艳:《欧陆刑法中的抽象危险犯及其启示》,《河北法学》2009 年第 9 期。

　　张明楷:《"风险社会"若干刑法理论问题反思》,《法商研究》2011 年第 5 期。

　　张明楷:《危险犯初探》,载马俊驹主编《清华法律评论》(总第一辑),清华大学出版社 1998 年版。

　　张明楷:《刑法第 140 条"销售金额"的展开》,载马俊驹主编《清华法律评论》(第二辑),清华大学出版社 1999 年版。

　　张少会:《结果犯类别探析》,《河北法学》2009 年第 12 期。

　　赵俊甫:《风险社会视野中的刑事推定——一种法哲学的分析》,《河北法学》2009 年第 1 期。

　　周光权:《违法性判断的基准与行为无价值论——兼论当代中国刑法学的立场问题》,《中国社会科学》2008 年第 4 期。

　　[日] 野村稔:《刑法中的危险概念》,载 [日] 西原春夫主编《日本刑事法的形成与特色——日本法学家论日本刑事法》,李海东等译,中国法律出版社、日本国成文堂 1997 年版。

　　[日] 山口厚:《危险犯总论》,王充译,载何鹏、李洁主编《危险犯与危险概念》,吉林大学出版社 2006 年版。

　　[日] 关哲夫:《作为危险犯之放火罪的检讨》,王充译,载何鹏、李洁主编《危险犯与危险概念》,吉林大学出版社 2006 年版。

　　[日] 伊东研祐:《现代社会中危险犯的新类型》,郑军男译,载何鹏、李洁主编《危险犯与危险概念》,吉林大学出版社 2006 年版。

四　法律法规

　　1992 年 12 月 11 日公布的最高人民法院、最高人民检察院《关于办理盗窃案件具体应用法律的若干问题的解释》。

　　2013 年 4 月 2 日公布的最高人民法院、最高人民检察院《关于办理盗窃刑事案件适用法律若干问题的解释》。

　　1996 年 12 月 16 日公布的最高人民法院《关于审理诈骗案件具体应

用法律的若干问题的解释》。

2011 年 3 月 1 日公布的最高人民法院、最高人民检察院《关于办理诈骗刑事案件具体应用法律若干问题的解释》。

2001 年 4 月 9 日公布的最高人民法院、最高人民检察院《关于办理生产、销售伪劣商品刑事案件具体应用法律若干问题的解释》。

1984 年 4 月 26 日公布的最高人民法院、最高人民检察院、公安部《关于当前办理强奸案件中具体应用法律的若干问题的解答》。

1998 年 12 月 17 日公布的最高人民法院《关于审理非法出版物刑事案件具体应用法律若干问题的解释》。

2003 年 11 月 13 日发布的最高人民法院《全国法院审理经济犯罪案件工作座谈会纪要》。

《日本刑法典》（第 2 版），张明楷译，法律出版社 2006 年版。

后　记

　　本书是在我的博士学位论文《论犯罪既遂标准》的基础上修改、完善而成的。

　　关于犯罪既遂标准的认定问题，是我多年来始终纠结于心的一个未解疑团，如今终于按照自己的想法将这个疑团慢慢解开。虽然我也担心因为自己浅薄的学术功底而无法胜任这个几乎贯穿整个刑法理论框架的学术理论问题，更担心自己粗陋的见解会被认为是奇谈怪论而贻笑大方，但幸有导师刘明祥教授的鼓励，还有如今刑法学界学术自由的氛围，让我能够轻松卸下思想包袱，坦然地将自己的想法写出来，多年来内心的纠结也随着"既遂"情结的解开而得以释怀，于我个人来说也是一件值得高兴的事。

　　我对犯罪既遂标准问题的关注，缘于法学本科期间对处于我国通说地位的全部犯罪构成要件齐备说的疑惑，感觉似乎刑法分则中某些具体犯罪的既遂标准与通说的主张是有矛盾的，比如以盗窃罪为例的数额犯，在研习刑法分则中的盗窃罪时，会说盗窃罪的既遂标准采取失控说，或者控制说，抑或失控加控制说，可是无论哪种学说都没有提到法定数额，而法定数额明显属于我国刑法分则所规定的关于盗窃罪的构成要件之一，既然如此，按照通说的观点是应该将法定数额作为认定盗窃罪既遂标准的其中一个要素的，可是具体认定盗窃罪的既遂时却并没有予以考虑。虽然我对于这种矛盾有疑惑，但由于当时几乎没有什么刑法理论知识储备，同时也忙于司法考试，也就想当然地按照通常观点进行记忆，将这个问题放了下来。后来进入了法学研究生学习阶段，阅读了很多国内学者的刑法理论著作，扩充了知识面，也积攒了理论上的知识储备，这才意识到原来刑法问题并非像司法考试那样有着统一的确定答案，很多问题都是有争论的，而且每个问题的背后都有相当多的理论知识，而怀疑精神则是一个刑法学者搞学术研究所应具备的基本精神，由此激发了我欲将遗留在本科阶段有关犯罪既遂标准的未解疑惑弄清楚的想法。可遗憾的是，虽然我也有了一些初步想法，但由于在知识储备上基本上只限于部分国内理论著作，而对国外刑法理论所知甚少，所以总感觉自己的初步想法只是一种浅薄的观点而已，很难找到能够予以支撑的刑法理论，如若没有刑法理论的支撑，自己的观点就是无源之水、无本之木，经不起推敲而无以立足。庆幸的是，我能有幸来到向往已久的法学殿堂——中国人民大学攻读博士，在这里我系统学习了国外的刑法理论，尤其是大陆法系刑法理论，深入了解了其与我国刑法理论的区别及优劣对比，在此过程中我也阅读了与犯罪既遂相关的理论知识，欣喜地发现，我在研究生阶段形成的初步想法在这里能够找到相关的理论支撑，并自认为能够较好地解决我国的犯罪既遂问题。有了这种发现，我便毅然决然地选择将犯罪既遂标准作为博士论文的选题，并进行理性的学术研究，使自己的想法在博士论文中得以成形，以实现我多年的夙愿。当然，我也知道这是一个比较基础和老套的选题，并没有那么新颖以吸引眼球，但是我认为虽然问题老套，却不见得该问题已经得以解决而不存在争论，据我所知在犯罪既遂标准这一问题上，我国刑法理论的研究现状仍较为混乱，没有达成共识，所以在我国刑法理论的许多基础问题没有解决之前，与其追求问题的新颖，还不如脚踏实地解决这些待解的老问题。

时光飞逝，三年读博的学习生涯已结束。在此我首先要特别感谢的是我的恩师刘明祥教授。刘老师的知遇之恩是我此生无以回报的，作为外校的硕士研究生要想考入中国人民大学，并且成为学术造诣深厚的刘明祥教授的博士生，是极其不易的，这种不易更多的是机缘的不易，我与刘老师素昧平生，只是发过几封表达欲报考的电子邮件，但承蒙刘老师不弃，使我有幸成为他的学生，这才有了我三年在人大的读博生涯，由此改变了我的生活轨迹，并成为我人生中的最值得怀念和最值得骄傲的时光。在读博期间，刘老师很关心我的学业，经常与我面谈，不仅耐心解答我学业上的疑惑，还指导我应如何做学术，以及要做好学术应具有的心态，他经常说"要多读书、勤思考""要有愚公移山精神"，我知道这不仅是对我的期盼也是刘老师自己的真实写照。刘老师是一个很和善的人，他会为学生提供各种深造的机会，但从不强逼学生做自己不愿做的事情，对每个学生都会因材施教，对于我也是如此，由于深感刑法理论知识的欠缺，我在读博期间把精力重点放在了知识积累上，而并没有像其他同学那样忙于发表论文，刘老师知道后并没有阻拦，让我可以根据自己的规划做好学业安排，只是不要蹉跎时间，有了刘老师的支持，我才得以系统学习国外刑法理论，才能为博士学位论文的写作打下基础。刘老师对我的博士学位论文更是倾注了大量精力，从读博的第一年起刘老师就提醒我应重视博士学位论文，说它是我读博三年的知识成果，因此我便从心底很重视博士学位论文的写作，并早早做好了准备。此篇博士学位论文从选题到定稿都离不开刘老师的指导，虽然刘老师工作繁忙，但仍然花费近两周的时间检阅我的论文初稿，而且每天都从早到晚认真、细致地校正，具体到每个错别字和标点符号。尤其令我感动的是，论文中有很多粗浅的见解与刘老师的观点是冲突的，甚至是对立的，但刘老师仍然以其宽广的胸襟和高尚的学术品格予以接纳，并鼓励我只要能够有理有据、自圆其说，就可以坚持自己的观点，并不要求学生一定要听从他的主张。我为能有这样一位严谨而负责任的恩师而感到自豪。

此外，我还要特别感谢人民大学刑法教研室的其他老师们。虽然他们不是我的博士生导师，但却教授了我两学期的课，虽然我只能聆听每位老师两三节课，但也足以使我受益终生。每一次上课，我都会特别兴奋，就像是汲取知识养料的小学生那样，听老师们讲授各种刑法学理论知识，那种获得知识后的充实感和幸福感是无以言表的。每一次上课，我都没有失望过，获益颇多，感叹于老师们渊博的学识，希望自己也能够成为这样的学者；也庆幸于人生中得以有这样的机会，能当面聆听刑法学知名教授的讲课；更遗憾于两学期时间的短暂，以后难得再有这样的机会。

最后，感谢一起度过三年时光的同班同学们，虽然来自全国不同地方，年龄上也有差距，但竟然也能汇聚起兄弟姐妹般的情谊，这种温暖和热情时刻围绕在我身边，让本来艰辛、忙碌的读博生涯有了许多色彩，这是我意料之外的，所以感谢大家对我的帮助和照顾，再次让我感觉到不掺杂利益的纯粹的人情关怀。当然，还要感谢我的家人，没有他们的鼓励和坚持，我是不可能来人大读博的，感谢我的父母不急于让我进入社会工作赚钱，而是愿意为我从长远考虑，让我尽情去实现来京读书的大学梦；感谢我的丈夫愿意独自支撑家庭的经济负担，放手让我任性再搏一回。总之，感谢这些一直在背后帮助我、照顾我、体谅我的人，他们是我生命中最珍贵的人。

李程林

2021 年 1 月 18 日